STUDIES ON VOLTAIRE AND
THE EIGHTEENTH CENTURY

261

General editor

PROFESSOR H. T. MASON

Department of French
University of Bristol
Bristol BS8 1TE

FRANCISCO LAFARGA

Voltaire en Espagne
(1734-1835)

THE VOLTAIRE FOUNDATION

AT THE TAYLOR INSTITUTION, OXFORD

1989

ISSN 0435-2866

ISBN 0 7294 0381 5

British Library cataloguing in publication data

Lafarga, Francisco
Voltaire en Espagne 1734-1835
— (Studies on Voltaire and the eighteenth century,
ISSN 0435-2866; 261)
I. Title   II. Series
848'.509
ISBN 0-7294-0381-5

Printed in England at The Alden Press, Oxford

Table des matières

Avant-propos

L'ORIGINE de ce livre a été une thèse soutenue à l'université de Barcelone en 1973. Publiée par les éditions de cette université, une première version de ce travail a vu le jour en 1982, en langue espagnole. Le temps écoulé, des modifications dues à mes propres recherches – qui ont toujours continué sur cette voie – ainsi qu'à la bienveillance de certains de mes collègues, m'ont fait penser à la convenance d'une nouvelle édition plus complète. L'accueil favorable des *Studies on Voltaire* a fait le reste.

Je tiens à exprimer ma gratitude à MM. Gabriel Oliver et David Romano, professeurs à l'université de Barcelone, qui m'ont guidé au moment de rédiger ma thèse, ainsi qu'à M. Christopher Todd, de l'université de Leeds, qui a apporté avec générosité des précisions à mon travail et a bien voulu écrire la préface pour la première édition, et à M. Jean-Daniel Candaux, de la Bibliothèque de Genève, qui m'a procuré plusieurs documents. Je dois remercier aussi plusieurs collègues dix-huitiémistes qui ont apporté des compléments à la première édition, notamment MM. Francisco Aguilar Piñal, Pedro Alvarez de Miranda, Jesús Astigarraga et Ernest Lluch. Ma gratitude aussi à ma collègue de l'université de Barcelone, Mlle Lídia Anoll, qui a bien voulu lire mon manuscrit. Je tiens à remercier enfin les *Studies on Voltaire* et leur éditeur, le professeur H. T. Mason, de l'intérêt qu'ils ont porté à mon travail.

Octobre 1986

Introduction

DANS le vaste domaine de la bibliographie voltairienne on remarquait, au moment de la première rédaction de ce travail, l'absence d'une étude d'ensemble sur l'accueil fait à Voltaire en Espagne.[1] On disposait des analyses des rapports de Voltaire avec l'Angleterre, l'Italie, l'Allemagne, la Pologne, voire la Sicile;[2] on avait aussi beaucoup avancé dans le domaine de la bibliographie des traductions.[3]

En ce qui concerne l'Espagne il n'y avait à ce moment-là que des études partielles, en dehors d'un travail d'ensemble de Daniel-Henri Pageaux sur 'Voltaire en Espagne', mémoire présenté à l'Institut hispanique de Paris dont on n'avait publié qu'un trop bref résumé.[4] Avant 1973 on pouvait lire, par exemple, l'étude de Jean Sarrailh sur une adaptation de *Jeannot et Colin*, les mises au point de Gerhard Moldenhauer et Charles B. Qualia sur le théâtre, l'article de J. A. van Praag sur une traduction de *Brutus*, celui de Paul-J. Guinard, enfin, sur une version de *Zadig*. En fait, les études les plus importantes ont été publiées en 1976, c'est-à-dire, trois ans après la rédaction du noyau de mon travail: la très complète bibliographie des traductions établie par Christopher Todd, parue dans les *Studies on Voltaire*, et *Das Spanienbild Voltaires* de Manfred Komorowski, analyse de l'image de l'Espagne chez Voltaire qui bénéficiait de différentes études publiées précédemment.[5]

Les limites chronologiques de mon travail ont été fixées en 1734 et en 1835. La première année correspond à la date de publication de la plus ancienne des traductions repérées. La seconde limite répond à plusieurs raisons. Tout

1. Les éditions des ouvrages de Voltaire sont réunies dans le bien connu Georges Bengesco, *Voltaire: bibliographie de ses œuvres* (Paris 1882-1890), qui exigerait sans doute une mise au point. Quant à la bibliographie critique, voir les ouvrages de Mary Margaret H. Barr, *A century of Voltaire study* (New York 1929), et sa suite *Quarante années d'études voltairiennes* (Paris 1969).

2. Voir, parmi d'autres, André-Michel Rousseau, *L'Angleterre et Voltaire*, Studies on Voltaire 145-147 (Oxford 1976); Eugène Bouvy, *Voltaire et l'Italie* (Paris 1898); Jeroom Vercruysse, *Voltaire et la Hollande*, Studies on Voltaire 46 (Genève 1966); G. Brunelli, *Voltaire et la Sicile* (Messina 1966).

3. La plupart de ces bibliographies ont paru dans les *Studies on Voltaire*: traductions anglaises par H. B. Evans (8 (1959), p.9-121); italiennes par Theodore Besterman (18 (1961), p.263-310); scandinaves et finlandaises par Besterman encore (47 (1966), p.53-92), qui a assuré aussi le catalogue des versions portugaises (76 (1970), p.15-35); hollandaises et flamandes par Jeroom Vercruysse (116 (1973), p.21-63). Pour les traductions allemandes, voir Hans Fromm, *Bibliographie deutscher Übersetzungen aus dem Französischen* (Baden Baden 1910-1913), vi.261-86.

4. La référence complète des ouvrages cités se trouve dans la bibliographie en fin de ce volume; je me suis permis d'introduire dans la bibliographie certains travaux récents, parus après la rédaction de ce livre.

5. Je me permets de renvoyer à mon article 'Essai de bibliographie', où je commente l'ensemble des études sur ce sujet.

d'abord, à un motif purement littéraire: le triomphe du romantisme en Espagne, au théâtre surtout, et la liquidation de toute une littérature encore liée au dix-huitième siècle. Et aussi à une raison politique: la fin du règne de Ferdinand VII (1833), qui a eu encore en plein dix-neuvième siècle un goût d'ancien régime.

Je me suis attaché surtout, dans ce travail, à mettre en évidence l'accueil fait à Voltaire en Espagne. A cet effet j'ai réuni d'abord un ensemble d'allusions à cet auteur dans des ouvrages de l'époque; par la suite j'ai analysé l'attitude de la censure et l'œuvre des adversaires de Voltaire. La plus grande partie du livre est tout naturellement consacrée à la description et analyse des traductions, ainsi qu'à l'étude de la personnalité des traducteurs. Des appendices en fin de volume reproduisent plusieurs documents inédits, ainsi que le catalogue des traductions.

Ce livre se situe dans le cadre des travaux sur la fortune littéraire des auteurs français en Espagne et, d'une manière générale, de l'influence française dans ce pays, étudiée pour le dix-huitième siècle par Paul Merimée dans les années 1930 et inventoriée à la même époque par Loïs Strong. Des grandes figures du dix-huitième siècle français uniquement J.-J. Rousseau a fait l'objet d'une étude d'ensemble, grâce à Jefferson R. Spell.

Quant à l'exposé général sur l'histoire littéraire et l'état des idées en Espagne au dix-huitième siècle, je me permets de renvoyer le lecteur aux grandes synthèses de Juan Luis Alborg sur la littérature, de Jean Sarrailh sur les Lumières, de José Luis Abellán sur la pensée, de Luis Sánchez Agesta, Antonio Domínguez Ortiz et Richard Herr sur la politique et la société.

1. La diffusion de l'œuvre de Voltaire en Espagne

LES conditions sociales et économiques de l'Espagne du dix-huitième siècle étaient favorables, malgré les difficultés des communications, aux échanges culturels et, par conséquent, à la diffusion dans ce pays des civilisations étrangères – et, tout spécialement, de la culture française, appuyée sur le prestige politique et littéraire né à l'époque de Louis XIV et favorisée, peut-être beaucoup moins qu'il n'en paraît, par une dynastie d'origine française montée sur le trône de l'Espagne. Les plus jeunes voyageaient en France et dans d'autres pays européens et les étrangers visitaient l'Espagne, leurs récits aidant à connaître la réalité espagnole, une réalité passée, cependant, au crible de leur propre mentalité.[1] La connaissance de la langue française, notamment parmi la noblesse et la haute bourgeoisie, s'est consolidée depuis le milieu du siècle[2] et a donné lieu parfois à une véritable francisation (ou *afrancesamiento*) de la langue espagnole, qui a provoqué d'abondantes plaisanteries et satires.[3] On ne doit pas méconnaître, par ailleurs, l'importance de la colonie française en Espagne, établie dans les principales villes.[4] Cette présence a un aspect assez souvent économique; cependant, dans le domaine culturel on signale l'existence de plusieurs librairies exclusivement françaises et gérées par des Français à Cadix,[5] et d'une autre avec des livres français en majorité à Salamanque, propriété d'un Espagnol et qui pourvoyait sans doute les étudiants de la première université

---

1. Sur voyages et voyageurs en Espagne sont classiques la bibliographie de Foulché-Delbosc et l'étude de Farinelli. Sur les voyageurs français en Espagne, voir surtout les ouvrages de Bertrand et de Fernández Herr. Parmi les anthologies, la plus accessible est, sans doute, les *Viajes de extranjeros por España y Portugal*, éd. J. García Mercadal (Madrid 1962).

2. Voir Brunot, *Histoire de la langue française*, vol.viii: *Le Français hors de France au XVIIIe siècle* (Paris 1935); Lázaro Carreter, *Las ideas lingüísticas* (Madrid 1949; n. éd. Barcelona 1986); González Palencia, 'Nota sobre la enseñanza del francés a finales del siglo XVIII y a principios del XIX', *Revista nacional de educación* 2 (1942), p.26-34; Suárez Gómez, 'Avec quels livres les Espagnols apprenaient le français (1520-1850)', *Revue de littérature comparée* 35 (1961), p.158-71, 330-46, 512-23.

3. Voir notamment à ce sujet, Rubio, *La crítica del galicismo* (México 1937).

4. Sur les Français en Espagne au dix-huitième siècle, voir, surtout, Desdevises, 'La richesse et la civilisation espagnoles au XVIIIe siècle', *Revue hispanique* 73 (1928), p.1-488; Herr, *España y la revolución* (Madrid 1964), p.66-67, 257-58.

5. Defourneaux, *Inquisición y censura de libros en la España del siglo XVIII* (Madrid 1973), p.115-17.

3

espagnole.[6] Les traductions, nombreuses et variées, venaient en aide de ceux qui ignoraient la langue ou avaient des difficultés pour se procurer des livres dans l'original.

Toute cette situation favorisait énormément une diffusion large et rapide des ouvrages français en Espagne. Or, si cette diffusion ne rencontrait aucune entrave quant aux ouvrages non marqués, ou inoffensifs, il en était autrement pour les livres considérés dangereux, notamment les ouvrages des 'philosophes'. Contre ceux-ci se dressait la muraille de l'Inquisition, haute mais avec de nombreuses fêlures. Malgré les prohibitions fulminantes et les peines très dures qui pesaient sur les lecteurs de livres condamnés, les procès de l'Inquisition et les nombreuses références à des livres prohibés que l'on trouve dans des ouvrages de l'époque montrent que les Espagnols qui se hasardaient à les lire étaient nombreux.

Les ouvrages de Voltaire, le plus universel des écrivains français du dix-huitième siècle, ne pouvaient rester en dehors de ce phénomène socio-culturel et nous allons voir dans les pages qui suivent que son nom et son œuvre apparaissent dans beaucoup d'écrits du temps, objet parfois d'une simple mention, commentés largement dans d'autres occasions. La différence des buts et des moyens oblige à distinguer nettement, parmi les commentateurs de Voltaire, ceux qui se proposent une tâche de diffusion de la littérature française en général et ceux qui, parfois d'une manière indirecte, offrent un témoignage de sa présence en Espagne.

.i. Les véhicules de la diffusion

Au dix-huitième siècle les deux grands véhicules de la diffusion de la littérature française en Espagne sont les histoires littéraires et les périodiques. Les histoires de la littérature, soit générales, soit particulières, foisonnent à une époque qui a eu le goût de l'érudition et du savoir universel. Ces histoires littéraires, portant ce titre ou celui de relation, mémoires ou tableau, offrent des opinions sur les phénomènes littéraires, sinon impartiales au moins vivantes, un tableau 'réel' de la vie littéraire d'une époque, encore non épuré par la distanciation historique et les changements de goût. Grâce au prestige personnel de leurs auteurs ou à la nouveauté qu'elles représentaient, ces histoires littéraires ont joué le rôle de véhicules formidables de la diffusion de la culture étrangère et, plus particulièrement, française.

Dans l'Espagne de la seconde moitié du dix-huitième siècle il existe trois

6. Il s'agit de la librairie de José Alegría, rue de la Rua; voir G. Demerson, *Meléndez Valdés* (Madrid 1971), i.101.

histoires littéraires qui contiennent de nombreuses références aux ouvrages de Voltaire. Deux – celles de Luzán et Andrés – sont originales et la troisième – celle du duc d'Almodóvar – est la traduction, ou plutôt l'adaptation, d'un ouvrage français. Leurs auteurs et les circonstances de leur composition sont bien différents et elles offrent, par conséquent, des visions particulières et spécifiques de la personnalité et de l'œuvre de Voltaire.

Ignacio de Luzán, qui avait débuté en 1737 dans le monde littéraire par la publication d'une érudite *Poética*, a donné en 1751 ses *Memorias literarias de París: actual estado y método de sus estudios*, qui étaient le fruit de son séjour dans la capitale française en qualité de secrétaire de l'ambassade d'Espagne et de son énorme intérêt pour les lettres.[7] Luzán, comme la plupart de ses contemporains, comprend la littérature dans son sens le plus large, et il fait place dans ses *Memorias* non seulement à la littérature de création, mais à l'érudition, la science, l'enseignement et les bibliothèques – ce qui contribue à apporter une vision assez complète de la situation culturelle de la capitale de la France. Dans une vue d'ensemble de la vie littéraire si riche et variée le nom de l'un des premiers écrivains du siècle ne pouvait pas être absent. En 1750, aux yeux de Luzán et des Français, Voltaire était un grand poète, le premier des poètes vivants. Il n'avait pas encore publié les pamphlets antireligieux qui ont détourné un grand nombre de ses admirateurs. A cause de cela, les allusions de Luzán font appel pour la plupart aux ouvrages de création.

La description que Luzán fait de Voltaire se signale par sa courtoisie et même par son enthousiasme (p.78):

Mr. de Voltaire tendrá ahora poco más de cincuenta años: es cortés, discreto y delicado en la conversación; de un ingenio muy agudo, de una fantasía muy viva y muy fecunda; y juntando a estas prendas naturales mucho estudio y asidua lección, una erudición universal y el conocimiento de muchas lenguas, forma el todo de un gran poeta.

Luzán commente très favorablement plusieurs productions de Voltaire. Il croit que *La Henriade* 'ha dejado muy atrás a los anteriores épicos de su nación' (p.73) et qu'elle est la plus excellente de ses compositions. Il juge de même très positivement *Zadig* et *Babouc*, qui venaient de paraître et qu'il attribue à Voltaire, malgré l'anonymat, à cause de l'"estilo y la ingeniosa discreción con que están escritas'.[8] Il mentionne d'autres ouvrages de Voltaire, tels que les *Lettres*

---

7. Sur Luzán et ses *Memorias*, voir, notamment, G. Demerson, 'Un aspecto de las relaciones franco-españolas en tiempo de Fernando VI: las *Memorias literarias de París* de Ignacio de Luzán', dans *La época de Fernando VI* (Oviedo 1981), p.241-73, ainsi que l'article de G. Carnero cité dans la bibliographie.

8. p.75-76. *Zadig* a été publié pour la première fois sous le titre *Memnon* à Londres (Amsterdam, en fait), en 1747; l'année suivante trois éditions ont vu le jour, intitulées *Zadig, ou la destinée*. *Babouc*, plus connu comme *Le Monde comme il va*, a été imprimé pour la première fois en 1748 et réédité en 1749 avec la date de 1750. Luzán fait sans doute référence à la seconde édition.

philosophiques, l'*Epître à Uranie* et *Le Temple du Goût*. Luzán examine avec un peu plus de détail le théâtre, en faisant allusion à la rivalité entre Voltaire et Crébillon. Il se fait l'écho en même temps du but moralisateur des comédies, notamment de *Nanine*, dont l'intention est celle de 'probar la igualdad de todos los hombres y que sólo se deben distinguir por sus virtudes y por su mérito' (p.111-12); il semble aussi attiré par l'éclat de la mise en scène dont Voltaire a paré certaines de ses comédies (p.76). Les controverses suscitées par la personnalité et par l'œuvre de Voltaire sont évoquées de même par Luzán (p.72):

Al presente Mr. de Voltaire parece que ocupa la primera fila entre los poetas actuales. Su poema la *Henriade*, sus tragedias y comedias, sus epístolas y otras muchas obras en verso y prosa le han adquirido una fama igual a la envidia y emulación de los que le han satirizado cruelmente.

Le jésuite espagnol Juan Andrés a publié à Parme entre 1782 et 1789, et en italien, une histoire littéraire (*Dell'origine, progresso e stato attuale d'ogni letteratura*) qui a été très tôt traduite en espagnol par son frère Carlos et publiée à Madrid sous le titre *Origen, progresos y estado actual de toda la literatura* (1784-1806). Andrés, l'un des plus érudits parmi les historiens de la littérature de son temps, essaie de se maintenir dans une position impartiale au moment de juger les ouvrages littéraires, tout en signalant les vertus et les défauts des auteurs et les excellences et les points faibles de leurs productions.

La figure de Voltaire et la place de choix qu'il occupait dans la littérature de l'époque ne pouvaient pas être absentes dans l'œuvre de notre érudit. Il expose ouvertement ses opinions, tantôt favorables, tantôt négatives. Il situe Voltaire parmi 'los genios superiores, los maestros del buen gusto, los modelos de la literatura' (iii.316) et, par conséquent, il l'examine avec rigueur. L'agrément et la vivacité du style de Voltaire est l'un des aspects qui attire l'attention du père Andrés et lui fait écrire ces mots d'éloge (v.254):

Una dicción sencilla, clara, armoniosa y correcta, un orden de pensamiento artificiosamente natural y espontáneo, pero siempre nuevo y gracioso, una manera de expresarse fácil, varia, ingeniosa y agradable, rasgos vivos y animados, sales finas y picantes, y mil dotes de imaginación y de ingenio forman de las obras de Voltaire el dulce entretenimiento de toda clase de lectores.

Il convient, cependant, que les lecteurs sévères qui aiment l'instruction ne peuvent pas souffrir un style si superficiel, dépourvu de base et peu sérieux. Il établit à plusieurs reprises un parallèle entre Voltaire et Rousseau, en mettant en évidence leurs différences d'intention et de style, même si les résultats sont identiques, puisque 'por dos caminos enteramente diversos han introducido uno y otro la seducción y han arrastrado a los lectores tras cuanto les han querido persuadir' (x.329). Le père Andrés marque d'ailleurs, nettement, les limites entre Voltaire philosophe et Voltaire écrivain, comme le font d'autres auteurs à l'époque (ii.353-54):

Pero considerando la religión y las letras como dos cosas distintas en un todo, veo que puede un filósofo estar abandonado de Dios según los deseos de su corazón y tener sin embargo sutil ingenio y fino discernimiento y pensar justa y verdaderamente en las materias literarias. Si no pueden adquirirse tales prendas sin menoscabo de la religión, preferiré ciertamente una pía ignorancia al más exquisito saber; pero si la erudición y el ingenio pueden separarse del libertinaje e irreligión y unirse con la piedad, como efectivamente vemos que sucede con frecuencia, no comprendo por qué no se pueda y, por mejor decir, no se deba desear el fino gusto de Voltaire, la elocuencia de Rousseau y la erudición de Fréret antes que los talentos medianos de gran parte de sus contrarios.

Quant aux ouvrages littéraires à proprement parler, Andrés accepte l'accueil dispensé en France à *La Henriade*, mais il en mentionne toutefois certaines irrégularités, comme les voyages sans motif, la descente en enfer, la présence de personnages allégoriques; il lui reproche son peu de sentiment et le faible pathétique des réactions des personnages. Malgré tous ces défauts, il considère *La Henriade* 'el único poema épico de la Francia y el mejor de este siglo' (iii.306-18). Tout en accordant une certaine valeur aux discours et aux épîtres en vers, Andrés les considère – contre l'opinion de Marmontel – très inférieurs à ceux de Boileau par leur monotonie et la négligence de leur écriture (iii.411-13).

A l'égard des œuvres historiques de Voltaire, Andrés leur reproche le manque de gravité dans le style, la faible rigueur critique et le peu de vérité. 'Si se hubiese podido sujetar a la verdad y guardar en el estilo la gravedad que corresponde a un historiador y a un maestro de la vida humana, su ensayo de historia universal sería un modelo digno de que lo tuvieran presente los historiadores' (ii.392); mais le style burlesque et satirique, les maximes impies éparses dans l'œuvre et les faussetés finissent par fatiguer le lecteur prudent et cultivé, qui, à la fin (vi.173),

arroja de las manos el libro detestando la temeraria insolencia del escritor, que tan descaradamente se atreve a abusar de las gracias de su pluma y de la indulgente facilidad de los lectores, y que en vez de una historia general quiere darnos lecciones de incredulidad y de irreligión.

Il regarde d'un œil plus favorable 'las dos historias de Carlos XII y del zar Pedro' – c'est-à-dire, l'*Histoire de Charles XII* et l'*Histoire de la Russie sous Pierre le Grand*, qui possèdent 'más aire histórico y presentan más hechos y con mejor orden' (vi.173).

Quant aux romans et contes, il les considère 'muy distantes del gusto de las novelas comunes' et il critique notamment *Candide*, ne trouvant aucune grâce et nul plaisir 'en aquellas aventuras mal preparadas, en aquellos pasajes satíricos fuera de propósito, en aquella tediosa repetición de expresiones filosóficas, en

7

aquellas insípidas reflexiones y poco delicadas bufonadas' (iv.525).

Andrés consacre un plus long commentaire au théâtre, grâce auquel Voltaire se situe au premier rang des auteurs dramatiques de son temps et en une position immédiatement inférieure à celle occupée par Corneille et Racine, avec qui il forme une espèce de triumvirat tragique. Même s'il n'est pas toujours original dans ses sujets, Voltaire lui apparaît comme novateur dans le traitement des thèmes, en apportant une simplicité rare dans le théâtre tragique de l'époque: 'Voltaire ha sido el primero que ha presentado en el teatro francés algunas tragedias sin enredos amorosos, y en otras ha tratado el amor con gravedad trágica, sin degradarlo con amores secundarios ni con romancescos o cómicos enamoramientos' (iv.196-97). Andrés signale, nonobstant, certains défauts dans les tragédies de Voltaire: la mise en scène compliquée, les coups de théâtre et, surtout, l'excès de philosophie, qui 'disminuye no poco la belleza de sus tragedias y quita el mérito de la ilusión' (iv.202). Il le considère, cependant, le premier dramaturge de son temps et le modèle de tous les auteurs tragiques de son siècle. Malgré l'infériorité des comédies par rapport aux tragédies, il en trouve d'agréables à la lecture, notamment *L'Ecossaise*, 'por la facilidad del estilo, por la delicadeza de algunos pasajes y por la elegancia y donaire que reina en las obras de aquel célebre escritor' (iv.217).

Au long des dix volumes de son ouvrage, le père Andrés fait référence à d'autres compositions de Voltaire, où celui-ci fait mention de ses opinions sur des sujets littéraires; ces allusions, nombreuses, sont rapides et peu relevantes. Cependant, par son ton d'éloge on peut citer l'allusion aux commentaires au théâtre de Corneille (vi.682):

Los principales poetas franceses han encontrado muchos exégetas, pero el más perfecto modelo de este género son los comentarios de Voltaire a las obras de Corneille, donde en breves y útiles notas se encuentran las más finas y justas observaciones de gramática y poética, de sano juicio y fino gusto.

Pedro Francisco de Luján y Suárez de Góngora, duc d'Almodóvar, a été un membre distingué de la noblesse éclairée. Il a voyagé dans sa jeunesse dans divers pays européens et a été ambassadeur en Russie, au Portugal et en Angleterre. Sous le nom d'Eduardo Malo de Luque (anagramme de son titre) il a traduit du français l'*Histoire des deux Indes*, attribuée à l'abbé Raynal – et l'on sait aujourd'hui la part que Diderot a eu dans cet ouvrage.[9] Malgré les coupures

---

9. *Historia política de los establecimientos ultramarinos de las naciones europeas* (Madrid 1784-1790); publiée sans le nom de l'auteur principal. Sur le duc d'Almodóvar et l'*Histoire des deux Indes*, voir, notamment, Antonio Truyol, 'Nota sobre la versión castellana de la obre de Raynal', dans *Estudios de ciencia política y sociología* (Madrid 1972), p.869-78; A. Gil Novales, 'Ilustración y liberalismo en España', *Spicilegio moderno* 10 (1978), p.26-41; et surtout Ovidio García Regueiro, *Ilustración e intereses estamentales: la versión castellana de la Historia de Raynal* (Madrid 1982).

introduites dans la traduction, les critiques adressées aux institutions religieuses et politiques ont produit à l'auteur des démêlés avec l'Inquisition.[10]

Mais c'est à cause d'un autre de ses ouvrages que le duc d'Almodóvar est cité ici: la *Década epistolar sobre el estado de las letras en Francia* (Madrid 1781), qu'il a publié sous le pseudonyme de Francisco María de Silva. Cet ensemble de dix lettres écrites de Paris est une véritable histoire littéraire de l'époque. La première des lettres constitue une espèce de préface, la seconde est consacrée à Voltaire, la troisième à Rousseau et le reste fait référence à d'autres écrivains, philosophes, apologistes et critiques. La plupart de cet ouvrage procède des *Trois siècles de la littérature française, ou tableau de l'esprit de nos écrivains depuis François Ier* (Amsterdam, Paris 1772) de l'abbé Antoine Sabatier de Castres. Même si les rapports entre les *Trois siècles* et la *Década* sont encore à établir avec exactitude, on peut avancer que la lettre II sur Voltaire est la traduction littérale de l'article sur l'écrivain paru dans l'ouvrage de Sabatier. Cette lettre présente deux parties bien définies: la première est consacrée à l'analyse de la personnalité, la philosophie et l'influence de Voltaire, et la seconde se dirige au commentaire de ses ouvrages. C'est ce second aspect que l'on va aborder ici, car le premier peut être inclus parmi les réactions contre Voltaire (voir ci-dessous, le chapitre 3).

Pour éloigner les méfiances, Sabatier – ennemi bien connu des philosophes – fait précéder à la critique des ouvrages de Voltaire l'avertissement que voici: 'Desafiamos a cualquiera que se atreva a imputarnos con fundamento la tacha de que desconocemos lo que de bueno hay en este escritor, o de que cargamos demasiado la censura sobre lo que hay de malo' (Silva, *Década epistolar*, p.9). Le premier des ouvrages qu'il commente (p.9-16) est celui qui a donné la plus grande célébrité littéraire à son auteur, *La Henriade*, ou *Enriqueida*, dont les aspects positifs seraient 'la riqueza del colorido, la armonía de la versificación, la nobleza de los pensamientos, la viveza de las imágenes o ideas, la rapidez del estilo' (p.9). Il lui reproche la pauvreté de l'invention, l'absence d'intérêt dramatique, le peu de mouvement de l'action, la peinture effacée des personnages, l'absence du merveilleux. De ce fait, la lecture du poème devient ennuyeuse; et le traducteur d'ajouter au bas de la page: 'en effet, il m'est arrivé de ne pouvoir lire de suite qu'un ou deux chants'. Finalement, l'auteur le compare défavorablement à Homère, Virgile, le Tasse, Milton, Boileau et Fénelon.

Le duc d'Almodóvar (ou Sabatier) consacre un long commentaire aux ouvrages dramatiques par lesquels Voltaire s'est signalé dans le monde littéraire. Non sans réserves, il lui accorde un troisième lieu parmi les tragiques français, après

---

10. Llorente, *Historia crítica de la Inquisición de España* (Barcelona 1880), i.556-57.

Corneille et Racine, mais jamais à leurs côtés. Il insiste sur le caractère éclectique de son théâtre, qui est le résultat de la fusion de plusieurs tendances dramatiques (p.16-17):

Cornelio eleva el alma, Racine la enternece, Crébillon la aterra. Voltaire ha procurado fundir a su modo el carácter dominante de estos tres poetas, lo que ha hecho creer con bastante razón a muchos críticos que no es sino alternativamente su copista, sin tener género que le sea verdaderamente particular.

Il lui reproche ailleurs sa mince invention et le fait d'avoir pris dans d'autres auteurs les idées pour ses tragédies. Une des caractéristiques de la tragédie voltairienne est son aspect 'philosophique', qui peut devenir, cependant, une charge insupportable – ce qui arrive assez souvent à cause de 'su manía de verter sentencias y máximas a cada paso y fuera de propósito' (p.17).

Malgré toutes les critiques précédentes, l'auteur convient du mérite de Voltaire dans la poésie légère et de circonstance – les 'pièces fugitives' – dans lesquelles se manifestent son génie et sa délicatesse: 'Nunca ha sabido nadie dar mejor un tono ingenioso a las más sutiles bagatelas, prodigar con tanta gracia como facilidad la figura de los pensamientos, lo agradable de las figuras, la delicadeza de las frases, la elegancia y la ligereza' (p.23). Quant aux ouvrages en prose, il aborde en premier lieu ceux d'histoire, qu'il qualifie d'erronés, infidèles et déformateurs des faits réels. Son *Ensayo sobre la historia general* (ou *Essai sur les mœurs*) est, d'après Almodóvar/Sabatier, 'un lienzo nada fidedigno, donde con el pretexto de pintar los progresos de la civilización de las naciones cultas, se esfuerza el autor en arrastrar todos los sucesos al objeto que se ha propuesto de establecer el fatalismo' (p.25). Il verse des observations du même type à propos du *Siècle de Louis XIV* (p.27-28). La dernière partie de la lettre est consacrée aux romans et contes de Voltaire, dont le sujet est tiré parfois d'autres auteurs mais 'las reflexiones ingeniosas y llenas de sentido con que los ha enriquecido y los rasgos finos y agradables con que los ha sazonado le hacen como creador de aquellos mismo asuntos' (p.30).

La critique de Sabatier est franchement négative et partiale, malgré ses déclarations d'impartialité, et l'image qu'il offre de Voltaire est peu flatteuse. Cette critique a connu une double diffusion: dans la *Década epistolar* du duc d'Almodóvar et dans l'article de la traduction espagnole de l'histoire littéraire de Sabatier, publiée à Madrid entre 1775 et 1779. Cependant, ceux qui possédaient une certaine culture littéraire et avaient lu les ouvrages critiqués par Sabatier ne se laissaient pas influencer par ses jugements. C'est le cas, par exemple, du poète et moine Diego Tadeo González, lequel écrit à son ami Jovellanos en 1778:

He leido con sumo gusto el juicio de Vmd. sobre las luces y las tinieblas del autor de la

1. La diffusion de l'œuvre de Voltaire en Espagne

Henriada, harto más justo que el que he leído en el *Diccionario de los tres siglos*, cuyo autor, con mucha pena suya, reconoce un cortísimo mérito en aquel gran genio y destroza lastimosamente su *Henriada*; lo que no pudo, en mi juicio, hacerse sin grandísima injusticia.[11]

Les périodiques ont joué un rôle très important dans la diffusion en Espagne des courants de pensée et de la littérature du reste de l'Europe, même si leur rayon d'action a été parfois restreint. En fait, à l'exception près du *Diario de los literatos de España*, l'essor de la presse périodique en Espagne correspond au dernier quart du dix-huitième siècle, avec des publications ouvertement progressistes et d'un certain 'espíritu volteriano', d'après Cejador, notamment *El Censor*, *El Corresponsal del Censor*, *El Correo de Madrid* (ou *Correo de los ciegos*) et *El Apologista universal*.[12] Il y avait plusieurs périodiques destinés spécialement à faire connaître en Espagne les nouveautés littéraires et scientifiques de l'étranger: le *Correo literario de la Europa*, où l'on offrait des notices 'de los libros nuevos, de las invenciones y adelantamientos hechos en Francia y otros reinos extranjeros', publié en 1780-1782 et en 1786-1787, l'*Estafeta de Londres y extracto del correo general de Europa* de Francisco Mariano Nipho (ou Nifo), qui n'a joui que d'une année d'existence (1779), et l'*Espíritu de los mejores diarios literarios que se publican en Europa* de Cristóbal Cladera, paru entre 1787 et 1791.

Les périodiques examinés comportent, cependant, peu d'allusions à Voltaire. Il s'agit, en général, d'annonces ou de comptes rendus des traductions de ses ouvrages, qui seront cités ci-dessous dans le chapitre 4, consacré aux traductions. Le périodique ayant le plus grand nombre de références à Voltaire (en dehors des traductions) a été l'*Espíritu de los mejores diarios literarios*, dont le premier volume a paru le 2 juillet 1787; il a été interdit, comme le reste des périodiques non officiels, le 24 février 1791, pour empêcher la publication des nouvelles venant de France. Son éditeur était Cristóbal Cladera, un prêtre de Majorque, traducteur d'Addison, de Young et de Brisson. Le périodique se nourrissait surtout d'articles tirés de journaux étrangers et portant notamment sur le droit, l'histoire et la littérature; il a publié de même plusieurs articles originaux. Les allusions à Voltaire y sont nombreuses et très variées, car il y est tantôt loué pour sa clarté et sa précision (no.163 du 12 janvier 1789), tantôt signalé – à côté de Machiavel, Spinoza et Rousseau, d'ailleurs – comme un corrupteur de

11. Lettre datée à Salamanque le 7 avril 1778; citée par Cueto, 'Bosquejo histórico-crítico de la poesía castellana en el siglo XVIII', p.cci, n.2.

12. Cejador, *Historia de la lengua y literatura castellana* (Madrid 1917), vi.223. Sur les périodiques, voir, surtout, Enciso, *Nifo y el periodismo español del siglo XVIII* (Valladolid 1956); Dupuis, 'Francia y lo francés en la prensa periódica española durante la Revolución francesa', dans *La literatura española del siglo XVIII y sus fuentes extranjeras* (Oviedo 1968), p.95-127; Guinard, *La Presse espagnole de 1773 à 1791: formation et signification d'un genre* (Paris 1973); Aguilar Piñal, *La prensa española en el siglo XVIII* (Madrid 1978).

la littérature (no.156 du 24 décembre 1788). On peut citer à ce sujet un dialogue fictif entre Voltaire et le Tasse sur plusieurs questions et, notamment, sur la poésie épique, tiré du *Mercure de France* et publié au no.126 (du 28 avril 1788). D'autres références portent sur le génie dramatique de Voltaire et la qualité morale de son théâtre (nos.66 du 1er décembre 1787 et 197 du 7 septembre 1789), et sur sa religion (nos.151 et 152 du 27 et 29 octobre 1787). La plus longue référence apparaît dans un article intitulé 'La intolerancia civil', daté à Séville le 3 juin 1788 et dont l'auteur se cache sous les initiales L.D. P.L.B.[13] Il y affirme que Voltaire et d'autres écrivains étrangers ont discrédité l'Espagne et ses institutions et il regrette que 'imitando el estilo de los filósofos extranjeros en combatir nuestra arraigada adhesión a la piedad algunos españoles alucinados empiezan a esparcir papeles en que, copiando mal a Voltaire, nos pintan con los mismos defectos que aquellos nos atribuyen'. Il fait plus loin allusion à l'idée de tolérance de Voltaire en lui reprochant que, en haine du christianisme, il aille chercher l'équité et la douceur 'en la ciega gentilidad, en el monstruoso Alcorán y en la Sinagoga'.

Il est assez surprenant de ne trouver presque pas de références à Voltaire dans la presse la plus éclairée; elles sont très brèves et moins nombreuses que celles à Rousseau. Le *Correo de Madrid*, par exemple, a publié entre octobre 1789 et avril 1790 une galerie de portraits de philosophes modernes, tirée de l'*Histoire des philosophes modernes* d'Alexandre Savérien, où Rousseau et Voltaire ne figurent pas. Le périodique a publié une 'Noticia crítica de J.-J. Rousseau' pour suppléer à cette absence (9 décembre 1789), mais même pas une ligne sur Voltaire. La seule référence à Voltaire dans cette série est une note dans l'article consacré à Pierre Bayle, mais sans le nommer: 'El autor del Siglo de Luis XIV dice que su estilo [celui de Bayle] es muchas veces difuso, flojo, descorregido y de una familiaridad que degenera en bajeza' (18 novembre 1789).

Une dernière référence: le périodique *Memorial literario* du 20 janvier 1808 publie une anecdote relative aux rapports tumultueux entre Voltaire et Frédéric II, mais sans nommer le philosophe, qui est toujours 'Mr. de V...' (p.50).

ii. Témoignages d'une présence

Trouver et classer les témoignages de la présence d'un auteur étranger dans un pays déterminé n'est pas une labeur facile, notamment lorsque l'auteur, comme il en est bien le cas ici, a été interdit par la censure, ce qui fait que dans la plupart des cas son nom ne soit pas mentionné et ses ouvrages soient traduits assez souvent sous des titres différents. Il faut être constamment alerte

13. *Espíritu de los mejores diarios*, nos.175, 176, 177, du 6, 13 et 20 avril, respectivement.

puisqu'une petite ou grande référence peut se présenter au lieu le plus inouï. Une investigation exhaustive dans ce sens obligerait de lire toute la production écrite d'une grande partie du dix-huitième siècle et du premier tiers du dix-neuvième, et non seulement des textes de littérature, mais des traités d'histoire ou de religion.

D'autre part, les témoignages de cette présence sont d'un caractère très divers: les fonds des bibliothèques de l'époque, les représentations dramatiques en français, de petits textes, des feuilles parfois qui ont circulé sous forme de manuscrit, les allusions dans les ouvrages du temps, sont autant de petites pièces qui forment une vaste mosaïque. Il va sans dire que les traductions constituent le témoignage le plus éloquent de cette présence et, par conséquent, elles seront l'objet d'une étude particulière (voir ci-dessous, le chapitre 4).

La connaissance et l'analyse des fonds des bibliothèques d'une époque déterminée sont de précieux éléments pour juger du degré de diffusion d'un auteur. La valeur testimoniale des livres est, certes, plus grande lorsqu'ils contiennent des notes marginales ou des commentaires. Il existe très peu d'inventaires ou catalogues de bibliothèques privées du dix-huitième siècle en Espagne; certains ont été publiés mais la plupart restent sous forme de manuscrit.[14] Il est vrai aussi que tous ces inventaires ne contiennent pas de présence d'ouvrages de Voltaire. Par exemple, le comte de Floridablanca, qui a été premier ministre sous Charles IV, possédait une vaste bibliothèque composée surtout de livres d'histoire, de droit et de politique; or, on n'y trouve aucune allusion à Voltaire.[15] Les catalogues manuscrits consultés appartenant à des communautés de jésuites ne contiennent non plus de textes de Voltaire.[16]

Cependant, certains catalogues offrent des résultats positifs. Par exemple, le marquis de la Romana possédait dans sa bibliothèque, à côté de livres sur l'art de la guerre, l'histoire ou la politique, plusieurs ouvrages de Voltaire: à remarquer une édition des œuvres complètes en trente-neuf volumes (1787), un exemplaire de l'*Essai sur les mœurs* (Amsterdam 1764), trois volumes de *Romans et contes* (Londres 1781), une édition de *La Henriade* (Paris 1793) et de *La Pucelle d'Orléans* (Genève 1792) et un volume de *Lettres* imprimé en 1766.[17] Il est intéressant de noter que toutes les éditions mentionnées sont postérieures à 1762, date de la prohibition *in totum* des ouvrages de Voltaire. On connaît

14. Voir J. Martín Abad, *Catálogos, índices e inventarios de bibliotecas particulares del siglo XVIII conservados en la Biblioteca nacional* (Madrid 1982).

15. Voir Alcázar, 'España en 1782: Floridablanca; su derrumbamiento del gobierno y sus procesos de responsabilidad política', *Revista de estudios políticos* 71 (1953), p.131-38.

16. J'ai parcouru inutilement l'"Inventario de libros y efectos del colegio de Alcalá' et le 'Catálogo de la librería de San Diego de Alcalá', répertoriés par Roca, *Catálogo de los manuscritos que pertenecieron a D. Pascual de Gayangos, existentes hoy en la Biblioteca nacional* (Madrid 1904), nos.614, 615.

17. *Catálogo Caro y Sureda* (Madrid 1865), p.186.

aussi la composition de la bibliothèque du comte de la Unión, qui est restée manuscrite et dans laquelle on trouve *Candide*, les *Contes de Guillaume Vadé* et cinq volumes des *Questions sur l'Encyclopédie*:[18] bref, une sélection moins soignée que celle du marquis de la Romana et qui aurait peut-être subi quelque spoliation au moment d'en dresser l'inventaire.

Dans certaines études sur des écrivains ou des éclairés on insiste, lorsque cela est possible, sur la constitution de leurs bibliothèques comme étant une donnée précieuse pour la connaissance du personnage. C'est ce qu'ont fait Marcelin Defourneaux et Georges Demerson dans leurs monographies sur Olavide et Meléndez Valdés, respectivement. La bibliothèque de Pablo de Olavide était assez riche en ouvrages de littérature étrangère, et notamment française. D'après l'inventaire, Olavide possédait une collection des ouvrages de Voltaire en vingt-quatre volumes, quatre volumes d'*Œuvres diverses*, l'*Essai sur les mœurs*, *Candide*, deux exemplaires de *La Henriade* et l'*Histoire de la guerre de 1741*.[19] L'inventaire de la bibliothèque que Meléndez Valdés avait à Salamanque offre un résultat bien différent: on n'y fait mention d'aucun ouvrage de Voltaire.[20] Ce fait est d'autant plus inattendu que nous savons que Meléndez avait lu plusieurs ouvrages de Voltaire, notamment des poèmes, des tragédies et *La Henriade*.[21] En écartant la crainte de l'Inquisition – car Meléndez possédait les ouvrages de Rousseau, interdit comme Voltaire – G. Demerson trouve une explication basée sur le peu d'affinité entre le caractère mordant et ironique de Voltaire et le génie tendre et sensible de Meléndez, plus voisin du caractère du Genevois. Cependant, cette explication me paraît peu convaincante, car en tout cas elle justifierait l'absence des ouvrages nettement philosophiques, et non celle des productions strictement littéraires, que Meléndez connaissait.

La récente publication du contenu de la bibliothèque de Jovellanos met en évidence le peu de place qui y était accordée à Voltaire: trois tragédies (*Mérope, L'Orphelin de la Chine, Les Pélopides*) et une édition en anglais de l'*Histoire de Charles XII*.[22]

Une seconde source d'information réside dans la composition des fonds anciens des bibliothèques publiques actuelles. Dans ce sens, j'ai examiné personnellement les catalogues des plus grandes bibliothèques espagnoles: la Biblioteca nacional à Madrid et la Biblioteca de Cataluña à Barcelone. D'autres bibliothè-

---

18. 'Catálogo conde de la Unión', Biblioteca nacional (ci-après B.N.), ms.17.899.

19. Defourneaux, *Pablo de Olavide, ou l'afrancesado (1725-1803)* (Paris 1959), p.476-91.

20. G. Demerson, *Meléndez Valdés*, i.119-39.

21. G. Demerson, *Meléndez Valdés*, i.146. Meléndez fait allusion à *La Henriade* dans une lettre à Jovellanos du 3 novembre 1778.

22. Aguilar, *Biblioteca de Jovellanos* (Madrid 1984), p.120-21, 174.

ques ont été consultées dans une seconde étape, par le courrier.[23]

La Biblioteca nacional est celle qui conserve le plus grand nombre de volumes d'ouvrages de Voltaire (dans des éditions antérieures à 1835): cinq cent soixante, dont un peu plus de la moitié correspondent à des éditions d'œuvres complètes. L'édition la plus ancienne est celle de la tragédie *Œdipe*, de 1719. Il existe seize éditions d'œuvres complètes, mais très peu conservent la totalité de leurs volumes. Quant aux ouvrages isolés, la plupart y snt représentés, même ceux de caractère philosophique. Il existe huit éditions de *La Henriade*, quatre de *La Pucelle d'Orléans* et plusieurs volumes de poésie, ainsi que six éditions collectives d'ouvrages dramatiques, en plus de différentes éditions de pièces isolées. Parmi les ouvrages historiques, on trouve quatre éditions de l'*Essai sur les mœurs*, sept de l'*Histoire de Charles XII*, six de l'*Histoire de l'empire de Russie* et six du *Siècle de Louis XIV*, pour ne citer que les plus connus. Dans le domaine de la prose narrative, aux *Contes de Guillaume Vadé* il faut ajouter trois éditions de *Romans et contes* et plusieurs contes isolés. Il existe, de même, plusieurs recueils de lettres. La prose philosophique est représentée notamment par quatre éditions du *Dictionnaire philosophique*, deux des *Lettres philosophiques* et trois des *Questions sur l'Encyclopédie*, en dehors d'autres ouvrages significatifs mais moins connus, comme *Le Dîner du comte de Boulainvilliers*, *La Raison par alphabet* et *L'Evangile du jour*.

La Biblioteca de Catalunya possède un fonds plus réduit d'ouvrages de Voltaire: cent quinze volumes environ. Ce fonds présente un caractère plus littéraire, les ouvrages philosophiques y étant plutôt rares: outre ceux qui appartiennent à des volumes collectifs ou à des éditions d'œuvres complètes, on n'y trouve qu'une édition, assez tardive d'ailleurs, du *Dictionnaire philosophique*. Il n'existe dans cette bibliothèque que deux éditions d'œuvres complètes: celle de Genève-Paris de 1768-1795, en quarante-cinq volumes, et celle de Paris de 1827, en six volumes. Le plus grand nombre d'éditions appartient aux pièces, soit dans la *Bibliothèque des théâtres*, soit dans des œuvres choisies. Parmi les autres ouvrages, on peut faire mention de huit éditions de *La Henriade*, quatre de l'*Histoire de Charles XII*, deux de *La Pucelle* et quatre du *Siècle de Louis XIV*.

La représentation des pièces de Voltaire peut aider à mieux connaître sa diffusion en Espagne. Il est question ici notamment des pièces en français, celles en traduction étant citées dans le chapitre des traductions. On possède des références de représentations à Madrid et à Cadix, qui étaient le siège de deux importantes colonies françaises. En 1760, à l'occasion de l'arrivée à la cour du nouveau roi Charles III, la colonie française de Madrid fit jouer *Zaïre*

---

23. Cette investigation a été menée à la demande de mon ami et collègue Jean-Daniel Candaux comme contribution à une nouvelle bibliographie de Voltaire en cours d'élaboration.

dans sa langue originale, de même que la comédie *Attendez-moi sous l'orme* de
Regnard et Dufresny. Aux trois représentations de la tragédie ont été présents
des personnalités de la cour, des membres de la noblesse et des dignités de la
municipalité de Madrid. A l'occasion des mêmes fêtes a été jouée aussi *Mérope*
en français.[24]

Cadix, une des villes les plus actives grâce à son port commercial, possédait
trois théâtres: espagnol, français et italien.[25] Le soutien du théâtre français était
assuré par la colonie française, très nombreuse, et l'on y donnait plusieurs
représentations par semaine. On a joué sur ce théâtre, à ce qu'il paraît, plusieurs
tragédies de Voltaire, mais sans citer le nom de l'auteur et, parfois, sous de faux
titres. Malgré ces précautions, *Tancrède* a été dénoncé à l'Inquisition de Séville
en 1770.[26] L'intervention du consul français à Cadix, qui fit valoir que la même
tragédie était jouée à Madrid en espagnol, apporta une solution bien curieuse:
les représentations étaient consenties pourvu que le texte français fût réglé sur
celui de la traduction espagnole permise.[27]

Un domaine intéressant et assez riche parmi les témoignages qu'on examine ici
est constitué par plusieurs documents manuscrits qui font référence au patriarche de Ferney. Il y en a qui ont emprunté la forme de lettres, assurément
fictives, dont une est attribuée à Voltaire lui-même: la 'Carta de Mr. Voltaire a
su corresponsal de Madrid', dont huit copies ont été retrouvées jusqu'à présent
avec de petites variantes: deux se trouvent au British Library, cinq à la Biblioteca
nacional à Madrid et la huitième à la Biblioteca feijoniana de l'université
d'Oviedo. Paul-J. Guinard a publié en 1961 le texte d'un des documents du
British Library, en indiquant les variantes relevées dans les autres copies,
excepté celle d'Oviedo, dont il ignorait l'existence.[28] Cependant, ce que Guinard
présentait comme inédit avait été publié cent cinquante ans auparavant, dans
une version légèrement différente, dans un pamphlet intitulé *Los frailes vindicados
por Voltaire*, paru en 1813. Cet opuscule était destiné à défendre les moines des
attaques des libéraux et des réformateurs et partait justement de certains mots

24. Qualia, 'Voltaire's tragic art in Spain in the XVIIIth century', *Hispania* 22 (1939), p.279; il
cite une *Relation des fêtes françaises données à Madrid à l'occasion de l'heureux avènement au trône et du
jour de la naissance de Sa Majesté* (Madrid 1760).

25. Dalrymple, 'Viaje por España y Portugal en el año de 1774', dans García Mercadal (éd.),
Viajes de extranjeros por España y Portugal, p.716; voir aussi Ozanam, 'Le théâtre français de Cadix
au XVIIIe siècle', *Mélanges de la Casa de Velázquez* 10 (1974), p.203-31.

26. Defourneaux, *Olavide*, p.286. Olavide avait obtenu l'établissement de cette salle en 1769.

27. Voir Archivo histórico nacional [ci-après A.H.N.], Inquisición, liasse 3048; citée par Defourneaux, *Olavide*, p.286.

28. British Library, Add. MSS 20.793, 10.252; Biblioteca nacional, mss.3750, 10.733, 12.964-
9, 12.968-7, 19.330; cités par Guinard, 'Une fausse lettre espagnole de Voltaire', *Revue de littérature
comparée* 35 (1961), p.643-44 et note.

versés dans cette lettre: 'no habiendo razón ni ley para condenar los frailes al torno y al telar, dejando las sillas poltronas al clero secular, a los grandes, a los golillas y a otros aún más holgazanes que aquellos' (p.9). La lettre était considérée authentique, ou on avait plutôt intérêt à la présenter comme telle. Un des personnages de l'opuscule en donne des preuves concluantes: 'la tengo por verdadera porque todos los papeles de este legajo son selectos y recogidos con diligencia. Todavía vive el que sacó la copia y podría en caso necesario atestiguarlo, a más de que ella misma está diciendo que es producción de Voltaire' (p.15-16). Cependant, la lettre doit être considérée fausse: c'est l'avis de Guinard dans l'article cité et celui de Theodore Besterman, qui ne l'a pas insérée dans son édition de la correspondance de Voltaire.

La lettre, rédigée assez correctement en espagnol, avec des gallicismes sans importance, a été écrite apparemment en 1776, puisqu'on y fait allusion à l'expédition à Alger qui eut lieu en 1775. La fausse lettre contient des attaques à Campomanes et à ses ouvrages *Discurso sobre el fomento del arte popular* (1774) et *Discurso sobre la educación popular de los artesanos* (1775). Les critiques visent aussi le gouvernement de Charles III, le commerce, la politique, les privilèges, les moines, dans le style moqueur et ironique de Voltaire.

On ignore l'identité de l'auteur de la lettre, car une référence qui se trouve dans une des copies, d'après laquelle le correspondant de Voltaire serait l'écrivain Tomás de Iriarte, s'avère sans fondement. En tout cas, il pourrait y avoir une confusion avec son frère Bernardo, qui a été identifié, lui, comme l'auteur d'une lettre à Voltaire datée à Madrid en octobre 1764. M. Defourneaux, qui a publié en 1960 cette lettre,[29] conservée au Fonds espagnol du Département des manuscrits de la Bibliothèque nationale, l'attribue sans réticence à Bernardo de Iriarte et fonde son argumentation sur la déclaration d'un témoin au procès de Bernardo de Iriarte à l'Inquisition, d'après laquelle celui-ci se vantait d'avoir écrit une lettre à Voltaire.[30] Le témoin semblait connaître le contenu de la lettre, ce qui devient très peu croyable, car c'est assez improbable qu'Iriarte conservât un double d'un document si compromettant. Et la possible existence de plusieurs copies met en question l'authenticité de la lettre. Quoi qu'il en soit, cette lettre, fausse ou authentique, devient un document important pour l'étude de la diffusion de Voltaire en Espagne.

Sont conservées à la Biblioteca nacional de Madrid deux lettres anonymes, adressées à Voltaire au sujet du *Siècle de Louis XIV*, au ton ironique. La première

29. Voir Defourneaux, 'L'Espagne et l'opinion française au XVIIIe siècle: une lettre inédite d'un Espagnol à Voltaire', *Revue de littérature comparée* 34 (1960), p.273-81.
30. Pinta, *La Inquisición española y los problemas de la cultura y la intolerancia* (Madrid 1953), p.238-39.

porte la date de 1759 et consiste en une critique élogieuse de cet ouvrage.[31] Des constructions incorrectes en espagnol, de même que la mention 'nuestra patria' pour indiquer la France, font penser que cette lettre supposée est une traduction du français. Dans cette lettre, comme il a été dit, l'auteur se répand en éloges de Voltaire, vantant son érudition, ses vertus humaines et ses qualités littéraires (f.2):

El universo debe este homenaje a la superioridad de vuestros talentos, a la inmensidad de vuestra erudición, y aun todavía más a la bondad del corazón de Vm., a la delicadeza de su probidad, a esta humanidad que tan admirablemente aconseja y aun más admirablemente practica, y a su gran desinterés, la primera de sus virtudes.

La seconde lettre consiste en une 'Observación sobre el título *El siglo de Luis XIV*' et appartient à une liasse dont une partie a été perdue.[32] Contrairement à la lettre précédente, le ton de celle-ci est de critique et d'indignation: '¿Este título no es demasiado oratorio, demasiado brillante y más que demasiado fastuoso?' est la première question que l'auteur dirige à Voltaire, et c'est dans ce ton que la lettre continue. Comme la précédente, elle paraît être l'œuvre d'un Français, quoique dans ce cas-ci il s'agit d'un Français peu attaché à la gloire de sa patrie, car il rabaisse l'importance de Louis XIV.

Tous les documents conservés ne nous sont pas parvenus sous forme de lettre: par exemple, le 'Carácter hecho por el rey de Prusia', conservé à la Biblioteca nacional, qui n'est qu'un portrait littéraire de Voltaire.[33] Ce petit texte, dont on connaît des versions en français, en anglais et en italien, pose des problèmes d'attribution qu'il est intéressant de reprendre ici.[34] La version la plus ancienne (vers 1735) est en français et elle a été attribuée à plusieurs auteurs: le marquis de Charost, l'abbé de La Mare, le chevalier Ramsay, le roi de Prusse.[35] C'est sous le nom de Frédéric II qu'a vu le jour une version anglaise, parue dans différents périodiques, avec des variantes par rapport au

---

31. 'Carta irónica a Voltaire criticando encomiásticamente su libro acerca del *Siglo de Luis XIV*', B.N., ms.18.574-43. J'ai publié cette lettre, avec l''Observación' citée tout de suite et une 'Crítica' mentionnée ci-dessous (p.26 et n.56), dans mon article 'Críticas españolas'.

32. Roca, *Catálogo*, no.667, donne pour titre de la liasse 'Críticas de las obras de Voltaire: el *Siglo de Luis XIV*, el *Zadig* y la *Henriada*'. Cependant, le ms.18.579-5 de la B.N. contient réellement cette 'Observación sobre el título *El siglo de Luis XIV*', un 'Carácter hecho por el rey de Prusia' (voir ci-après) et un 'Análisis del *Zadig*', qui n'est que le résumé des premiers chapitres du conte.

33. Voir la note précédente.

34. Voir, à cet égard, mon travail 'Acerca de las versiones españolas del retrato de Voltaire', *Annali dell'Istituto universitario orientale: sezione romanza* 22 (1980), p.411-18, où je publie la version espagnole inédite.

35. L'historique de la question a été retracé par Ralph A. Leigh, 'An anonymous eighteenth-century character-sketch of Voltaire', *Studies on Voltaire* 2 (1956), p.241-72, qui publie les textes français et anglais. Pour les manuscrits cités ce travail a été complété par Françoise Weil, 'A propos du "portrait" anonyme de Voltaire', *Studies on Voltaire* 12 (1960), p.63-65.

texte français primitif. De la version anglaise on a tiré un texte français (qui est différent donc du premier), attribué au roi de Prusse et publié parmi ses œuvres.[36] En dehors de la version anglaise, qui a lancé l'attribution à Frédéric II, il existe une version italienne manuscrite qui procède du texte primitif.[37] Un dernier mot sur les versions espagnoles: il en existe deux à ma connaissance. La première a été publiée dans la traduction espagnole de l'*Oracle des nouveaux philosophes* (1759) de l'abbé Guyon, parue à Madrid dix ans plus tard. Une simple confrontation des textes montre des coïncidences entre le portrait reproduit par Guyon et la version française primitive, d'où procède aussi la version italienne. Par contre, le texte espagnol manuscrit, attribué à Frédéric II, a été traduit de l'anglais: non seulement il en est fait mention dans le titre, mais la confrontation des textes le montre nettement. Le contenu de ce portrait met surtout en évidence les contradictions de Voltaire, son esprit satirique et moqueur, mais aussi sa facilité pour la littérature, sa verve, son génie. Le bilan en est, cependant, assez négatif et il a été utilisé par la critique anti-philosophique: par exemple, l'abbé Guyon.

Un document intéressant, lui aussi, est une épitaphe latine au ton burlesque, apparemment écrite par un érudit anglais pour être gravée au pied d'une statue que les disciples de Voltaire devaient lui ériger à Paris. J'ai trouvé trois versions, légèrement différentes, de cette épitaphe: à la Biblioteca nacional de Madrid,[38] à la Biblioteca feijoniana d'Oviedo et à la bibliothèque du comte de Savallà à Majorque (Miscelánea Villafranca, f.263).

Malgré la présence du nom de Voltaire dans le titre, 'El lujo en su luz y Voltaire refutado' (1777) de l'abbé Miguel Antonio de la Gándara n'est pas une réfutation en règle des idées voltairiennes, mais une critique du luxe – avec des références à Voltaire, cela est vrai – au nom de la vertu et de la morale chrétiennes. Ce texte s'inscrit dans la polémique du luxe qui, comme dans d'autres pays, a eu lieu aussi en Espagne au dix-huitième siècle.[39]

De sa part, l'auteur inconnu d'une 'Idea sumaria de las obras y espíritu de

36. A partir de l'édition des *Œuvres posthumes de Frédéric le Grand, roi de Prusse* (Bâle 1788). Cette version peut se lire aussi (avec la version primitive) dans J.-G. Prod'homme, *Voltaire raconté par ceux qui l'ont vu* (Paris 1929), p.71-73, 242-44.

37. Cette version a été publiée par John Pappas, 'Un portrait inconnu de Voltaire', *Studi francesi* 11 (1967), p.449-51; tout en croyant qu'il s'agissait d'un texte original, l'auteur lance plusieurs hypothèses sur les possibles auteurs italiens; il est revenu de son affirmation dans 'Supplément à un portrait inconnu de Voltaire', *Studi francesi* 12 (1968), p.300-302.

38. 'Epitaphio al sepulcro de Voltaire', B.N., ms.10.943, f.194-95. Il est reproduit dans notre appendice B.

39. Le texte se trouve à l'Archivo Campomanes (Fundación universitaria española), ms.51-1. Hans-Joachim Lope a fait la synthèse sur la question du luxe dans '¿Mal moral o necesidad económica? La polémica sobre el lujo en la Ilustración española', communication au colloque *Secularización de la cultura en la España del siglo XVIII* (Wolfenbüttel 1985), sous presse.

Francisco María Aruet Voltaire', datée en 1759, passe en revue les productions de Voltaire parues jusqu'à cette date, en insistant sur les points où le philosophe ridiculise ou attaque la religion. Ce papier, écrit 'para servir de precaución a la noble juventud española que se da al estudio de la lengua francesa', est conservé à la Biblioteca feijoniana d'Oviedo.[40]

Et tout en restant dans le domaine des curiosités et des trouvailles, je citerai un texte où il est accordé une partie à Voltaire, en dépit du titre: une anonyme 'Crítica sobre el *Tartufle* [sic]', conservée à la Biblioteca del Instituto del Teatro à Barcelone, qui débute par une critique de la comédie de Molière et finit par un commentaire assez amer de l'attitude négative de Voltaire vis-à-vis de Shakespeare et du théâtre et de la poésie épique espagnols.[41]

Si des manuscrits on passe aux textes imprimés, les ouvrages dans lesquels on peut trouver des allusions et des références à Voltaire sont nombreux et variés. Les citations textuelles de Voltaire sont abondantes et très souvent elles apparaissent en français. Elles se trouvent pour la plupart dans des traités d'apologétique – dont l'étude constitue le chapitre 3 de ce livre – et elles sont alléguées pour refuter un point concret ou pour renforcer la pensée de l'apologiste. Les traités de Nonnotte, la *Falsa filosofía* de Cevallos, les *Pensamientos teológicos* de Jamin ou le *Catecismo filosófico* de Feller en sont de bons exemples.

En dehors de ces traités, l'ouvrage imprimé qui contient assurément le plus grand nombre de citations de Voltaire est la *Vida de Federico II*, publiée en 1788-1789 en espagnol par Bernardo María de Calzada. Le nombre de ces citations a été si élevé aux yeux des inquisiteurs que l'ouvrage a été condamné par édit du 6 septembre 1792, entre d'autres causes, 'por insertarse a la letra varios fragmentos de las obras de Voltaire'. En effet, insérés dans le texte à la manière de documents, l'ouvrage contient plusieurs fragments de Voltaire. On y trouve une ode à Frédéric II à l'occasion de son avènement, un poème dédié à la princesse Ulrique, sœur du roi, ainsi que plusieurs épîtres de Voltaire à Frédéric, en vers et en prose. Dans d'autres passages de la *Vida* on fait allusion aux relations littéraires entre Voltaire et le roi de Prusse, son séjour à Potsdam, sa dispute avec Maupertuis, les démêlés avec Frédéric, son départ de Berlin et sa prison à Francfort.[42] Par contre, un manuscrit intitulé 'Vida de Carlos Federico', conservé à la Biblioteca nacional de Madrid, ne fait aucune allusion à Voltaire, à l'exception près d'une note finale qui dit: 'Lo demás que pone el original son cartas de Monsieur Voltaire cuando estaba en prisión por el rey de Prusia en Francfort.'

40. Il occupe les feuilles 196 à 209 d'un volume de mélanges non coté: voir notre appendice C.
41. Voir notre appendice D.
42. Les allusions à Voltaire se trouvent, notamment, au volume iv.

1. La diffusion de l'œuvre de Voltaire en Espagne

Les allusions à Voltaire dans des ouvrages espagnols de l'époque sont aussi très nombreuses. On remarque une prédominance des allusions favorables, en dépit de la prohibition inquisitoriale qui frappait l'œuvre de Voltaire. Mais ces références, il faut le dire, ont trait surtout au Voltaire homme de lettres, tout en évitant soigneusement des allusions qui auraient pu comporter des louanges de Voltaire philosophe.

La distinction entre les deux aspects de sa personnalité est très nette chez beaucoup d'auteurs. Même ses ennemis, tout en manifestant leur incompatibilité dans le domaine idéologique, ne peuvent pas s'empêcher de le considérer comme une figure du premier ordre dans le monde littéraire. Un de ses plus illustres adversaires, l'abbé Nonnotte, s'exprime avec ces mots:

Acaso será difícil el encontrar en un siglo hombre que junte tantos talentos y tan gran variedad de conocimientos como los que reúne Voltaire en sí solo. Se le puede considerar como hombre, en algún modo, peregrino y único. No hay casi especie alguna de literatura en la que no se haya ejercitado; y si alguna vez no consiguió la perfección en tantas y diferentes materias, a lo menos manifestó en su variedad y multitud de noticias cierta superioridad que alcanzan pocos escritores.[43]

On pourrait ajouter à ce témoignage celui d'autres ecclésiastiques qui regrettent qu'une intelligence si claire et si apte pour la littérature n'ait pas répondu aux espérances à cause de la philosophie et l'impiété.

Des reproches de cette espèce se retrouvent même chez des hommes si peu suspects de pruderie que Francisco Cabarrús, auteur des *Cartas sobre los obstáculos que la Naturaleza, la opinión y las leyes oponen a la felicidad pública*, tenues à l'époque comme influencées par l'encyclopédisme. Or, le comte de Cabarrús, dans un discours paru en 1785, fait allusion à 'aquel hombre, cuyos errores en materia de religión son tanto más dignos de lástima cuanto que él solo bastaba para instruir a su siglo por la universalidad de su genio y sobre todo por aquel exquisito juicio con que ilustra y hace perceptibles las materias más abstractas',[44] et il cite ensuite un court fragment du *Siècle de Louis XIV* pour illustrer son exposé sur le papier-monnaie. La plus ancienne des références de ce genre se trouve sous la plume de Benito Jerónimo Feijoo, un des premiers savants espagnols du dix-huitième siècle.[45] Dans une de ses *Cartas eruditas y curiosas*, parue en 1742 et intitulée 'Paralelo de Carlos Duodécimo, rey de Suecia, con Alejandro Magno', il fait allusion au 'discreto autor de la Historia de Carlos',

43. Nonnotte, *Los errores históricos y dogmáticos de Voltaire* [...] *traducidos al español por el P. Pedro Rodríguez Morzo* (Madrid 1771-1772), i.1.
44. Cabarrús, *Elogio del Excelentísimo señor conde de Gausa* (Madrid 1786), p.95.
45. Je ne considère pas ici les éloges des censeurs de l'*Historia de Carlos XII* (1734), qui sont, à la rigueur, les premières allusions à Voltaire publiées en Espagne.

ouvrage que l'illustre bénédictin avait lu, d'après ce qui se dégage d'une autre lettre (carta XXIX).

Un autre grand érudit, Agustín de Montiano y Luyando, dans le premier de ses *Discursos sobre las tragedias españolas*, publié en 1750, cite un passage de la *Dissertation sur la tragédie ancienne et moderne*, que Voltaire avait mise en tête de *Sémiramis*, sur l'amour dans la tragédie, que le philosophe considérait impropre au genre tragique; et il le cite pour appuyer son propre discours, puisque, vu le mérite et la célébrité de Voltaire, il le tenait pour une autorité. Encore une référence à la tragédie sans amour se retrouve dans une lettre qu'Antonio Fortea, avocat au Conseil du roi, dirige à Tomás Sebastián y Latre au sujet de son arrangement de la comédie *Progne y Filomena* de Francisco de Rojas et que Sebastián publie dans la préface à son *Ensayo sobre el teatro español* de 1772 (p.[47], non numérotée):

Entre otras hermosuras que noto en esta pieza, no me parece la menor la de no hacerse asunto, principal ni accesoriamente, del amor; pasión sobrado teatral y muy favorecida de todos o los más trágicos modernos: por esta razón puede aplicársele el epígrafe que Voltaire puso a su *Merope*: Hoc legite austeri, crimen amoris abest.

En insistant sur la même opinion, Cándido María Trigueros, dans une lettre à Jovellanos de 1778, s'indigggne contre l'excès d'amour et tendresse en poésie, en arguant qu'il y a des sujets plus dignes d'un bon poète. A son avis, 'Homero, Virgilio, Pope, Milton, Tompson, Voltaire, Klopstok son mayores poetas que Anacreonte, Propercio, Garcilaso y Villegas, aunque no sean tan dulces ni tan buenos versificadores.'[46]

L'abbé Esteban de Arteaga, dans ses *Investigaciones filosóficas sobre la belleza ideal*, l'un des rares traités espagnols sur l'esthétique, fait référence à Voltaire à plusieurs reprises dans les nombreux exemples par lesquels il illustre ses idées. Ainsi, au sujet de la différente expression de la réalité dans l'épopée et le théâtre, on peut lire:

El segundo libro de *La Henríada* de Voltaire, que describe la cruel carnicería que se hizo en Francia en la famosa noche de San Bartolomé por orden de la reina Catalina de Médicis, es sin duda alguna el mejor trozo de aquel poema; pero si Voltaire hubiera querido poner en acción lo que refiere, presentándolo a los ojos en una tragedia, habría, en vez de agradar, hecho morir de susto a los espectadores.[47]

Et dans une note au bas de la page, pour ne laisser aucun doute sur sa position, il ajoute: 'Aquí alabo sólo su mérito poético, sin entrar en las máximas atrevidas

---

46. Lettre de C. M. Trigueros à Jovellanos du 13 septembre 1778; citée par G. Demerson, *Meléndez Valdés*, ii.347.
47. Esteban de Arteaga, *La belleza ideal*, p.46. J'ai utilisé pour ce texte l'édition du père Batllori (Madrid 1955).

y malsonantes de que está sembrada aquella narración.' Plus tard, pour montrer que non seulement la beauté et la bonté sont objet d'imitation, il donne comme exemples, à côté de *Tartuffe* et de *L'Avare*, à côté d'*Othello*, deux tragédies de Voltaire, *Mahomet* et *Catilina*, qui sont 'el retrato sensible de la abominación y de lo más execrable que se halla en la naturaleza' (p.47-48). Le reste des allusions porte de même sur des pièces. L'auteur parle de l'échec relatif de *Sémiramis* à cause du spectre que Voltaire fait apparaître sur la scène, 'por más primor y gallardía que se admire, así en el estilo como en las situaciones de aquella tragedia' (p.70); il fait aussi allusion aux caractères de Brutus et de Cassius dans *La Mort de César* (p.117-18) et au jeu de la célèbre Clairon dans le rôle de Sémiramis, où elle dépasse en vérité une impératrice authentique (p.131).

De l'abondante production de Voltaire, la partie la plus appréciée en Espagne a été le théâtre, comme en témoignent non seulement les nombreuses traductions mais aussi les fréquentes allusions dans des ouvrages de l'époque. Manuel José Quintana, qui connaissait très bien le théâtre de Voltaire, fait des éloges de ses tragédies à plusieurs reprises. Dans son *Ensayo sobre las reglas del drama*, écrit en 1791, il rejette l'opinion de ceux qui croient que la tragédie doit présenter des personnages et des actions connus et apporte plusieurs exceptions de l'Antiquité et de l'époque contemporaine, en affirmant que 'entre las piezas modernas no hay ninguna que se aventaje en este efecto a la *Zayra*, a la *Alcira*, al *Tancredo*, donde, si se exceptúan los nombres generales de naciones y países, todo es fingido'.[48] Quant aux dangers pour l'illusion poétique survenus par la présence d'un but politique ou philosophique dans une pièce, Quintana croit qu'ils disparaissent lorsque l'action est conduite avec sagesse (*Obras*, p.82b):

Si un gran poeta, Voltaire por ejemplo, se propone destruir en los ánimos el fanatismo, como lo hace en su *Mahoma*, o dar lecciones de humanidad, como en su *Alcira*, no se ve que en tal caso se haya destruido el efecto dramático por la intención moral o política del escritor, ni en qué ha dañado la instrucción a la poesía.

Une rapide référence à *Tancrède*, fruit de 'los esfuerzos mayores de la aplicación y el ingenio', se trouve dans un autre ouvrage de Quintana, l'*Introducción histórica a una colección de poesías castellanas* (*Obras*, p.125b).

Le théâtre semble être aussi la partie de la production de Voltaire la plus connue d'Alberto Lista, s'il faut en croire les différentes allusions qu'il y fait. Dans ses *Lecciones de literatura española*, il propose la tragédie *Rome sauvée* comme exemple dans une comparaison entre les diverses façons d'aborder un même sujet par un historien, un orateur et un dramaturge: il s'agit de la conjuration

---

48. Quintana, *Obras completas*, dans *Biblioteca de autores españoles* (Madrid 1860-), t.xix (1867), p.82a.

de Catilina à travers Salluste, Cicéron et Voltaire. Dans le même ouvrage se trouve une rapide allusion à *Zaïre*, à propos de certains mots d'Orosmane sur la nuit.[49] Dans un article de Lista publié à la *Gaceta de Bayona* de 1829, intitulé 'Otelo, Orosmán y el Tetrarca', il fait une étude de la jalousie dans ces personnages, appartenant au drame de Shakespeare, à *Zaïre* et à la comédie de Calderón *El mayor monstruo, los celos*, respectivement.[50] On peut citer encore, pour terminer, une allusion voilée à Voltaire dans la préface que Lista a donnée à sa traduction du poème héroï-comique d'Alexander Pope *The Dunciad*: 'Estoy muy lejos de suscribir a la opinión de un célebre francés, que coloca a la *Dunciad* en un lugar superior al *Lutrin*,' mots avec lesquels Lista fait allusion au jugement de Voltaire dans son *Parallèle d'Horace, de Boileau et de Pope.*[51]

De son côté, Francisco Martínez de la Rosa, lorsqu'il passe en revue, dans la préface de son *Edipo* (Paris 1829), les diverses versions littéraires du mythe, s'arrête tout spécialement à la tragédie homonyme de Voltaire (p.18-26).

Les éloges des ouvrages de Voltaire allaient souvent à l'encontre des productions espagnoles. S'élevant contre les apologies de l'Espagne et de sa culture surgies à l'occasion de l'affaire de l'*Encyclopédie méthodique*, l'auteur d'un article du journal *El Observador*, identifié avec José Marchena,[52] se demande: '¿Para qué sirven las apologías? Los extranjeros no creerán a los apologistas, por mucho que alaben a nuestros sabios, mientras no les presenten obras dignas de aprobación. [...] ¿Qué es la *Araucana* respecto de la *Henriada*?'[53]

Beaucoup plus tard Marchena lui-même, dans un curieux 'Discurso preliminar acerca de la historia literaria de España y de la relación de sus vicisitudes con las vicisitudes políticas', mis en tête de ses *Lecciones de filosofía moral y elocuencia* (1820), fait référence à Voltaire à plusieurs reprises: par exemple, en parlant du poème philosophique (p.cxix) ou lorsqu'il considère que les réflexions que Meléndez Valdés fait dans ses poésies sont incomparablement moins compromettantes que celles de Voltaire (p.cxxiii).

Cependant, toutes ces allusions, même dans le domaine de la littérature, ne sont pas favorables. Il faut revenir encore une fois au théâtre: l'idée d'après laquelle la scène peut devenir l'école du vice apparaît dans une lettre que le carme Onofre Andrés de Asso dirige à Tomás Sebastián y Latre et que celui-ci reproduit dans la préface de son *Ensayo sobre el teatro español*, déjà cité. Le carme reprend son exposé dans ces termes (p.[35-36], non numérotées):

---

49. Cité par Juretschke, *Vida, obra y pensamiento de Alberto Lista* (Madrid s.d.), p.433.
50. *Gaceta de Bayona*, no.103, du 25 septembre 1829; cité par Juretschke, *Lista*, p.253.
51. Cité par Juretschke, *Lista*, p.253.
52. Voir Lopez, 'Les premiers écrits de José Marchena', dans *Mélanges à la mémoire de Jean Sarrailh*, ii.55-67.
53. *El Observador*, discours sixième, probablement de 1790; cité par Pinta, *Inquisición*, p.208.

1. La diffusion de l'œuvre de Voltaire en Espagne

Si los héroes del teatro trágico de Francia, Corneille, Racine, Crébillon, Voltaire y Marmontel llenaron el Templo de Apolo de palmas y laureles, hollaron impunemente en el de la religión y fidelidad a los cetros y coronas. Estos grandes hombres se dejaron arrastrar del furor poético hasta consumir la libertad en el fuego de la imaginación, y no siendo delincuentes en sus personas brindan en copas de oro a los émulos de su gloria el veneno más sutil.

Santos Díez González, professeur de poétique aux Reales Estudios de San Isidro et censeur des théâtres, qui passait à son époque pour une des grandes autorités en littérature, se montre très rigoureux à l'égard de Voltaire dans *Instituciones poéticas* (1793). En faisant l'analyse du succès obtenu en France par le genre sérieux, qu'il nomme 'tragédie urbaine', et des attaques dont il avait été l'objet, notamment de la part de Voltaire, il dit (p.110):

Para que Voltaire hablase mal de cualquier descubrimiento literario, no era menester más que el que no fuera suyo. Tal era el grado de soberbia a que le habían llevado los desmedidos elogios de innumerables hombres ligeros que se dejaron deslumbrar de su elocuencia impostora. Era Voltaire entonces el que dominaba en los teatros y no sufría compañero.

Il fait ailleurs allusion à *Mérope*, dont l'une des scènes lui semble pleine d'artifice et, en tous cas, inférieure à une scène semblable chez Metastasio, avec laquelle il la compare (p.155-56).

Vicente García de la Huerta, un des plus grands polémistes du temps et d'esprit anti-français, est parti en défense du théâtre classique espagnol – 'Theatro hespañol', d'après son orthographe particulière – contre ceux qui lui préféraient les théâtres étrangers. Pour les contredire avec l'autorité d'un Français, il cite dans un de ses textes un fragment de la préface de Voltaire à son édition du théâtre de Corneille où il se fait l'écho de l'hégémonie espagnole au théâtre au milieu du dix-septième siècle. Tout en acceptant le crédit de Voltaire dans le genre dramatique, il reprend l'occasion pour l'attaquer:

La opinión de este héroe de la crítica, cuando sus demencias en las materias más lejanas de su conocimiento son cánones para tantas gentes, no puede serles sospechosa en un asunto en que acaso sabía más que en todos los demás que ensució con su pluma atrevida e insultante.[54]

Dans *La escena hespañola defendida*, vaste défense du théâtre espagnol mise en tête de sa collection de pièces *Theatro hespañol*, García de la Huerta analyse la traduction faite par Voltaire de la comédie de Calderón *En esta vida todo es verdad y todo mentira*.[55] Il en donne des exemples et signale plusieurs fautes de

---

54. García de la Huerta, *Lección crítica a los lectores del papel intitulado 'Continuación de las memorias críticas de Cosme Damián'* (Madrid 1785), p.xix.
55. J. A. Ríos, dans son ouvrage *García de la Huerta: vida y obra* (Badajoz 1987), p.221-24, commente largement cette préface en insistant sur sa fonction de diatribe contre Voltaire.

traduction, en se demandant si elles sont le produit de l'ignorance ou de la mauvaise foi. Pour contrecarrer les défauts que Voltaire signale dans la comédie espagnole, García de la Huerta trouve les mêmes dans *Zaïre*, qu'il connaissait très bien comme traducteur lui-même de cette pièce. La critique de García de la Huerta est vaste et porte sur le titre, la disposition des actes et la traduction elle-même. Il en arrive finalement à cette conclusion (p.cii-ciii):

> Voltaire no entendió la comedia de Calderón ni se propuso hacerla comprensible a los franceses; combinando en esta conducta la soberbia de suponerse capaz de una empresa superior a sus fuerzas por la ignorancia que descubre de nuestra lengua, con la inicua idea de desfigurar el mérito que pudiera tener esta pieza, a fin de que apareciese en términos tan ridículos, que quien la examinase por su traducción se viese obligado a formar el más bajo concepto de nuestro teatro.

En faveur du théâtre espagnol a pris aussi la plume le journaliste Francisco Mariano Nipho, et dans *La nación española defendida de los insultos del Pensador y sus secuaces* (1764) il a essayé de prouver, à l'aide de témoignages français, que les comédies espagnoles étaient les meilleures d'Europe. Malgré la position traditionnelle de Nipho, il ne se montre pas contraire à Voltaire dans cet ouvrage mais le cite en tant qu'autorité dans sa défense de la langue castillane contre l'italienne: 'M. de Voltaire, mucho mejor que estos alucinados críticos, conoce la fuerza y energía de los versos castellanos, y sabe mejor que el Pensador y sus asociados el mérito de la lengua española' (p.64). Il fait référence ailleurs à l'attitude de Voltaire à l'égard des trois unités (p.86) et à une dispute avec Houdar de La Motte à propos des règles (p.100).

En ce qui concerne les ouvrages historiques, à la Biblioteca nacional de Madrid est conservée une brève critique du *Siècle de Louis XIV*, constituée par deux feuilles classées par erreur sous deux cotes différentes.[56] Cette critique fait appel surtout au plan de l'ouvrage et son auteur signale avec beaucoup de détail comment il aurait divisé l'histoire s'il en avait été l'auteur. Encore un document sur *Le Siècle de Louis XIV* est constitué par les notes que le ministre Melchor de Macanaz a rédigées en 1759, lorsqu'il était en prison. Il copie plusieurs fragments et les commente ensuite, en opposant beaucoup de remarques d'ordre historique et politique. Ces notes, avec d'autres manuscrits de Macanaz, sont conservées à la Biblioteca nacional.[57]

On doit à Leandro Fernández de Moratín des notes sur l'*Essai sur les mœurs*, autographes, conservées de même à la Biblioteca nacional.[58] Moratín signale,

---

56. 'Crítica de la obra de Mr Voltaire sobre el *Siglo de Luis XIV*', B.N., mss.18.565-5, 18.579-5; publiée dans Lafarga, 'Críticas españolas inéditas del *Siglo de Luis XIV* de Voltaire', *Anuario de filología* 2 (1976), p.422-24.

57. Macanaz, '*Siglo de Luis XIV*', B.N., ms.10.745, et 'Breve epítome', B.N., ms.11.020.

58. 'Apuntes sobre *Lettere di Metastasio* y errores y equivocaciones de Voltaire en su obra *Sur les*

avec mention des chapitres, des erreurs relatives à dates et personnes, sur l'Espagne et d'autres pays, notamment de sujet historique; il signale de même des traditions et des récits qui lui paraissent invraisemblables. Mais malgré cette attitude, qui semble plutôt contraire, dans une des notes de la 'Relación del auto de fe de Logroño', qui, d'après Menéndez Pelayo, 'respiran finísimo volterianismo' et semblent être des fragments du *Dictionnaire philosophique*,[59] Moratín a inséré une citation tirée de cet ouvrage de Voltaire sur le tourment donné à Michèle Chaudron, accusée de sorcellerie, de même qu'une allusion à Voltaire dans une note sur le vampirisme.[60]

mœurs et l'esprit des nations', B.N., ms.18.668-1; cité par Cabañas, 'Moratín anotador de Voltaire', *Revista de filología española* 28 (1944), p.73-82.

59. Menéndez Pelayo, *Historia de los heterodoxos españoles* (Madrid 1964), v.331.

60. Fernández de Moratín, 'Auto de fe celebrado en la ciudad de Logroño', dans *Obras, Biblioteca de autores españoles* (Madrid 1871), ii.619, 628.

2. Voltaire et la censure espagnole

LA diffusion progressive en Espagne des œuvres de Voltaire déclencha la mise en mouvement des mécanismes de repression, c'est-à-dire, la censure. Au dix-huitième siècle il existait en Espagne deux types de censure: ecclésiastique et gouvernementale, ou civile. Celle-là était dans les mains de l'Inquisition, tandis que celle-ci était notamment assurée par le Conseil de Castille. Leur procédure était essentiellement différente, puisque la censure ecclésiastique était exercée *a posteriori*, après la publication du livre, brochure ou périodique, tandis que la censure gouvernementale était préalable et nécessaire, aucun livre ne pouvant paraître sans licence du roi. Par conséquent, le contrôle de l'Inquisition portait presque exclusivement sur les livres imprimés à l'étranger.

i. La censure ecclésiastique: l'Inquisition

Tout au long du dix-huitième siècle la censure ecclésiastique a été exercée par l'Inquisition, qui l'administrait en raison de son rôle de défenseur non seulement des dogmes de la religion catholique, mais aussi des lois de la nation et des bonnes mœurs. On a accusé l'Inquisition espagnole de constituer un obstacle à la diffusion de la culture au dix-huitième siècle. Il est évident que, pour des raisons historiques, la censure inquisitoriale pendant la seconde moitié du siècle et premier tiers du dix-neuvième était dirigée surtout contre les livres à contenu philosophique et encyclopédique. Depuis sa fondation jusqu'au début du dix-huitième siècle l'objet de ses recherches et de ses condamnations était les juifs, les morisques et les hérétiques, tandis que pendant la première moitié du dix-huitième siècle elle s'est occupée surtout du jansénisme, au point que l'*Index* de 1747 comporte un supplément consacré entièrement à des livres jansénistes.

Une fois conjurés ces dangers, apparaissait au milieu du siècle une nouvelle menace, plus redoutable car elle allait rencontrer un accueil favorable parmi les classes moyennes et une partie de la noblesse de la nation. Ce nouveau danger était le 'philosophisme', d'après le mot utilisé par les apologistes catholiques, accompagné de l'impiété. Cet avis, cependant, n'appartenait pas exclusivement à des apologistes susceptibles de parti-pris, mais aussi à certains éclairés, comme Jovellanos, lequel dans une 'Representación al rey Carlos IV sobre lo que era el tribunal de la Inquisición', dirigée au roi en 1798, affirme que 'la fe ya tiene poco que temer de los herejes y nada de los judíos pero mucho y todo de los impíos'.[1] L'Inquisition espagnole s'est apprêtée de toutes ses forces à conjurer le danger, mais des notices et des documents de l'époque, ainsi que des références à des livres interdits et leur circulation, sont autant de preuves irréfutables de son échec.

On peut aller chercher la raison de cette inefficacité dans la perte progressive de pouvoir et de prestige. D'un côté, plusieurs désaccords se sont produits entre l'Inquisition et le pouvoir royal, dont le plus grave a été sans doute celui provoqué par la condamnation de l'*Exposition de la doctrine chrétienne* de l'abbé Mésenguy. L'ouvrage avait été condamné par la Congrégation romaine de l'Index en 1757, mais Charles III, qui était à l'époque roi de Naples, avait accordé les licences pour la publication d'une traduction italienne dûment expurgée. Peu après l'avènement de Charles III au trône d'Espagne, le grand inquisiteur Manuel Quintano Bonifaz fit reproduire le bref du pape qui condamnait l'ouvrage et refusa, malgré la demande formelle du roi, de faire saisir les exemplaires qui en avaient été distribués. Charles III, indigné, fit exiler l'inquisiteur à quelques lieues de Madrid jusqu'à ce qu'il ne fît acte de soumission.[2] Mais l'affaire ne s'arrêta pas là. Par une cédule royale du 18 janvier 1762 Charles III ordonnait qu'aucun édit ou index de l'Inquisition espagnole et qu'aucune bulle pontifice sur prohibition de livres ne pouvait être publié en Espagne sans licence royale.

A la perte d'autorité il faut ajouter une perte de prestige. Pendant la seconde moitié du dix-huitième siècle la terreur produite par l'Inquisition a diminué notablement. Il est vrai, cependant, que les châtiments imposés à l'époque étaient peu nombreux et moins forts qu'auparavant.[3] Il y avait des Espagnols qui allaient même jusqu'à tromper les commissaires ou familiers du Saint-Office, notamment en ce qui concernait les livres, en se prévalant de leur corruption ou de leur ignorance. E. F. Lantier, dans le récit de son voyage en Espagne vers la fin du siècle, raconte l'histoire d'un Espagnol qui suborne les commissaires de l'Inquisition pour éviter de se faire inspecter la bibliothèque.[4] On dissimulait souvent les livres interdits avec la simple opération d'en remplacer l'étiquette par une autre annonçant un ouvrage historique ou de piété.

1. Jovellanos, *Obras* (*Biblioteca de autores españoles*, Madrid 1860-, t.lxxxvii), p.333.
2. Voir Llorente, *Inquisición*, i.272; Defourneaux, *Inquisición*, p.79-88.
3. Llorente (*Inquisición*, ii.431-48) fait le bilan des victimes.
4. Lantier, *Voyage en Espagne du chevalier Saint-Gervais, officier français, et les divers événements de son voyage* (Paris 1809), i.271: 'Le lendemain je pris le chocolat avec don Inigo et sa fille dans un cabinet retiré, qu'il nommait sa librairie; je fus étonné d'y trouver les ouvrages de Voltaire et de Rousseau. —Vous êtes là, lui dis-je, en compagnie peu orthodoxe, et qui pourrait vous envoyer dans les geôles du Saint-Office. —J'ai prévenu le danger. Il est des accommodements avec les saints inquisiteurs; une somme d'argent versée adroitement et à propos endort la vigilance de ces argus; ainsi ne craignez rien pour moi.'

L'état de l'Inquisition à la fin du dix-huitième siècle est très bien exprimé dans ces mots d'Andrés Muriel, historien de Charles IV et témoin des faits:

Su antiguo poder no existía ya: la autoridad horrible que este Tribunal sanguinario había ejercido en otros tiempos quedaba reducida a muy estrechos límites, pues el Santo Oficio había venido a parar en ser una especie de comisión para la censura de libros no más, y aun para conservar esta existencia tenía necesidad de ser sufrida y tolerante.[5]

La mission essentielle de l'Inquisition à l'époque était donc la censure des livres. L'inclusion d'un livre dans l'*Index* espagnol était précédée d'un long processus qui occupait parfois dix années. Normalement le livre était dénoncé par un particulier, soit directement aux inquisiteurs, soit par l'intermédiaire du confesseur. On essayait ensuite d'en trouver un exemplaire pour le faire arriver aux qualificateurs, deux normalement et presque toujours des moines. La censure ou rapport du premier qualificateur, sans signature (*supresso nomine*), passait au second, et s'ils coïncidaient dans la nécessité de la condamnation le dossier était transféré au Conseil suprême, qui se prononçait en dernier ressort, car la compétence des qualificateurs n'était que consultative. S'il y avait désaccord entre les censeurs on envoyait le dossier à un troisième. D'après ce qui se dégage des dossiers conservés, dans beaucoup de cas les livres dénoncés n'étaient pas condamnés, faute d'exemplaire pour la qualification ou d'accord entre les qualificateurs, ou parce qu'en dernière instance le Conseil décidait de ne pas condamner l'ouvrage.

La liste des livres condamnés était diffusée de façon périodique mais à intervalles assez irréguliers, moyennant des édits. Ceux-ci étaient imprimés à Madrid et envoyés aux tribunaux de province et affichés aux portes des églises, avec prohibition expresse de les enlever, sous peine d'excommunication.[6] De temps en temps étaient publiés les *Index*, volumes qui contenaient les prohibitions édictées jusqu'à ce jour. Le dix-huitième siècle n'en a connu que deux.[7] L'*Index librorum prohibitorum* de 1747, assez difficile à manier, présente les auteurs répartis en trois classes: dans la première se trouvent les auteurs *damnatae memoriae*, dont tous les ouvrages, parus et à paraître, sont prohibés; dans la seconde, les auteurs dont certains ouvrages étaient interdits; et dans la troisième se groupaient les ouvrages anonymes. A l'intérieur de chaque classe les auteurs sont réunis par langues et ordonnés par les prénoms. L'*Indice último* de 1790,

---

5. Muriel, *Historia de Carlos IV*, dans *Biblioteca de autores españoles* (Madrid 1860-), t.cxiv, p.269-70.

6. Pour les procédés de la censure et de la prohibition, voir, notamment, Llorente, *Inquisición*, i.273; Defourneaux, *Inquisición*, p.49-74; Márquez, *Literatura e Inquisición en España* (Madrid 1980), *passim*.

7. Je ne considère pas l'*Index* publié en 1707 parce qu'il ne contient aucun ouvrage du dix-huitième siècle.

avec un ordre alphabétique pour auteurs et ouvrages anonymes, en fait la consultation beaucoup plus commode.

Considéré par les autorités ecclésiastiques et par les apologistes catholiques le plus impie des philosophes français et le 'coriphée de l'impiété', Voltaire ne pouvait pas être absent des index expurgatoires espagnols, comme il avait été condamné par la Congrégation de l'Index à Rome et par le parlement et l'assemblée du clergé en France.

Les notices relatives à la condamnation des ouvrages de Voltaire procèdent de deux sources principales: imprimées et manuscrites. Les sources imprimées consistent en l'*Index* de 1747 et l'*Indice* de 1790, avec ses suppléments et appendices, ainsi que les édits. La plupart des édits conservés se trouvent à l'Archivo histórico nacional (section d'Inquisición) et à la section des manuscrits de la Biblioteca nacional, à Madrid.[8] Quant aux sources manuscrites, elles consistent notamment dans des censures et qualifications conservées à l'Archivo histórico nacional.[9] Les ouvrages de Voltaire condamnés par l'Inquisition sont, pour la plupart, des éditions en français, ce qui est tout à fait normal si l'on connaît la procédure inquisitoriale; cependant, plusieurs traductions ont été aussi l'objet d'une prohibition.

Mais avant d'aborder la description et analyse de ces condamnations il faut s'arrêter à une date clef dans l'histoire des rapports entre l'Inquisition espagnole et Voltaire: 1762. Un édit de l'Inquisition de Cour (Madrid) du 18 août condamnait tous les ouvrages de Voltaire, parus et à paraître, dans n'importe quelle langue. Le texte de la prohibition est le suivant:

Las obras de Mr. de Voltaire, impresas en Ginebra en veinte tomos en octavo, y en Dresde, Leipzig, Amsterdam, Londres y otros lugares en más o menos tomos. Por contener proposiciones respective heréticas, erróneas, escandalosas y temerarias, que inducen al deísmo y naturalismo, con notable perjuicio de la religión y experimentada ruina de las almas. Y se previene que la prohibición de estas obras debe entenderse aun para aquellos que tienen licencia de leer libros prohibidos.[10]

La référence à cette prohibition dans l'*Indice* de 1790 est très succinte. Après 'Voltaire (M. Marie François de)' on peut lire la qualification 'Franç. Phil. impie', et un astérisque et un index qui indiquent qu'il s'agit, respectivement, d'un auteur condamné *in totum* et interdit même pour ceux qui ont licence de lire les livres interdits. Après renvoi à l'édit de condamnation on fait cet avertissement: 'Varias obras de este autor hay prohibidas por sus títulos y otras

8. A.H.N., section Inquisición, liasse 251 (édits imprimés de l'Inquisition de Tolède); B.N., ms.13.218 (ordres sur livres et papiers de 1668 à 1761).

9. A.H.N., Inquisición, liasses 4465-5, 4465-36, 4474-42, 4492-40, 4522-29.

10. A.H.N., Inquisición, liasse 251-6. L'édit a été délivré par l'Inquisition de Tolède et porte la date du 23 août 1762.

que se le atribuyen' (p.279a). Cette indication était nécessaire car dans l'*Indice* il n'y a aucun ouvrage de Voltaire qui soit introduit par le nom ou le pseudonyme de l'auteur, mais uniquement par le titre ou par un des noms supposés ou prêtés qu'il a utilisés. Même si parfois on signale que l'ouvrage condamné est attribué à Voltaire ou lui appartient en propre il ne se trouve aucune référence sous Voltaire, et, par conséquent, une investigation complète exige le parcours de l'*Indice* dans sa totalité. En ce qui concerne les livres français – et ceux de Voltaire, bien entendu – ce travail a été fait depuis quelques années par M. Defourneaux dans un catalogue de livres condamnés mis en appendice à sa remarquable étude sur l'Inquisition espagnole au dix-huitième siècle.[11] Mais comme Defourneaux ne donne pas la référence exacte j'ai été obligé de parcourir l'*Indice*, ce qui m'a permis de relever de petites fautes d'attribution.

Malgré la prohibition *in totum* des ouvrages de Voltaire et de certains livres en particulier, ses productions ont abondamment circulé en Espagne, mais presque toujours dans la clandestinité. A cette diffusion ont contribué sans doute le manque de zèle et l'inculture des commissaires et qualificateurs du Saint-Office, qui, d'après Jovellanos, 'ignoran las lenguas extrañas [...] y sólo saben un poco de teología escolástica y de moral casuista'.[12] Dans le même sens s'exprime l'auteur anonyme de l'*Etat politique, historique et moral d'Espagne*, qui s'étonne de l'ignorance bibliographique des commissaires (p.470-71):

On trompe toujours grossièrement ces affreux moines pour la contrebande des livres. Un libraire de Lisbonne, où ce Tribunal est le même qu'en Espagne, pendant le temps que j'y ai été, a fait passer trois éditions des œuvres de Voltaire faisant plus de quatre vingt volumes, sous le nom des œuvres de Voiture; il ne s'agissait que de savoir lire les titres.

La chronologie des prohibitions permet d'apprécier l'itinéraire suivi par les ouvrages de Voltaire dans le monde de la censure inquisitoriale. Voici les références parues dans les index et suppléments:

Uría y Urueta (Don Leonardo). Su *Historia de Carlos XII, Rey de Suecia*, traducida del idioma francés al español, impresa en Madrid en dos tomos en octavo; el primero el año de 1740 y el segundo en el de 1741, de los cuales se borren las proposiciones siguientes [...] [*Index*, p.812a,b]

La Ligue ou Henri le Grand, poème épique. [*Index*, p.1107a]

Lettres philosophiques, par Mr. de V*** avec plusieurs pièces galantes nouvelles de différents auteurs. A Paris, 1747. 1 tomo. Edicto de 16 de enero de 1756. [*Indice*, p.158b]

Francheville (Joseph Dufresne de), *Le Siècle de Louis XIV*. 2 tomos. A Leipzig. Edicto de marzo de 1756. [*Indice*, p.106b-107a]

11. Defourneaux, *Inquisición*, p.217-58: 'Catálogo de los libros franceses condenados (1747-1808)'.
12. Jovellanos, 'Representación', p.334a.

2. Voltaire et la censure espagnole

Voltaire (M. Marie François de), Franç. Phil. impie. Edicto de 18 de agosto de 1762. Varias obras de este autor hay prohibidas por sus títulos y otras que se le atribuyen. [*Indice*, p.279a]

Dictionnaire philosophique portatif. A Londres 1764. Se atribuye a M. de Voltaire. Edicto de diciembre de 1766. [*Indice*, p.76b]

Essai sur l'histoire générale. Edicto de diciembre de 1766. Se atribuye a M. de Voltaire. [*Indice*, p.94a]

La Philosophie de l'histoire. Edicto de diciembre de 1766. Se atribuye a M. de Voltaire. [*Indice* p.211a]

Goodheart (Le Dr.), *De la paix perpétuelle.* 1 tomo. Edicto de marzo de 1771. [*Indice*, p.118a]

Romans et contes philosophiques, par Mr. de Voltaire. 2 tomos. Edicto de 17 de marzo de 1776. [*Indice*, p.235a]

Argens (Jean Baptiste Boyer, marquis d'), *Discours de l'empereur Julien contre les chrétiens*, traduit par le marquis d'Argens. 1 tomo. Berlín 1768. Edicto de 20 de junio de 1779. [*Indice*, p.14b]

Commentaire sur le Livre des délits et des peines, par un Avocat de province. Nouvelle edition 1767. 1 tomo. Edicto de 20 de junio de 1779. [*Indice*, p.59b]

Histoire du Parlement de Paris. 1 tomo anónimo. 1769, 5a edición. Edicto de 20 de junio de 1779. [*Indice*, p.132b-133a]

Homme aux quarante écus. 1 tomo anónimo. 1768. Edicto de 20 de junio de 1779. [*Indice*, p.135a]

La Raison par alphabet. 2 tomos, anónima. Obra de M. de Voltaire. Edicto de 3 de junio de 1781. [*Indice*, p.222b]

Le Huron ou l'Ingénu, par Mr. de V***. 1 tomo. A Lausanne. 1758. Edicto de 20 de diciembre de 1782. Se atribuye a Mr. de Voltaire. [*Indice*, p.139a]

Traité sur la tolérance à l'occasion de la mort de Jean Calas, impreso año de 1763. 1 tomo en 8°. Edicto de 7 de marzo de 1790. [*Indice*, p.295b]

Muerte de César: tragedia francesa de Mr. de Voltaire, traducida en verso castellano y acompañada de un discurso del traductor. Impresa en Madrid año de 1791. Y se previene que todas las obras de este autor están prohibidas, aun para los que tienen licencia, en cualquier idioma en que se hallen. Edicto de 9 de julio de 1796. [*Suplemento al Indice*, p.37b]

L'Evangile du jour: obra anónima impresa en Ginebra en 8° mayor año de 1769. Edicto de 6 de abril de 1799. [*Suplemento al Indice*, p.10a]

Corneille (les chef-d'œuvres de Pierre et de Thomas): nouvelle édition augmentée de notes et commentaires par M. de Voltaire. Pero se advierte que la prohibición no comprende las piezas contenidas en esta colección y sí sólo las notas de Voltaire. Edicto de 11 de febrero de 1804. [*Suplemento al Indice*, p.13a,b]

Mahoma (el falso profeta), tragedia en cinco actos por el L.D.F.R. de L. y V., impresa en Madrid en casa de Ibarra. Edicto de 25 de agosto de 1805. [*Suplemento al Indice*, p.35a]

Le Vieillard du mont Caucase aux juifs portugais, allemands et polonais; attribué à un ami de l'auteur de la Henriade, orné d'un portrait de Mr. de V***; un tomo en 8° impreso en Rotterdam, año de 1777: por ser un conjunto de proposiciones injuriosas a la Sagrada Escritura y contrarias a los puntos más sagrados de nuestra religión y disciplina eclesiástica. Decreto de 20 de septiembre de 1806. [*Apéndice al Índice*, p.30a]

Zadig o el destino, historia oriental, publicada en francés por Mr. de Vadé y traducida al español por D.; un tomo en 12° impreso en Salamanca por D. Francisco de Tójar, año de 1804: por ser extraída de las obras de Voltaire, generalmente prohibidas aun para los que tienen licencia, y porque el objeto de esta obra es atribuir la causa de los acontecimientos humanos al acaso, fomentando el pernicioso sistema del fatalismo. Decreto de 20 de septiembre de 1806. [*Apéndice al Índice*, p.31a,b)

La première des productions de Voltaire qui a fait l'objet de condamnation est *La Henriade*, qui figure à l'*Index* de 1747 sous le titre *La Ligue ou Henri le Grand* et anonyme (p.1107a). Les qualifications relatives à cet ouvrage n'ont pas été conservées et l'on ignore les raisons de la prohibition. Lantier, voyageur français en Espagne, reste bien étonné lorsque au passage de la frontière un commissaire du Saint-Office lui réquisitionne un exemplaire de *La Henriade*: 'A coup sûr elle n'entrera pas. Vous voulez infecter notre pays du poison que distille cet auteur venimeux. —Mais, monsieur, c'est un poème où la morale et la religion sont très respectées.'[13] Le voyageur ne réussit pas à convaincre le commissaire, même pas en lui citant des vers sur la transubstantiation; les derniers mots de celui-ci sont tranchants: 'pas un seul feuillet de Voltaire ne passera Gérone. Messieurs les Français, vous critiquez notre sévérité et notre inquisition, mais nous n'avons ni Saint-Bartélemy ni guerres de religion' (i.131).

Les *Lettres philosophiques*, interdites par édit du 16 janvier 1756, sont attribuées à 'Mr. de V***' et leur condamnation se base sur des 'proposiciones heréticas, abusivas de la Sagrada Escritura, injuriosas al Sumo Pontífice y execrablemente torpes y deshonestas'.[14] *Le Siècle de Louis XIV*, condamné par édit du 7 mars 1756, est attribué a Joseph Dufresne de Francheville, nom prêté sous lequel Voltaire avait publié l'ouvrage en 1751. D'après les censeurs, l'histoire contenait des 'proposiciones temerarias, erróneas, injuriosas, irreverentes a la religión católica, sumos pontífices, cardenales, obispos, religiones y príncipes'.[15]

La première occasion dans laquelle le nom de Voltaire apparaît dans un édit de l'Inquisition est en 1762, le 18 août, lors de la condamnation des œuvres complètes. Avec cette disposition Voltaire allait augmenter le groupe des auteurs de la première classe (*prima classis auctorum damnatae memoriae quorum opera edita et edenda sunt prohibita*), constituée presque exclusivement par des hérésiarques; les écrivains français qui lui tiennent compagnie sont Clément Marot, Du Plessis-Mornay, Rabelais, Pierre de L'Estoile et Antoinette Bourignon, une

---

13. Lantier, *Voyage*, i.130-31.
14. B.N., ms.13.218.
15. B.N., ms.13.218.

obscure écrivain du dix-septième siècle; parmi les contemporains, il n'y a que Jean-Jacques Rousseau.[16] D'autre part, la condamnation des ouvrages de Voltaire frappait même ceux qui avaient licence de lire les livres interdits.

La condamnation *in totum* des ouvrages de Voltaire n'a pas empêché le Saint-Office de censurer et interdire d'autres productions isolées. Ainsi, un édit de décembre 1766 attribue à Voltaire, sans assurance, trois ouvrages: le *Dictionnaire philosophique portatif*, l'*Essai sur les mœurs* et *La Philosophie de l'histoire*. D'autre part, plusieurs ouvrages sont attribués à des pseudonymes ou à des auteurs supposés, tels le Dr Goodheart pour *La Paix perpétuelle* et le marquis d'Argens pour le *Discours de l'empereur Julien*. Les seules productions qui se présentent comme authentiques sont les romans et contes, *La Raison par alphabet* (titre donné dans plusieurs éditions au *Dictionnaire philosophique*) et le commentaire au théâtre de Corneille. Les romans et contes ont été interdits dans leur ensemble par édit du 17 mars 1776, mais les qualifications n'ont pas été conservées. Toutefois, nous connaissons les censures de *Candide* et de *Zadig*, deux romans qui n'ont jamais été condamnés par leurs titres en français, la prohibition de *Zadig* portant, en fait, sur la traduction espagnole. A l'Archivo histórico nacional est conservé le dossier complet de qualification de *Candide*.[17] Le dossier s'ouvre par une lettre (datée du 15 septembre 1779) d'envoi du texte au censeur, frère Manuel Denche, par un des secrétaires de l'Inquisition de Madrid. Le lendemain le qualificateur lui rend le livre en alléguant qu'il ne comprend pas bien le français. Le 18 septembre un autre secrétaire envoie le livre au père Pedro Josef Portillo et le 30 du même mois ce censeur le rend à l'Inquisition avec sa qualification. Comme il était d'usage dans la procédure inquisitoriale, le roman est envoyé au second censeur avec l'opinion du premier. Le second censeur garde le livre du 9 octobre au 2 décembre, date de son renvoi au Saint-Office. Le dossier se ferme avec un procès-verbal (daté du 8 janvier 1780) d'une séance du Conseil de l'Inquisition de Cour où il est accordé que le livre soit condamné dans le premier édit. Mais cette prohibition ne s'est jamais concrétisée et *Candide* n'apparaît dans aucun édit ni n'a été inclus dans l'*Indice* de 1790.

La partie la plus intéressante de tout le dossier est sans doute la double qualification des deux censeurs. Le premier, Pedro Josef Portillo, montre une certaine culture littéraire et philosophique. Il attribue sans hésiter le livre à Voltaire, le déduisant non seulement des initiales de la page de titre ('M. de V.'), mais aussi et surtout 'del estilo y de la ortografía propia del autor'; la

---

16. Voir Defourneaux, *Inquisición, passim*.
17. A.H.N., Inquisición, liasse 4474-42, reproduit dans notre appendice E. Cette qualification, ainsi que les suivantes, est commentée brièvement par Defourneaux (*Inquisición*, p.161-63).

paternité du livre serait raison suffisante pour le condamner sans examen, puisque tous les ouvrages de Voltaire étaient interdits depuis 1762 en Espagne, mais le censeur, fidèle aux ordres reçus, analyse le roman en détail. Ce qu'il remarque de prime abord c'est qu'il s'agit d'une satire de Leibniz et de son système optimiste, mais plus tard il note que

bajo el velo de una sátira contra esas máximas de Leibniz [...] oculta este impío autor el designio formal y seguido de establecer el deísmo, y no como quiera, sino un deísmo epicúreo, que presenta un Dios sin Providencia, y que dejando al acaso todos los acontecimientos de este mundo, liberta a los hombres de la esperanza y del temor de los castigos y de los premios de la otra vida, arruinando por consiguiente todos los principios de la religión, de la sociedad y de la moralidad de las acciones humanas.

Le censeur analyse tout particulièrement les épisodes de El Dorado sur la religion et du derviche sur la Providence. L'édition de *Candide* objet de censure comportait la suite ajoutée par Thorel de Campigneulles en 1761, puisqu'il continue son analyse en faisant référence au voyage de Candide au Danemark et en insistant sur la chronologie, avec réfutation de celles que l'on attribuait aux Chinois et aux Babyloniens, pour conclure que la seule exacte est celle de la Genèse. La satire de Voltaire contre l'Inquisition[18] ne pouvait pas échapper au censeur, lequel la qualifie de 'sangrienta, llena de imposturas, blasfemias, falsedades, torpezas, calumnias y chocarrerías'. Son avis sur ce livre, 'sembrado de obscenidades monstruosas', est qu'on doit le condamner avec la prohibition la plus sévère.

Le second censeur, frère Francisco de Guzmán, est tout à fait d'accord avec les qualifications précédentes, en ajoutant aux 'herejías, blasfemias heréticas, proposiciones *sapientes heresim*, escandalosas, obscenas, denigrativas y demasiadamente perniciosas' signalées par le premier qualificateur beaucoup d'autres, avec mention de la page où elles se trouvent. Quant à la paternité du roman, il coïncide avec son collègue: 'Nadie ignora que es obra del hereje Voltaire porque demuestra el carácter y genio de este abominable autor. Su invención, sus ideas, su colocación, su crítica maldiciente y continuo libertinaje, todo dice que salió de aquella mano.' Le censeur est évidemment favorable à la condamnation de l'ouvrage, 'con toda la severidad de las leyes'. Mais malgré ces qualifications extrêmement virulentes et l'arrêt du Conseil, *Candide* n'a pas été interdit.

D'après la chronologie, la censure suivante correspond à *La Raison par alphabet*, ouvrage condamné par l'édit du 3 juin 1781; en fait, il avait été prohibé plusieurs années auparavant sous le titre *Dictionnaire philosophique portatif*. Le qualificateur, après avoir fait mention des propositions qu'il relève dans l'ou-

---

18. *Candide*, chapitres 6 ('Comment on fit un bel auto-da-fé pour empêcher les tremblements de terre et comment Candide fut fessé'), 8 ('Histoire de Cunégonde') et 9 ('Ce qui advint de Cunégonde, de Candide, du Grand Inquisiteur et d'un Juif').

vrage, s'en prend à l'auteur, qu'il définit comme 'un libertino que ha juntado por orden alfabético todos los errores de los que le han precedido, añadiendo chistes y graciosidades de aquellas que les son propias a estos monstruos de la iniquidad.'[19]

L'histoire des qualifications de *Zadig* est un peu plus complexe. Les censures conservées[20] procèdent du tribunal de México et forment un long dossier avec le rapport que le tribunal de cette ville dirige au Conseil suprême de Madrid en vue de la condamnation du roman (juin 1784). Le premier des censeurs, José Francisco de Valdés, qui croit que le livre est méprisable et son sujet ridicule, en vient à l'épisode où Zadig fait voir à des membres de religions diverses qu'ils adorent tous le même Dieu et il n'y trouve rien susceptible de censure théologique. Il ne considère non plus réprouvables les allusions à la Providence, bien au contraire il y trouve un parallèle avec l'attitude de Job. La seule chose qui lui semble digne de censure est le nom donné aux anges qui apparaissent dans le roman, parce qu'ils ne coïncident pas avec Michel, Raphael et Gabriel, seuls acceptés par l'Eglise. Il termine son rapport en s'excusant des fautes dues à son ignorance.

Cette censure est suivie dans le dossier par une note de l'inquisiteur procureur où il met en évidence l'excessive indulgence du censeur et son opinion que le livre doit être saisi 'como prohibido in *odium autoris*', en ajoutant: 'Este no consta quien sea expresamente, pero no faltan escritores que lo atribuyen al infeliz hereje Francisco María Arouet de Wolter, cuyas obras todas están enteramente prohibidas por la Inquisición de España.' Il est de l'avis que le roman doit passer à un second qualificateur qui décide de la paternité de Voltaire. Le nouveau censeur, frère Domingo de Gandarias, ne peut pas affirmer que l'ouvrage soit de Voltaire, quoique le roman

tiene resabios a su modo de pensar y escribir, difundiendo la sátira y el veneno bajo las personas y profesión de los interlocutores que introduce, como hizo en su epístola Urania, en su tragedia de *Mahoma*, etc., en las que vomitó los más horrendos dicterios y blasfemias bajo los personajes supuestos de su fábula.

Il condamne avec dureté plusieurs passages du roman, en les qualifiant d'inductifs au déisme et au fatalisme, et même d'épicuriens, et il est de l'avis qu'il doit être interdit. L'inquisiteur procureur insiste dans un dernier rapport sur les dangereuses propositions réparties dans l'ouvrage, si bien qu'il sollicite du tribunal la prohibition du roman. Le Conseil de México accorde dans sa séance du 15 juin 1784 condamner totalement l'ouvrage dans le premier édit, avec le consentement du Conseil suprême. Voilà le dossier arrivé de México à Madrid.

19. Cité par Defourneaux, *Inquisición*, p.160.
20. A.H.N., Inquisición, liasse 4465-5: voir notre appendice F.

On y a ajouté une note, datée deux ans plus tard, pour faire chercher le roman dans les archives du Conseil ou pour l'acheter.

Tout comme *Candide*, *Zadig* n'a pas été interdit dans l'original, mais la traduction espagnole a été l'objet d'une condamnation en 1806 'por ser extraída de las obras de Voltaire, generalmente prohibidas aun para los que tienen licencia, y porque el objeto de esta obra es atribuir la causa de los acontecimientos humanos al acaso, fomentando el pernicioso sistema del fatalismo', d'après ce qu'on peut lire dans l'*Apéndice al Indice* déjà cité.

Les franciscains Juan Ramón González et Juan Ramos Aguilera ne sont pas plus bénignes au moment de qualifier *L'Evangile du jour*.[21] Le livre a été dénoncé à l'Inquisition de Séville par son commissaire à Cadix Pedro Sánchez Díaz Bernal, féroce persécuteur de livres suspects ou condamnés.[22] Sa dénonciation porte la date du 3 octobre 1798 et deux mois plus tard la qualification était déjà prête. Les censeurs y analysent minutieusement les différents opuscules qui composent l'ouvrage, notant leurs opinions. Dans l'ensemble ils qualifient l'ouvrage de 'encadenamiento de proposiciones formalmente heréticas, blasfemas, cismáticas, sediciosas, *piarum aurium* ofensivas, *simplicium* seductivas, impías, escandalosas'. Se basant sur ce rapport le Conseil, dans sa résolution de février 1799, décide la prohibition du livre même pour ceux qui ont une licence, 'por estar esta obra llena de proposiciones formalmente heréticas, blasfemas, cismáticas, lujuriosas y ofensivas, y porque niegan la autoridad y verdad de las Sagradas Escrituras'. Le livre fut condamné par un édit du 6 avril 1799; le nom de Voltaire n'apparaît ni dans les qualifications ni dans l'édit.

Le dossier de qualification des œuvres de Pierre et Thomas Corneille avec les notes de Voltaire met au jour un curieux incident entre l'Inquisition et un libraire de Madrid, qui peut être un indice de l'attitude des libraires face aux exigences du Saint-Office.[23] Une fois le livre dénoncé, et ayant appris les inquisiteurs que plusieurs exemplaires se trouvaient dans la librairie de Teodoro Argueta, rue de la Montera, ils ordonnent au commissaire Josef Cayetano Cachón de se rendre à la librairie pour les saisir. Celui-ci répond aux inquisiteurs que le libraire refuse de les rendre, parce que les inquisiteurs avaient déjà visité sa boutique et n'avaient rencontré aucun livre interdit. Après deux sévères notifications au libraire, celui-ci finit par rendre les livres, non aux inquisiteurs, mais directement à l'inquisiteur général, Ramón José de Arce, archevêque de Burgos. Le dernier document conservé sur cette affaire est une notification de l'inquisiteur général aux inquisiteurs de Madrid leur ordonnant de rendre au

21. A.H.N., Inquisición, liasse 4522-29: voir notre appendice G.
22. Defourneaux (*Inquisición*, p. 118-24) rapporte une véritable campagne contre les livres français menée à Cadix par ce commissaire.
23. A.H.N., Inquisición, liasse 4492-40: voir notre appendice H.

libraire les livres qu'il a présentés s'ils n'y trouvent rien de condamnable.

L'ouvrage fut passé pour sa censure aux qualificateurs Hipólito Lerén et Manuel Torres, des écoles pies de Madrid. Les censeurs se mettent en garde devant le nom de Voltaire:

Es bien notoria la impiedad de Voltaire y cualquier obra suya debe ser bien sospechosa, pues aun cuando trata de materias de pura literatura y que no tienen concernencia con nuestra sagrada religión y sus sagrados dogmas o respetables ceremonias, no deja de manifestar sus impíos sentimientos y esparcir las semillas de su incredulidad.

Les principaux aspects qu'ils relèvent pour la censure sont les notes que Voltaire mit à *Polyeucte* à propos du fanatisme du martyr et de la religion des Romains, ainsi que ses attaques et plaisanteries à l'égard d'Esther, saint Grégoire le Grand et les orateurs sacrés. Après un minutieux examen des propositions relevées ils concluent que l'ouvrage doit être condamné 'a causa de las desvergüenzas, escándalos, blasfemias, errores y herejías que dejamos anotadas'. Cette qualification porte la date du 19 novembre 1801; l'ouvrage fut condamné par le Conseil le 8 mai 1802 seulement et inséré dans l'édit du 11 février 1804, avec cette remarque que la prohibition ne frappait que les notes de Voltaire.

La dernière des condamnations est datée du 16 octobre 1825 et elle émane de la censure épiscopale: l'archevêque de Valence interdit les ouvrages de Voltaire dans leur ensemble.[24] Ces ouvrages restaient automatiquement interdits dans les diocèses d'Avila, Cartagène-Murcie, Cordoue, Gérone, Ibiza et Lugo, car les évêques respectifs adoptaient les prohibitions dictées par n'importe quel autre évêque.

La plupart des ouvrages condamnés sont donc en langue française. Les traductions interdites sont rares, malgré le nombre élevé d'ouvrages de Voltaire publiés en espagnol.

La première traduction à paraître dans un édit de l'Inquisition a été celle de l'*Histoire de Charles XII*, publiée en 1734 par Leonardo de Uría y Urueta, qui a été condamnée dans sa seconde édition de 1740-1741. En fait, elle n'a pas été interdite dans l'ensemble, mais expurgée, ce qui fait de cette traduction le seul ouvrage de Voltaire à subir ce type de censure. Les expurgations de l'*Historia de Carlos XII* ont été publiées dans l'édit du 14 juillet 1743, accompagnées des raisons de la censure:

Todas las cuales proposiciones y palabras mandamos borrar y tildar del uno y otro tomo, por ser respectivamente impías, indignas, escandalosas, injuriosas y denigrativas a muchas personas católicas de distinguida autoridad, irreverentes e infamatorias a los obispos y otros ministros de Dios de quienes habla; temerarias, blasfemas, hereticales, falsas, formalmente erróneas, y que arguyen a su autor principal como vehementemente

24. *Indice de los libros prohibidos*, p.669.

sospechoso de protestante y profesor de muchos errores contra nuestra santa fe católica.[25]

Cette critique sévère est d'autant plus curieuse que les censeurs du Conseil de Castille chargés de lire l'ouvrage neuf ans auparavant, lorsque le traducteur a demandé les licences pour la publication, se sont répandus en compliments à l'auteur principal et au traducteur et n'ont rien trouvé dans l'histoire qui portait atteinte aux lois, aux mœurs et aux dogmes de la religion.

Les expurgations, avec de légères variantes, ont été reprises dans l'*Index* de 1747 et dans l'*Indice* de 1790, bien que référées à des éditions différentes. Il faut signaler que l'*Historia de Carlos XII* a été rééditée après la prohibition de tous les ouvrages de Voltaire, sans être condamnée avec eux mais seulement expurgée. Cette incohérence a produit une certaine confusion parmi les inquisiteurs, comme ceux de Grenade, dont la qualification a été conservée.[26] Le 19 septembre 1780 l'Inquisition de Grenade renvoie à celle de Madrid le dossier formé à l'occasion de la demande d'un des commissaires de Málaga sur la possibilité de comprendre l'*Historia de Carlos XII* dans la prohibition générale des œuvres de Voltaire. Un qualificateur de Grenade, Andrés Herrera, dit dans son rapport que, du fait qu'après la date de 1762 on a condamné plusieurs ouvrages de Voltaire, on doit interpréter que cette prohibition-là ne concerne pas tous les ouvrages et qu'ils nécessitent d'une condamnation particulière, et il ajoute:

todas las obras de Voltaire en 20 tomos y en los que imprimió despúes sus ascensos todos inducen al deísmo, al naturalismo y materialismo; pero la *Historia de Carlos XII* ya se vé que no puede producir efectos perniciosos, porque es su asunto batallas, ardides, arrojos, trazas y temeridades militares de un joven intrépido y guerrero.

Il dit aussi que cet ouvrage 'por Nordberg' est expurgé dans un édit de 1769, si bien qu'on ne doit pas interpréter qu'il est interdit.[27] Mais le secrétaire du tribunal de Grenade, ainsi que d'autres qualificateurs, ne sont pas du même avis, et ils votent pour la prohibition. L'un d'eux, Sebastián de Espinosa, affirme que l'histoire contient une leçon nuisible 'por el peligro de engendrar fantasías [...] y por ser contraria al estado católico'. L'affaire a été reglée par l'envoi à Madrid du dossier réuni. Mais il n'a pas été pris en considération si l'on tient compte des nouvelles éditions de l'ouvrage et des expurgations qui ont continué

25. B.N., ms.13.218.

26. A.H.N., Inquisición, liasse 4465-36.

27. Le qualificateur croit que Nordberg est un pseudonyme de Voltaire, lorsqu'en réalité c'est un historien suédois, auteur d'une *Histoire du roi de Suède Charles XII*, dont la traduction française est l'objet de l'édit expurgatoire du 5 août 1769 (*Indice*, p.192b). Defourneaux (*Inquisición*, p.62) attribue erronément à l'ouvrage de Nordberg les expurgations d'une *Historia de Carlos XII* parues dans un édit de 1781, qui coïncident avec celles de l'*Indice* (p.304a,b), où l'ouvrage est nettement attribué à Leonardo de Uría, traducteur de Voltaire.

2. Voltaire et la censure espagnole

à paraître dans un édit de 1781 et dans l'*Indice* de 1790.

La traduction de *La muerte de César* condamnée par l'Inquisition est due à Mariano Luis de Urquijo, qui a eu la maladresse ou l'audace de faire imprimer le nom de Voltaire sur la page de titre. Cela confirmerait, en partie, le mot de Menéndez Pelayo sur Voltaire, d'après lequel 'la Inquisición española dejaba traducir libremente sus tragedias y sus historias con tal que en la portada no se expresase el nombre del autor, mal sonante siempre a oídos piadosos'.[28] Bien que le nom de Voltaire suffisait, à lui seul, à faire interdire un ouvrage, dans ce cas les délations sont arrivées d'un autre côté et par une cause très différente. La tragédie était précédée dans l'édition d'un 'Discurso del traductor sobre el estado actual de nuestro teatro y necesidad de su reforma'. Auteurs et comédiens se sont sentis particulièrement vexés par le 'Discurso', où on leur attribuait tous les défauts du théâtre espagnol, et ils ont décidé d'entreprendre une action contre Urquijo. En novembre 1791 les comédiens ont présenté à la mairie (de qui dépendait la gestion des théâtres de Madrid) une demande de saisie du livre, comme offensif pour la nation, les magistrats et les auteurs dramatiques.[29] Ces démarches ont cristallisé en une dénonciation formelle au Saint-Office qui faillit produire un procès contre Urquijo, arrêté par l'intervention du comte d'Aranda. La tragédie, sans mention du nom de Voltaire, a été condamnée par l'édit du 9 juillet 1796.

Quant à une autre tragédie interdite, *El falso profeta Mahoma*, traduite par Francisco Rodríguez de Ledesma, il est impossible d'en connaître les causes puisque le dossier de qualification n'a pas été conservé. Eu égard aux graves erreurs bibliographiques des édits de l'Inquisition, il est plus que probable qu'il s'est produit une assimilation incorrecte de la part des inquisiteurs avec d'autres ouvrages portant sur Mahomet et condamnés auparavant. En effet, un édit du 17 mars 1776 avait condamné la comédie de Francisco de Rojas intitulée justement *El falso profeta Mahoma*,[30] tandis que l'édit du 12 novembre 1796 interdit un *Compendio histórico de la vida del falso profeta Mahoma*, publié par Antonio de Capmany en 1788.[31]

La quatrième traduction de Voltaire objet de prohibition a été la version espagnole de *Zadig*, parue à Salamanque en 1804; la censure a été insérée dans un décret du 20 septembre 1806, mais les qualifications n'ont pas été conservées.

Quant aux condamnations épiscopales dans le domaine des traductions la

---

28. Menéndez Pelayo, *Heterodoxos*, v.295.
29. Voir Lamarque, 'Nota sobre Mariano Luis de Urquijo', *Revista de la biblioteca, archivo y museo* 6 (1929), p.470-77.
30. *Indice*, p.167a,b.
31. *Suplemento al Indice*, p.35a. Cette prohibition précède immédiatement celle de la tragédie de Voltaire dans cette liste.

seule allusion se rapporte à *La Henriada* dans la version de Pedro Bazán de Mendoza, condamnée par le chapitre de Tolède le 12 octobre 1823 et par l'évêque d'Oviedo le 25 mars 1824.[32]

La censure inquisitoriale a frappé aussi plusieurs ouvrages comportant soit des extraits de Voltaire, soit des allusions. Il va de soi que ces références devaient être des éloges. Par un édit d'avril de 1764 on condamnait un livre intitulé *L'Esprit de M. de Voltaire*, paru il y avait quatre ans:[33] c'était une petite anthologie de passages de Voltaire réunie par Claude Villaret. L'*Essai d'éducation nationale* de La Chalotais fut expurgé par l'édit du 20 juin 1777, où l'on ordonnait de rayer les 'citas y elogio de la *Filosofía de la historia* de M. de Voltaire'; on faisait de même biffer d'autres références à Locke et à Rousseau (p.298b). La *Vida de Federico II*, traduite par Bernardo María de Calzada, fut interdite par l'édit du 6 septembre 1792, parmi d'autres motifs, 'por insertarse en ella a la letra varios fragmentos de las obras de Voltaire';[34] ces fragments étaient des lettres et des poèmes échangés entre Voltaire et Frédéric.

Une allusion directe au théâtre de Voltaire, notamment à sa tragédie *Alzire* sur la tolérance religieuse, a été une des causes de la condamnation en 1797 du *Nouveau voyage en Espagne, ou tableau de l'état actuel de cette monarchie*.[35] On a même condamné la réfutation à l'ouvrage de l'abbé Guyon contre Voltaire intitulée *Sentiments d'un inconnu sur l'"Oracle des nouveaux philosophes', pour servir d'éclaircissement et d'errata à cet ouvrage, dédié à Mr. de Voltaire*. L'ouvrage a été interdit par l'édit du 20 septembre 1806 'por contener proposiciones respectivamente heréticas, blasfemas, escandalosas, sediciosas e injuriosas'.[36]

L'action de l'Inquisition espagnole contre Voltaire ne se limitait pas à la prohibition de ses ouvrages: plusieurs personnalités ont été molestées et même accusées d'avoir lu Voltaire ou de participer à ses idées. Les premiers à qui on a intenté un procès ont été les frères Tomás et Bernardo de Iriarte, les deux traducteurs de Voltaire. Juan Antonio Llorente, secrétaire et historien de l'Inquisition, donne une petite référence de l'affaire Tomás de Iriarte:

Fue procesado en la Inquisición de Corte, en los últimos años del reinado de Carlos III, por sospechoso de los errores de los falsos filósofos modernos: se le asignó la Corte por cárcel, con obligación de presentarse en la sala de audiencias del tribunal cuando se le avisara. Se prosiguió su proceso en secreto; dio satisfacción a los cargos, pero los inquisidores creyeron que no era completa, por lo que lo declararon sospechoso con sospecha leve; abjuró y se le absolvió en el tribunal a puerta cerrada, sin asistencia de

---

32. *Indice de los libros prohibidos*, p.328.
33. *Indice*, p.95b.
34. *Suplemento al Indice*, p.9b.
35. *Suplemento al Indice*, p.39b; A.H.N., Inquisición, liasse 4450-9, cité par Paz, *Papeles de Inquisición: catálogo y extractos* (Madrid 1947), p.434, no.1332.
36. *Apéndice al Indice*, p.27a.

personas de fuera, con penitencia secreta y suave, de manera que pocos supieron en la Corte su proceso.[37]

L'arrêt du tribunal, daté le 11 août 1779, apporte des nuances aux mots de Llorente.[38] Iriarte y est accusé concrètement de prononcer 'proposiciones y leer libros prohibidos sin licencia, como después de tenerla varios que con la general no pueden ser retenidos ni leídos, y asimismo otros que absolutamente no pueden leerse, y por otros crímenes'. On lui a imposé l'assiduité à certaines pratiques religieuses, ainsi que l'annulation de la licence de lire des livres interdits. La cause du procès reste, donc, bien établie à la lumière de cette sentence. Semble écarté, par conséquent, ce que Menéndez Pelayo croyait être le corps du délit, à savoir, le poème intitulé *La barca de Simón*, satire de l'Eglise qu'il qualifie de 'la poesía heterodoxa más antigua que yo conozco en lengua castellana'.[39]

Le procès de son frère Bernardo est plus intéressant à cause des allusions directes à Voltaire. La procédure date d'avril 1774.[40] Il a été dénoncé par un de ses frères, le dominicain Juan Tomás, qui déclare que Bernardo parlait d'un ton goguenard des actes du culte et des ecclésiastiques. La première allusion à Voltaire se trouve dans la déclaration de frère Diego de Cisneros, bibliothécaire à El Escorial, qui a affirmé que l'ambassadeur à Rome, José Nicolás de Azara, avait envoyé à don Bernardo une lettre 'en que le persuadía a toda costa comprase el *Diccionario filosófico* de Voltaire, libro abominable, añadiéndole esta expresión: *éste será tu felicidad*'. Le même témoin ajoute que don Bernardo

dice públicamente haber escrito una carta a Volter, en que aunque su asunto era defender a varios escritores españoles de la crítica mordaz de aquel autor, pero al principio de ella la hacía un elogio desmedido, publicándose por su admirador, y diciéndole que así que salía a la luz una obra suya la recibía con mil aplausos, llevándola a que la leyesen sus amigos; que el mismo reo tradujo al español una tragedia de Volter, intitulada el *Tancredo*, aunque ocultando el nombre de Volter, con un prólogo o dedicatoria del mismo reo *al genio tutelar de España*, composición original del reo, cuya expresión parece al declarante que nace de un principio del ateísmo, como si España no tuviera otra divinidad de tutora del Genio.[41]

37. Llorente, *Inquisición*, i.516.
38. Archivo general de Simancas, livre d'Inquisición, no.877, f.151; cité par Cotarelo, 'Proceso inquisitorial de Iriarte', *Revista de archivos, bibliotecas y museos* 4 (1900), et, en partie, par Pinta, *Inquisición*, p.233.
39. Menéndez Pelayo, *Heterodoxos*, v.307.
40. Sur ce procès, voir Pinta, *Inquisición*, p.235-40, d'où procèdent les citations. L'auteur a reproduit ce texte dans 'El sentido de la cultura' et dans *Aspectos históricos* (p.134ss). Les sources se trouvent à A.H.N., Inquisición, liasses 3229, 3776.
41. Defourneaux ('L'Espagne et l'opinion') publie une lettre conservée au Fonds espagnol du Département des manuscrits de la Bibliothèque nationale à Paris, adressée, paraît-il, à Voltaire et qu'il attribue à Bernardo de Iriarte à cause de certaines coïncidences avec la lettre mentionnée au cours du procès; la lettre porte la date d'octobre 1764 (Best.D12281).

L'ensemble des propositions qui se dégageaient des déclarations faites par les témoins ont été qualifiées par les inquisiteurs de 'blasfemas, temerarias, escandalosas, *sapientes heresim* y heréticas, considerando al reo como materialista y apóstata, votándose *nemine discrepante* que don Bernardo de Iriarte fuese reducido a cárceles secretas, con secuestro de bienes e incautación de papeles y libros'. Cependant, l'arrêt n'a pas été accompli, car l'accusé a continué à occuper ses postes dans l'administration.

Le procès de Pablo de Olavide a été beaucoup plus retentissant, en Espagne et à l'étranger, non seulement par la personnalité de l'accusé, mais aussi par la dureté de la peine imposée. Il s'est agi d'un *autillo*, c'est-à-dire, d'un auto-da-fe tenu huis clos dans le tribunal de l'Inquisition de Cour. L'*autillo* eut lieu le 24 novembre 1778, en présence d'une soixantaine de personnes invitées à la cérémonie, que l'on voulait faire servir de leçon.[42]

Olavide avait été incarcéré deux ans plus tôt 'por sospechoso de muchos errores heréticos, principalmente los de Rousseau y Voltaire, con quienes seguía correspondencia epistolar muy confidencial', selon Llorente (i.562), et après les dénonciations de certains moines au sujet de l'action d'Olavide à Sierra Morena.

Le châtiment qu'on lui a imposé a été vraiment exemplaire, puisque (i.563):

se le condenó a reclusión en un convento por ocho años, sujeto al tenor de vida que le designaría un director espiritual de la confianza del inquisidor decano; destierro perpetuo de Madrid, Sitios Reales, Sevilla, Córdoba y nuevas poblaciones; confiscación de bienes e inhibición de empleos y oficios honoríficos; de cabalgar en caballo y de llevar oro, plata, perlas, diamantes, piedras preciosas, seda y lana fina, vistiendo sólo sayal o paño vulgar.

Il n'a pas cependant accompli la totalité de la peine, car en 1780, pour cause de maladie, il a été transféré d'un couvent de Sahagún à Murcie, d'où il est passé en Catalogne pour se réfugier plus tard en France.

L'écho de l'emprisonnement et du procès d'Olavide a croisé la frontière et est arrivé jusqu'à Ferney. Voltaire, à qui Olavide avait rendu visite en 1763 à son retour d'Italie, n'a pas vécu pour assister à la condamnation de don Pablo, mais il a eu connaissance de son emprisonnement:

Si M. Benavides ou Olavides, qui est un philosophe très instruit et très aimable, reste dans les cachots de l'Inquisition avec l'agrément de Sa Majesté Catholique, il sera difficile de me consoler. Il a passé il y a longtemps huit jours aux Délices; cela m'attendrit pour lui.[43]

Les inquisiteurs ont été plus modérés avec Bernardo María de Calzada,

---

42. Llorente, *Inquisición*, i.562-64. Font aussi référence à l'*autillo* Menéndez Pelayo (*Heterodoxos*, v.249-50), Defourneaux (*Olavide*, p.341-64), et Herr (*España y la revolución*, p.173-74).
43. Lettre à d'Alembert du 4 janvier 1777 (Best.D20501); citée par Defourneaux, *Olavide*, p.54.

écrivain qui s'était signalé comme traducteur d'ouvrages des philosophes: la *Logique* de Condillac, *Le Fils naturel* de Diderot, *Alzire* de Voltaire. Le procès de Calzada s'est tenu sans doute entre 1790 et 1791, date où Juan Antonio Llorente, qui a pris part à sa détention, a quitté Madrid.[44] Llorente lui-même raconte l'affaire Calzada:

El infeliz Calzada, no bastándole su sueldo de oficial de la secretaría del ministerio de la guerra para mantener a su dilatada familia, se había dedicado a traducir obras francesas y componer otra de cuentos y chistes, con la fatalidad de adquirirse por enemigos ciertas personas fanáticas y unos frailes, que aparentando celo de moral rígida y severa, son intolerantes de todo lo que no confronta con sus ideas, y arruinaron con sus delaciones una familia, pues después de algún tiempo de prisión abjuró *de levi*, que equivale casi a ser absuelto en los puntos de fe; y sin embargo se le desterró de la corte, con cuya providencia perdió su destino y esperanza de ascensos.[45]

Un grand écrivain de l'époque qui a souffert encore la persécution du Saint-Office a été le fabuliste Félix María de Samaniego. On lui préparait à l'Inquisition de Logroño, sa patrie, un procès 'por sospechas de haber adoptado los errores de los seudofilósofos modernos y por lectura de libros prohibidos'.[46] Prévenu de ce qui se fabriquait contre lui, Samaniego est parti pour Madrid, où il a obtenu de son ami Eugenio de Llaguno, ministre de justice, un arrangement avec l'inquisiteur général.

A un accommodement de la sorte est arrivé aussi Mariano Luis de Urquijo. A l'occasion de la délation de *La muerte de César* et du 'Discurso' qui précédait la pièce, les inquisiteurs ont décidé de mener une enquête sur les opinions d'Urquijo en matière de religion. Les dépositions de plusieurs témoins ont laissé croire qu'il était enclin à suivre les maximes des philosophes antichrétiens.[47] Le destin a voulu que, lorsqu'on préparait le procès en 1792, le comte d'Aranda, protecteur d'Urquijo, fût nommé premier secrétaire d'Etat, ce qui a fait changer radicalement la situation. En effet, l'auto a été remplacé par une 'audiencia de cargos', il abjura comme suspect *de levi* et il a accompli une pénitence secrète. Lorsqu'en 1796 la tragédie a été interdite le nom du traducteur n'est mentionné nulle part.

Le dernier des personnages connus condamnés par l'Inquisition a été Ramón de Salas, professeur de jurisprudence à l'université de Salamanque. D'après Llorente, 'fue preso en la Inquisición de Corte, año de 1786, por sospecha de haber adoptado los errores de los filósofos modernos anticatólicos, como Voltaire, Rousseau y sus semejantes, cuyas obras había leído' (i.526). A vrai dire,

---

44. Herr, *España y la revolución*, p.217, n.94.
45. Llorente, *Inquisición*, ii.254.
46. Llorente, *Inquisición*, i.527; Menéndez Pelayo, *Heterodoxos*, v.308-309.
47. Muriel, *Historia*, p.214; Llorente, *Inquisición*, ii.356-57.

l'année de la détention et du procès de Salas fut 1796: il a été condamné à abjurer *de levi*, à rester une année dans un couvent et trois éloigné de Madrid et Salamanque.[48] Des brochures qui circulaient manuscrites parmi les étudiants de l'université et qu'on lui attribuait, notamment les *Diálogos del A, B, C*, traduction d'un ouvrage que Voltaire avait publié anonyme, ont été présentes sans doute lors de son procès.[49]

Les délations et procès où figure le nom de Voltaire sont très nombreux, et les accusés appartiennent aux catégories sociales les plus diverses. Les événements de la Révolution française ont originé une recrudescence des mesures de contrôle, si bien que le nombre de dossiers et de procès de cette époque est élevé.[50]

Aux deux premières décennies du dix-neuvième siècle correspondent plusieurs dossiers conservés à l'Archivo histórico nacional, relatifs à des lecteurs ou sympathisants de Voltaire. Ainsi, en 1806 le qualificateur de l'île de León, près de Cadix, déposa une dénonciation contre un officier de marine, d'après laquelle celui-ci s'intéressait à Voltaire, possédait ses ouvrages et même un buste. On fit un contrôle chez lui et on y trouva deux volumes d'une édition des *Œuvres poétiques* de Voltaire, mais aucune trace du buste.[51] Une autre affaire conservée est celle du duc de Sotomayor qui a obtenu, lors de la suppression de l'Inquisition par Napoléon en 1808, la permission d'emporter chez lui des livres interdits qui se trouvaient dans les archives. Au rétablissement du saint office en 1814 on lui a saisi trente-quatre livres condamnés, dont plusieurs ouvrages de Voltaire. En 1816 on a fait un procès à José Asuero, médecin de Logroño, pour avoir traduit Voltaire et pour des propositions, parmi lesquelles: 'Voltaire era un sabio que había conocido que Cristo era un engañador.' On a intenté des procès aussi contre un certain Juan de Mandinaveitia, résident à Oñate, parce qu'il 'recitaba párrafos de Voltaire ante jóvenes estudiantes y muchachas en el paseo'.[52]

---

48. Menéndez Pelayo, *Heterodoxos*, v.291; Herr, *España y la revolución*, p.275.

49. Herr, *España y la revolución*, p.263-77; Pinta, 'El sentido de la cultura española en el siglo XVIII e intelectuales de la época', *Revista de estudios políticos* 68 (1953), p.102-105.

50. Voir Domergue, *Le Livre en Espagne au temps de la Révolution française* (Lyon 1984), *passim*.

51. A.H.N., Inquisición, liasse 190-2 (qui procède de l'Inquisition de Tolède); cité par Desdevises, 'Notes sur l'Inquisition au XVIIIe siècle', *Revue hispanique* 4 (1899), p.497-98.

52. A.H.N., Inquisición, liasses 4459-1, 4491-17, 4495-8; cités par Paz, *Papeles de Inquisición*, p.186, 281, 285-86; nos.523, 733, 747.

ii. La censure civile

La censure gouvernementale s'exerçait au dix-huitième siècle sur deux aspects: sur les livres, brochures et périodiques pour lesquels on demandait la licence d'impression (censure préalable) et sur les livres qui procédaient de l'étranger.

La censure des livres appartenait depuis longtemps au Conseil de Castille, au sein duquel on a créé au milieu du dix-huitième siècle un Juzgado de imprentas (l'équivalent de la Librairie en France), chargé particulièrement de la censure des brochures et des périodiques, qui commençaient à devenir nombreux. En 1805 Charles IV a institué un Juzgado de imprentas y librerías, complètement indépendant du Conseil de Castille, mais cet organisme a été supprimé par Ferdinand VII en mars 1808.[53] Le Conseil avait plusieurs censeurs chargés d'examiner les ouvrages pour lesquels on demandait une licence d'impression. Parmi les censures conservées se trouve celle que Jovellanos a rédigée sur la traduction d'*Alzire* par Bernardo María de Calzada:

Esta tragedia, escrita originalmente por Mr. Voltaire en el año de 1736, es toda de su invención, según confiesa su mismo autor, y sin embargo corre con grande aplauso en Francia, tanto por el mérito esencial que tiene en calidad de drama, como porque lisonjea la opinión que han formado los extranjeros de los conquistadores del Nuevo Mundo. La Humanidad reprobará siempre la conducta de algunos de ellos, que deslucieron con su crueldad el esplendor de sus hazañas; pero esta crueldad se supone tan general en la tragedia, se realza con tanta afectación y se pinta con colores tan negros y terribles, que no puede dejar de ofender aun a los españoles más imparciales y menos amantes de la gloria de su país. Si este reparo y los anatemas fulminados por el Santo Oficio contra todas las obras del mismo autor no sirvieran de estorbo a la publicación de la presente tragedia (lo que dejo al supremo arbitrio del Consejo), no hallo en lo demás cosa que pueda impedirla.[54]

Malgré cette censure négative de Jovellanos, qui remarque que c'est un ouvrage de Voltaire et donc interdit par l'édit de 1762, la tragédie a obtenu les licences nécessaires et a été publiée, et par l'Imprimerie royale, sous le titre *El triunfo de la moral cristiana*.

Quant à la censure des livres non publiés en Espagne, elle était réglée depuis longtemps. Cependant, les dispositions là-dessus ont redoublé au long du siècle. La première prohibition rigoureuse de vendre des livres imprimés à l'étranger sans licence se trouve dans l'Ordonnance royale du 21 juin 1784.[55] Cette

---

53. Voir Serrano Sanz, 'El Consejo de Castilla y la censura en el siglo XVIII', *Revista de archivos, bibliotecas y museos* 15 (1906), p.28-46; Rumeu, *Historia de la censura literaria gubernativa en España* (Madrid 1940), *passim*.

54. Cité par Serrano Sanz, 'El Consejo de Castilla', p.36, sans indication de la source.

55. *Novísima recopilación*, loi XXI, titre XVI, livre VIII. Cette disposition, ainsi que les suivantes, est signalée par Rumeu (*Historia de la censura*, p.65-88).

attitude serait une conséquence de l'indignation produite en Espagne, surtout dans les milieux officiels, par le célèbre article de Masson de Morvilliers dans l'*Encyclopédie méthodique*. D'après cette disposition, les livres procédant de l'étranger étaient arrêtés aux douanes; ceux qui se destinaient à des particuliers ou à des libraires de Madrid pouvaient continuer leur chemin, car ils étaient examinés à la cour. Pour le reste, on devait en envoyer une liste au Conseil de Castille: les livres anciens ou pourvus d'une licence précédente pouvaient circuler librement, mais les livres nouveaux devaient être examinés en vue d'une censure favorable.

Le nouveau état des choses instauré en France par la Révolution et la profusion de livres et brochures qui en traitaient ont originé un renforcement de la censure. Le Conseil envoya des listes de livres aux douanes pour en empêcher l'entrée en Espagne. Les dispositions officielles se sont multipliées: par l'Ordonnance royale du 5 janvier 1791 Charles IV interdisait l'introduction dans ses royaumes de toute sorte de papiers séditieux et contraires à la tranquillité publique;[56] celle du 15 juillet 1792 était dirigée spécialement contre les 'brochuras o papeles impresos o manuscritos que traten de las revoluciones y nueva constitución de la Francia', que l'on doit envoyer des frontières au ministère d'Etat à Madrid.[57] Les mesures de contrôle se sont poursuivies sous Ferdinand VII et ont culminé dans l'Ordonnance royale du 11 avril 1824, d'après laquelle tous les livres venant de l'étranger devaient être contrôlés aux frontières.[58] Les ouvrages condamnés par l'Inquisition devaient être rendus à l'évêque du diocèse où se trouvait la douane, et ceux qui n'avaient point de licence d'importation devaient être retenus. D'autre part, ceux qui importaient des livres sans licence étaient menacés de peines très dures.

Eu égard à cette situation on peut très bien supposer que la plupart des ouvrages de Voltaire qui circulaient en Espagne ont été introduits par la voie non officielle, sous la clandestinité. Cela expliquerait l'absence assez généralisée du nom de Voltaire dans les dossiers de censure. Parmi ceux qu'a exhumés Angel González Palencia, pour la plupart appartenant au règne de Ferdinand VII, il n'y en a qu'un qui se réfère à Voltaire. Il s'agit d'une notification du secrétaire du ministère d'Etat portant notamment sur la préface de la traduction de la *Henriade*:

Por un emigrado francés residente en Burdeos se ha comunicado que en la obra publicada últimamente en Francia, bajo el título de *La Henríada*, poema épico francés, traducido en verso español por el doctor don Pedro Bazán de Mendoza, se ha puesto

56. *Novísima recopilación*, loi XI, titre XVIII, livre VIII.
57. *Novísima recopilación*, loi XII, titre XVIII, livre VIII.
58. *Colección legislativa: decretos de Fernando VII*, viii.309; cité par Rumeu, *Historia de la censura*, p.183-85.

un prólogo que abunda en especies contrarias al sistema de gobierno establecido en estos reinos; en cuya consecuencia le ha mandado S.M. informar de ellos a V.E., a fin de que tome las medidas convenientes para impedir su circulación en la Península.[59]

59. A.H.N., Consejos, liasse 5569-57; cité par González Palencia, *Estudio histórico sobre la censura gubernativa en España, 1800-1833* (Madrid 1934-1941), ii.258-59, no.521.

3. Les adversaires de Voltaire en Espagne

Sɪ la censure officielle supposait une barrière à la diffusion des ouvrages de Voltaire et des philosophes, cet obstacle était plutôt passif et, en tout cas, il agissait après coup et sans prévisions. Dans la lutte contre les nouvelles idées il existait au dix-huitième siècle un élément beaucoup plus combattant et créatif, qui se voulait plus prévention que repression: c'est l'ensemble d'œuvres écrites pour réfuter, démentir et même parfois ridiculiser les philosophes. Certains de ces ouvrages étaient animés d'un élan apologétique élevé et se basaient sur une érudition remarquable, mais d'autres restaient de simples déclamations contre les philosophes, pauvres de contenu et d'expression, à la limite de véritables pamphlets. Ce type de productions représentait, nonobstant, une opposition beaucoup plus directe et conflictive aux idées des philosophes que celle que pouvaient exercer l'Inquisition et la censure officielle.

Les livres de ce genre ont été très nombreux en Espagne au dix-huitième siècle et pendant le premier tiers du siècle suivant,[1] et leur étude, demandée il y a longtemps par Menéndez Pelayo, a été menée de nos jours par Javier Herrero.[2] Mais si le nombre et parfois la qualité de ce type d'ouvrages témoignent du zèle et de l'érudition d'une poignée d'hommes qui, dans un siècle qui affichait le libertinage et le progrès, ont essayé de contrecarrer les conquêtes idéologiques et sociales des philosophes en leur opposant les excellences et les bienfaits de la religion catholique, les résultats obtenus sont peu encourageants et ne répondent point à l'effort apporté. La difficulté ne réside pas tellement dans la diffusion de ces ouvrages – car leur grande diffusion est bien attestée – mais dans leur lecture réelle. En fait, on peut supposer que les livres où l'on réfutait les nouvelles idées, écrits dans la plupart par des ecclésiastiques, étaient lus surtout par des gens d'Eglise, autant dire par ceux qui étaient censés en avoir le moins besoin. On devrait en chercher la cause dans le peu d'agrément de ces ouvrages, sérieux et très érudits parfois, qui ne répondaient pas aux goûts du public lecteur de l'époque. Pablo de Olavide le constate dans son *Evangelio en triunfo*:

para poner en su luz asuntos delicados y desenredar artificios y sofismas astutos es indispensable usar de discusiones sabias y serias, que no sufren bufonadas y chocarrerías, y menos son permitidas calumnias y maledicencias. Era pues casi imposible que las obras

---

1. Herr, *España y la revolución*, p.176-81, 251-56.
2. Herrero, *Los orígenes del pensamiento reaccionario español* (Madrid 1971), *passim*. Menéndez Pelayo aborde les livres d'apologétique dans *Heterodoxos* (v.361-417; vi.96-98, 151-59).

de los escritores sabios pudiesen tener los atractivos que halagan a los lectores rústicos y frívolos, y por esto no eran leídas de ellos. Ve aquí por qué su esfuerzo ha sido inútil. Aquellos para cuyo desengaño se habían escrito no conocían la obra, o si llegaba a su noticia el fastidio lo arrancaba de su mano. Sólo la leían aquellos que no la necesitaban.[3]

Menéndez Pelayo est du même avis lorsqu'il doit accepter, malgré lui, que ces productions étaient 'inamenas, amazacotadas, escolásticas, duras y pedestres'.[4]

Le cadre chronologique de la littérature apologétique en Espagne est vaste, puisqu'aux écrivains 'antiphilosophiques', à proprement parler, se sont ajoutés ceux qui plus tard ont réagi contre la Révolution française, suite et conséquence naturelle, disait-on, des doctrines perverses des philosophes, et ceux qui ont attaqué les Français envahisseurs, porteurs de la mauvaise semence, et plus tard les libéraux, chez qui la semence avait germé. Les dernières étapes sont les plus nationales, à prédominance de production espagnole, car, en fait, les problèmes en jeu étaient non seulement religieux, mais politiques et sociaux; cependant, la plus raisonnée, érudite et bien fondée a été la première, c'est-à-dire, jusqu'à la Révolution, qui présente un nombre élevé de traductions par rapport à la production nationale espagnole. Du fait de m'en tenir dans cette étude aux seuls ouvrages qui font référence à Voltaire ou aux philosophes, je fais abstraction de plusieurs traités espagnols à portée philosophique, tels la *Theodicea* de Luis Joseph Pereira ou *El Filoteo* d'Antonio Joseph Rodríguez.

Plusieurs aspects de la pensée de Voltaire ont été l'objet des attaques. Si l'on tient compte du nombre et de la qualité des adversaires, le grand sujet semble avoir été la religion: Dieu, les dogmes, les croyances, les actes du culte, etc. Les ouvrages d'apologétique catholique ont été donc nombreux et ont connu une grande diffusion en Espagne. Mais est-ce qu'une profusion de ce type d'ouvrages était réellement nécessaire dans ce pays? Sarrailh dans son *Espagne éclairée* et Menéndez Pelayo dans ses *Heterodoxos* nous parlent de l'état des idées et du progrès de l'incroyance en Espagne au long du dix-huitième siècle. Les apologistes espagnols, ainsi que les traducteurs d'ouvrages français, regrettent le degré de perversion atteint par beaucoup de leurs compatriotes. Cependant, s'il faut accorder du crédit à certains auteurs, ces avances de l'incroyance semblent s'être produites à une époque relativement tardive. Ainsi, frère Pedro Rodríguez Morzo, traducteur des *Erreurs de Voltaire* de l'abbé Nonnotte, s'exprime en 1771 avec optimisme dans la préface (sans mention de page):

Gracias a Dios que no son necesarios muchos preservativos para poder contar con el tesón y la constancia de nuestros españoles en todo lo concerniente a los dogmas y religión; siendo casi herencia universal de todos los individuos de nuestra península la

---

3. Olavide, *El Evangelio en triunfo, o historia de un filósofo desengañado de serlo* (Madrid 1800), iv.303.
4. Menéndez Pelayo, *Heterodoxos*, v.361.

de no admitir impresión alguna que contradiga el catolicismo glorioso de nuestros mayores.

Mais cette opinion n'est pas partagée par d'autres, tel le traducteur du *Déisme réfuté par lui-même* de l'abbé Bergier, frère Nicolás de Aquino, qui six ans plus tard note dans sa préface que 'de poco a esta parte abunda nuestra España de unos hombres iniciados en el deísmo y materialismo. Ya no se oyen en las conversaciones de algunos otros autores que los Bayle, Montesquieu, Volter, Helvecio, Rouseau y otros catecismos de la impiedad.' Un peu plus tard la situation semble avoir empiré, à en juger des mots que l'archevêque de Santiago, Francisco Alejandro Bocanegra, adresse à ses ouailles: 'Una nación tan católica como la España está hoy, si no sumergida, a lo menos a pique de sumergirse en un abismo.'[5]

Voilà quelques-uns des nombreux exemples que l'on peut alléguer afin de mettre en évidence l'inquiétude que la situation religieuse du pays produisait dans l'esprit du clergé espagnol. Mon but n'est pas de retracer ici l'histoire de la situation religieuse en Espagne au dix-huitième siècle, mais présenter et analyser les allusions à Voltaire dans les ouvrages des apologistes catholiques publiés en Espagne. Pour plus de clarté dans l'exposition et parce qu'il existe, à vrai dire, des différences, j'aborderai en premier lieu les apologistes français traduits, plus érudits et critiques, pour passer ensuite aux auteurs espagnols, plus fougueux et combatifs.

i. Auteurs français traduits

Pour des raisons historiques, la littérature apologétique a été spécialement abondante en France: on a recensé un peu plus de neuf cents ouvrages pendant la période 1715-1789.[6] Bergier, Guyon, Nonnotte sont autant de noms représentatifs qui vont se retrouver en Espagne. Le contenu de ces ouvrages, par rapport à Voltaire, est inégal, allant des critiques spécialement conçues contre lui à de simples mentions à côté d'autres philosophes.

La première grande attaque dirigée contre Voltaire a été *L'Oracle des nouveaux philosophes*, publié en 1759 par l'abbé Claude-Marie Guyon.[7] La traduction

5. Bocanegra, *Declamación oportuna contra el libertinaje del tiempo* (Madrid 1779), p.22.
6. Sur l'apologétique en France, voir, notamment, Mornet, *Les Origines intellectuelles de la Révolution française, 1715-1787* (Paris 1967), p.205-16; Monod, *De Pascal à Chateaubriand: les défenseurs français du christianisme* (Paris 1916), *passim*; *Dictionnaire de théologie catholique*, s.v. 'Apologétique', i.1547-53.
7. Cl.-M. Guyon, *L'Oracle des nouveaux philosophes pour servir de suite et d'éclaircissement aux œuvres de M. de Voltaire* (Berne 1759). Guyon (1689-1771) a été membre de l'Oratoire et auteur de plusieurs traités de religion.

espagnole, intitulée *El oráculo de los nuevos filósofos*, est de 1769 et a été l'œuvre du frère de la Merci Pedro Rodríguez Morzo.[8] Dans sa préface le traducteur signale les raisons de son travail (i.III):

Con todo gusto me dediqué al trabajo de esta traducción, sin otra mira que la de ofrecer este contraveneno y específico admirable, que contiene el más verídico informe y anatomía completa del cadavérico espíritu filosófico moderno de muchos. Aunque ataca a todos los que militan bajo las banderas del deísmo, de la religión natural, del indiferentismo, etc., principalmente emplea sus armas contra el Goliat de nuestros días, contra el famoso cuanto execrable Voltaire, que desde el cantón o casa de campo de Lausana, reta y desafía a todo el ejército católico, no solamente con insultos, sino también pregonando victorias y trofeos.

L'ouvrage se compose de dix-huit entretiens, dont douze se trouvent au premier volume et le reste au second, qui est complété par une réfutation de l'*Emile*.

Le livre est rempli d'allusions continuelles à Voltaire, si bien que prétendre en faire une énumération serait fastidieux. L'auteur attaque tout d'abord la religion naturelle, d'après le système établi dans les ouvrages de Voltaire, et il critique plus loin la notion de tolérance. Il met aussi en évidence les contradictions de Voltaire dans ses propres écrits, l'un des points sur lesquels les apologistes se basent pour montrer la faiblesse de sa pensée. L'auteur analyse ensuite plusieurs ouvrages de Voltaire, notamment l'*Essai sur les mœurs*, *Le Siècle de Louis XIV* et *Candide*. Les huit derniers entretiens sont consacrés à prouver l'authenticité et l'inspiration divine des livres de la Bible, mises en cause par Voltaire. Les réfutations de Guyon ont été reprises dans un papier manuscrit conservé à la Biblioteca nacional.[9] L'auteur de ce petit texte, qui avait lu l'apologie de Guyon dans l'original, expose à un prétendu correspondant les erreurs de Voltaire et ses incohérences dans l'*Essai sur les mœurs* et dans *Le Siècle de Louis XIV*. Il s'agit d'aspects concrets, d'anecdotes et de commérages que Voltaire donne pour authentiques sans aucun fondement, d'après l'auteur. Le livre de Guyon, écrit avec érudition mais en même temps avec agrément, a été très lu par un certain secteur du public et a rendu populaire, entre les épithètes appliquées à Voltaire, celle d'"oracle des nouveaux philosophes', frappée par Guyon.

L'abbé Claude-François Nonnotte est l'auteur d'un traité bien connu où il réfute les idées de Voltaire: *Les Erreurs de Voltaire*.[10] Il a été publié en espagnol par le traducteur de Guyon, frère Pedro Rodríguez Morzo, en 1771-1772, sous

8. Publié sans le nom de l'auteur, l'ouvrage a été réimprimé à Madrid en 1775-1776. Un compte rendu de la seconde édition se trouve dans le *Memorial literario* de mars 1788 (p.467-69).
9. 'El oráculo de los nuevos filósofos', B.N., ms.18.574-28, 6 ff.
10. Cl.-F. Nonnotte, *Les Erreurs de Voltaire* (Paris, Avignon 1762). L'abbé Nonnotte (1711-1793), jésuite et membre de l'Académie de Besançon, a eu une certaine célébrité comme prêcheur, mais il doit sa renommée à sa longue querelle avec Voltaire.

le titre *Los errores históricos y dogmáticos de Voltaire.*[11] On a traduit aussi en espagnol un autre traité de Nonnotte, une apologie de la religion qui contient très peu d'allusions à Voltaire.[12] Attribué à Nonnotte a circulé en Espagne un *Diccionario anti-filosófico* (Madrid 1793), qui n'est point la traduction de son *Dictionnaire philosophique de la religion*, mais celle d'un traité du bénédictin Louis-Mayeul Chaudon, intitulé plus précisément *Dictionnaire anti-philosophique*, réfutation de l'ouvrage de Voltaire. Le traducteur de Chaudon, ou peut-être l'éditeur, aurait voulu profiter du nom de Nonnotte, rendu célèbre par *Los errores de Voltaire.*[13]

Le traducteur de *Los errores* fait allusion dans sa préface aux raisons et aux buts de sa traduction, et ses mots ont l'air d'un défi lancé contre Voltaire et ses prosélytes:

No recelamos los triunfos ni las victorias de este Alcides de la impiedad, como ni tenemos miedo a los muchos que engrosan la lista de tan funesta confederación; pero es muy conveniente recibirles a pie firme y burlarnos de su vana confianza y existimadas victorias. Solamente en favor de los que puedan rendirse a los tiros de la encantadora novedad y aparente persuasión es preciso instruirlos en lo poco que basta para que no se dejen deslumbrar.

Après avoir affirmé le profond catholicisme des Espagnols, qui deviendra une muraille inébranlable face aux assauts de l'impiété, il met en évidence les difficultés de la traduction et le soin qu'il a porté à son travail, en évitant des gallicismes et des constructions incorrectes.

Dans ce vaste et érudit traité Nonnotte passe en revue différents points de l'histoire ecclésiastique, depuis les débuts de l'Eglise jusqu'au dix-huitième siècle. Il analyse *Le Siècle de Louis XIV* et d'autres ouvrages non philosophiques, parce que (i.1):

Casi no hay obra alguna de Voltaire en la que no toque el punto de religión, y no hay una sola en la que sea tratada con el respeto que le es debido. Voltaire habla como poeta, como historiador y filósofo, mas nunca como cristiano. Muchas de sus composiciones poéticas no presentan más que un libertinaje impío, y su historia general viene a ser una sátira en la que la calumnia y la hiel ocupan siempre el puesto de la verdad.

Le second volume est presque totalement consacré à examiner des points de

---

11. Il y a eu une seconde édition en 1777.

12. Cl.-F. Nonnotte, *Defensa de los puntos más interesantes a la religión acometidos por los incrédulos* (Madrid 1788).

13. Dans la première édition de ce livre j'avais attribué le *Diccionario anti-filosófico* à Nonnotte; je dois la rectification à l'aimable communication de mon collègue Pedro Alvarez de Miranda, qui le signale dans son travail 'Algunos diccionarios burlescos de la primera mitad del siglo XIX', dans *Romanticismo 2: atti del III Congreso sul Romanticismo spagnolo e ispanoamericano* (Genova 1984), p.155-67.

doctrine, tels que l'existence de Dieu, la nature et immortalité de l'âme, le péché originel, etc.

Le *Diccionario anti-filosófico* est une réplique au *Dictionnaire philosophique* de Voltaire. Malgré ce qui est dit sur la page de titre, son auteur n'est pas Nonnotte, mais dom Louis-Mayeul Chaudon, qui a publié son traité en 1767.[14] Le traducteur, qui cache son nom sous des initiales, est Antonio Ortiz de Zárate. L'auteur, dans sa préface, explique les raisons qui l'ont poussé à écrire la réfutation (i.xxx):

Dicho *Diccionario* no es una de aquellas bagatelas literarias que del bufete de un semidocto pasan a la especiería; lo lee todo el mundo, todos lo citan, militares, togados, abates, mujeres, etc. Es una copa en que las personas de todos los estados y de todas las edades beben el veneno de la impiedad.

Tout en oubliant Voltaire pour un instant, l'auteur s'en prend aux philosophes et aux 'esprits forts', pour terminer par le souhait que Dieu illumine l'âme de Voltaire afin qu'il change d'attitude. L'ouvrage, comme il a été dit, est une réfutation des différents articles du *Dictionnaire philosophique*, menée avec érudition, où les allusions à Voltaire, à l'*Encyclopédie* et aux philosophes apparaissent à chaque instant. Le *Memorial literario* de janvier 1794 en a inséré un long compte rendu, très élogieux, où Voltaire est présenté comme 'el más hábil para confeccionar este género de hechizos para los libertinos y de ponzoña para los incautos'.[15]

Le *Déisme réfuté par lui-même* est un des nombreux ouvrages publiés par l'abbé Nicolas-Sylvestre Bergier; il est spécialement dirigé contre Rousseau et c'est un de ses traités les plus combatifs.[16] L'édition espagnole, *El deísmo refutado por sí mismo*, a paru en 1777 dans la version du franciscain Nicolás de Aquino, du couvent de Grenade. En fait, les allusions à Voltaire dans cet ouvrage sont plutôt rares et elles se trouvent surtout dans les notes du traducteur.[17] Il faut cependant mentionner par son intérêt la préface du traducteur lui-même, où il met en évidence les progrès des idées nouvelles en Espagne et établit une curieuse distinction entre Voltaire et Rousseau:

Como Volter y Rousseau son en el día los dos célebres corifeos de los incrédulos y los

---

14. L.-M. Chaudon, *Dictionnaire anti-philosophique pour servir de commentaire et de correctif au 'Dictionnaire philosophique'* (Avignon 1767). Le bénédictin Louis-Mayeul Chaudon (1737-1817) s'est distingué comme historien; son chef-d'œuvre est le *Nouveau dictionnaire historique* (1765).

15. *Memorial literario* (janvier 1794), iii.119-23.

16. N.-S. Bergier, *Le Déisme réfuté par lui-même, ou examen des principes d'incrédulité répandus dans les ouvrages de M. Rousseau, en forme de lettres* (Paris 1765). L'abbé Bergier (1718-1770) a été chanoine de Notre-Dame de Paris, confesseur des sœurs de Louis XV et l'un des écrivains catholiques les plus respectés de son temps.

17. Bergier, *El deísmo refutado por sí mismo* (Madrid 1777), i.283, 353; ii.39.

que más se leen, era razón que ya que tenemos en nuestro idioma la impugnación del primero no careciésemos de la del segundo. Acaso será más útil, porque los escritos de éste se leen con más peligro. Volter ha pasado siempre por un hombre pervertido, no sólo en el dogma, sino en las costumbres. Rousseau, al contrario, es reputado entre ellos por un hombre de unas virtudes morales que dan precio a su persona y sus escritos; por lo mismo la lección de ellos es un veneno más dulce, pero más nocivo, pues va dorado con la apariencia de lo honesto y el brillo de la virtud.

Pendant la première moitié du dix-neuvième siècle ont été publiées en Espagne plusieurs traductions d'autres ouvrages de Bergier moins intéressants pour l'objet de cette recherche.[18]

Le bénédictin Nicolas Jamin est l'auteur de deux traités parus en traduction espagnole: les *Pensées théologiques* et le *Traité de la lecture chrétienne*.[19] Les *Pensamientos teológicos*, publiés en 1778, sont un recueil de petits articles sur les plus divers aspects du dogme et de la morale. Voltaire y est présent à une douzaine d'occasions, par son incrédulité, son style aimable, sa haine pour la religion chrétienne, des aspects qui commencent à devenir des lieux communs de l'apologétique. Parti à la chasse de contradictions, l'auteur en trouve, par exemple, dans des mots du *Traité sur la tolérance* à propos de la nécessité de la religion pour l'Etat: 'donde quiera que haya sociedad firme y estable, es necesario que haya religión. Las leyes velan sobre los delitos públicos y la religión sobre los pecados secretos' (p.38). Il insiste sur le faux rôle d'esprit fort joué par Voltaire et les philosophes, rôle qu'ils ont échangé plus d'une fois par celui, moins honorable, d''esprit faible': 'El señor Voltaire, que es su capitán, se ha retractado muchas veces, y los que le conocen bien están esperando que se desdiga aún, a pesar del ánimo y de la valentía que manifiesta en sus nuevos escritos' (p.14).

Le *Verdadero antídoto contra los malos libros de estos tiempos, o tratado de la lectura cristiana*, le second des ouvrages de Jamin traduits en espagnol, a paru en 1784 dans la version du bénédictin Gabriel Quijano. Dans sa longue préface le traducteur insiste sur la prétention des philosophes de se faire donner les richesses de l'Eglise et il conclut (p.xxxv):

Entréguenseles las riquezas, que de nada sirven en las manos de los eclesiásticos, para que las empleen fructuosamente en cortejar comediantas, operistas y bailarinas, *dignos objetos de nuestra atención y de los altares*, como sin vergüenza alguna dijo de una de ellas

18. Palau (*Manual del librero hispano-americano*, Barcelona 1948-1977, ii.178-79) signale *Diccionario de la religión cristiana, o teología portátil* (Londres 1824); *Teología portátil, o diccionario abreviado de la religión cristiana* (París s.d.); *Diccionario enciclopédico de teología* (Madrid 1831-1835); *Diccionario de teología* (Madrid 1845); *Tratado histórico y dogmático de la verdadera religión* (Madrid 1847).

19. N. Jamin, *Pensées théologiques relatives aux erreurs du temps* (Paris 1769) et *Traité de la lecture chrétienne* (Paris 1774). Le père Jamin (1732-1782), bénédictin de la congrégation de Saint-Maur, a été prieur de l'abbaye de Saint-Germain-des-Prés.

el célebre Voltaire. Ellos las emplearán mejor en los festines y en el lujo, cuya inocencia prueba, como acostumbra, el mismo Voltaire en sus *Piezas fugitivas*, por la utilidad que se sigue al Estado.

Cet ouvrage est une attaque contre les livres impies ainsi qu'un éloge des livres de religion. L'auteur applique son plus grand soin à démasquer les livres qui, sous des apparences aimables, contiennent de fausses doctrines (p.45-46):

Una obra excelente se puede escribir en un estilo bajo, así como se pueden explicar los mayores absurdos con la dicción más pura. Esta verdad está, por nuestra desgracia, demasiadamente demostrada por medio de ciertos libros de este tiempo. ¿Qué autores, por ejemplo, escriben mejor que Mr Voltaire y Juan Jacobo Rousseau? ¿Pero qué escritores han adelantado, al mismo tiempo, paradojas más extravagantes?

Le reste des allusions à Voltaire sont du même genre, se terminant par une liste des ouvrages écrits pour réfuter ses idées (p.275-76).

La production de l'abbé Augustin Barruel est plus vaste. A cause du nombre des allusions à Voltaire les plus intéressantes sont *Les Helviennes* et les *Mémoires pour servir à l'histoire du jacobinisme*.[20] D'autres ouvrages ont paru en traduction mais leur intérêt est plus réduit.[21]

Le premier des livres cités a paru en espagnol en 1788, sans nom d'auteur, sous le titre *Las Helvianas, o cartas filosóficas*, traduites par Claudio Joseph Vidal. La plus longue et plus intéressante des références à Voltaire se trouve dans des observations à l'une des lettres. Un paysan voit pour la première fois Voltaire et le décrit de cette manière: 'Creí ver a un mismo tiempo a diez grandes hombres. El émulo de Virgilio y de Homero, el elegante Tíbulo, el admirable Anacreonte, el afectuoso Racine, el terrible Crébillon, el sublime Corneille' (i.304-305). Mais son enthousiasme disparaît lorsqu'il connaît le mal que la philosophie a produit chez le meilleur écrivain de son siècle: 'Voltaire deja de ser el mismo, deja de ser grande en el mismo instante en que se ocupa de servir a esa filosofía, cuyos sectarios le tomaron por ídolo' (i.309). Malgré tout, l'auteur de la lettre semble avoir confiance en un redressement de Voltaire: 'cuando el tiempo hubiere hecho olvidar al falso sabio, cuando los siglos hubieren expurgado los escritos de Voltaire, siempre quedará lo que baste para eternizar su memoria y para asombrar al universo' (i.311).

Des *Mémoires pour servir à l'histoire du jacobinisme* ont circulé en Espagne deux

20. A. Barruel, *Les Helviennes, ou lettres provinciales philosophiques* (Amsterdam, Paris 1781) et *Mémoires pour servir à l'histoire du jacobinisme* (Londres, Hambourg 1792-1799). Le jésuite Barruel (1741-1820), émigré sous la Révolution, a été nommé à son retour chanoine de Notre-Dame de Paris. Sur l'œuvre de Barruel en Espagne, voir Herrero, *Los orígenes del pensamiento*, p.181-218.

21. Ont été publiées une *Historia del clero en tiempo de la Revolución francesa* (Málaga 1799?), une *Historia de la persecución del clero en tiempo de la Revolución* (Madrid 1814) et un *Compendio de las memorias para servir a la historia del jacobinismo* (Villafranca del Bierzo 1812). Il y a eu des rééditions des trois ouvrages.

traductions différentes. La première, imprimée à Palma de Majorque et intitulée *Memorias para servir a la historia del jacobinismo*, a été faite par le franciscain Raimundo Strauch, plus tard évêque de Vic en Catalogne.[22] La seconde est de l'année suivante et porte le titre *Conspiración de los sofistas de la impiedad contra la religión y el Estado*. Elle ne présente pas le nom du traducteur, qui serait, d'après Palau, frère José de la Canal.[23] Aux traductions imprimées il faut ajouter un 'Extracto de las memorias sobre el jacobinismo', ouvrage de frère Antonio Baylina, daté en 1814 et conservé en manuscrit.[24]

Dans cet ouvrage l'auteur présente le jacobinisme, cause des méfaits de la Révolution française, comme la coalition d'une triple secte: celle des philosophes ('sophistes de l'impiété'), qui ont conspiré contre le christianisme; celle des franc-maçons ('sophistes de la rebellion'), qui ont conspiré contre la religion et contre la monarchie; et celle des illuminés ('sophistes de l'anarchie'), qui ont lutté contre toute espèce de religion, de gouvernement et de propriété. Tout le premier volume est consacré à présenter les auteurs, moyens, progrès et coalitions de la conspiration anti-chrétienne, c'est-à-dire, celle des 'sophistes de l'impiété'. Selon Barruel, les responsables de cette conspiration sont d'Alembert, Diderot, Frédéric II et Voltaire, qui en est le chef; et il trace ainsi sa description (i.8):

es fluido, noble, fácil, rico y elegante cuando quiere serlo; [...] atrevido hasta la desvergüenza, arrostra, niega, afirma, inventa, falsifica la Escritura, los padres, la historia; usa igualmente del sí y del no; da golpes por igual en todo, sin importarle en dónde, con tal que haya herido.

L'auteur le compare à d'Alembert et analyse surtout ses rapports avec le roi de Prusse, son allié dans la conspiration, ainsi qu'avec d'autres rois et ministres. Son active participation à la conjuration, sa lutte féroce contre les jésuites lui ont gagné l'épithète que Barruel lui attribue: 'el conspirador más encarnizado contra los altares del cristianismo desde los Apóstoles acá' (i.279).

L'abbé Antoine-André Lamourette est célèbre surtout par ses *Délices de la religion*.[25] Ce petit traité, très agréable à la lecture, a été traduit en espagnol en 1796 et a connu plusieurs rééditions.[26] Même si Lamourette est un défenseur

---

22. Il existe de cette traduction des éditions postérieures de Perpignan (1827) et de Vic (1870-1873).

23. Palau, *Manual del librero*, ii.96.

24. 'Extracto de las memorias sobre el jacobinismo', Biblioteca universitaria de Barcelona, ms.208, 76 ff.

25. A.-A. Lamourette, *Les Délices de la religion, ou le pouvoir de l'Evangile pour nous rendre heureux* (Paris 1788). L'abbé Lamourette (1742-1794) a prêté serment à la Constitution civile du clergé et a été évêque et député de Rhône-et-Loire. A l'Assemblée législative il a prêché la concorde entre les partis (le célèbre 'baiser Lamourette'); il a été exécuté sous la Terreur.

26. A la première édition de 1796 ont suivi sept éditions avant 1835: 1802 (celle que j'ai utilisée), 1805, 1816, 1817, 1820, 1826 et 1832.

enthousiaste de la religion catholique il ne se lève pas contre les philosophes d'un ton agressif. La description qu'il donne de Voltaire est moins passionnée que celles de ses collègues (p.348-49):

Un hombre dotado de todos los talentos, pero consumido por la pasión de la gloria, ha abrazado la empresa de familiarizar a sus conciudadanos con la sediciosa idea de confundir el Evangelio con la despreciable masa de las preocupaciones y supersticiones populares, a fin de ser él solo la causa de la más memorable y destructiva revolución que ha podido suceder en el universo; esto es, de la extinción de todo sacerdocio y de toda monarquía. Este absurdo y feroz deseo es el que hizo degenerar en él la fecundidad de una imaginación amena y la fuerza prodigiosa de su espíritu, que le habrían hecho el más útil, el más admirable y querido de todos los hombres, en un poder universal y desastroso para fascinar y corromper a todas las naciones.

Ces mots, publiés en 1788, sont prémonitoires de ce qui va arriver en France et présentent Voltaire comme l'un des inspirateurs théoriques de la Révolution, idée qui sera utilisée abondamment à partir de 1789. D'autre côté, la figure de Lamourette est importante parce que, d'après Defourneaux, Pablo de Olavide se serait inspiré dans *Las delicias de la religión* pour rédiger son *Evangelio en triunfo*.[27]

Los apologistas involuntarios, o la religión cristiana probada y defendida por los escritos de los filósofos est le long titre de la traduction espagnole d'un ouvrage d'Athanase-René Mérault de Bizy, faite par frère José de la Canal et publiée en 1813 sans le nom de son auteur.[28] Dans sa préface le traducteur se félicite de l'existence de si bons livres d'apologétique pour combattre les doctrines des impies qui ont atteint finalement l'Espagne (p.vii-viii):

Hace unos años que la impiedad extendió sus funestas alas aun sobre nuestra península. Cuando la revolución ha quitado el temor que contenía las lenguas, hemos oído de bocas de españoles tales blasfemias, que irritarían aun a los extranjeros menos religiosos. Como los que las profieren hacen papel entre la gente poco instruida, cunde el contagio y crece el atrevimiento en términos que, si no se toman medidas y no ilustra con solidez al pueblo, es de temer que vayan en aumento los daños que resulten a la patria del desprecio de la religión.

L'ouvrage se propose de tirer des écrits des philosophes les phrases qui peuvent être interprétées à la faveur de la religion catholique. Le procédé est ingénieux et il donne parfois de très bons résultats. Contrairement à ce que l'on pouvait espérer, les allusions à Voltaire y sont plutôt rares, malgré que l'auteur le considère le plus dangereux des encyclopédistes: 'Se puede convenir en que

---

27. Defourneaux, *Olavide*, p.452-56.

28. Mérault de Bizy (1744-1835), membre de l'Oratoire, est l'auteur des *Apologistes involontaires, ou la religion éternelle prouvée et défendue par les objections mêmes des incrédules* (Paris 1806); il a écrit aussi un *Voltaire apologiste de la religion chrétienne* (Paris 1826), non traduit en espagnol.

nos ha hecho más daño que todos los demás enemigos juntos. ¡Qué habilidad tan criminal la de Mr Voltaire, razonar tan poco, chancearse continuamente y hacer reír tan a menudo!' (p.9). Il existe notamment deux grandes références à Voltaire. Dans la première l'auteur fait allusion à l'acharnement de Voltaire contre Rousseau, aux insultes qu'il lui a dirigées et au mépris qu'il lui portait. Devant la cruauté de Voltaire l'apologiste se demande: '¿Se reconoce en esta brutalidad feroz al meloso apóstol de la beneficencia?' (p.15). Dans la seconde occasion, en sélectionnant des passages de Voltaire et de Rousseau, 'las dos más firmes columnas de la impiedad', il essaie de montrer la nécessité d'accepter les mystères de la religion (p.40-44).

Les *Memorias para servir a la historia eclesiástica durante el siglo XVIII* ont été traduites du français en 1814. Plutôt qu'un ouvrage d'apologétique, elles constituent des annales d'événements ecclésiastiques, où les inévitables références aux philosophes ne sont point absentes. A l'occasion de la condamnation des *Lettres philosophiques* par le parlement de Paris en 1734, l'auteur trace une petite biographie de Voltaire, le présentant comme un des plus grands ennemis de la religion (ii.82-85). On raconte ailleurs la mort terrible de Voltaire et les problèmes de son enterrement (ii.181-83). Plus vaste est le commentaire à la biographie de Voltaire écrite par Condorcet (iii.89-93), qui est, d'après l'auteur, beaucoup moins un éloge continuel de Voltaire que 'una declamación no interrumpida contra la religión y contra los sacerdotes'.

L'abbé Antoine Guénée a plaidé la cause du peuple juif, violemment attaqué par Voltaire. Ses *Lettres de quelques Juifs portugais et allemands à Mr. de Voltaire* ont été traduites tardivement en espagnol à deux reprises:[29] la première par Fernando María Segovia sous le titre *Cartas de algunos judíos portugueses, alemanes y polacos a Voltaire* (Madrid 1822-1824), et la seconde par Francisco Pablo Vázquez, imprimée à Bruxelles en 1827 comme *Cartas de algunos judíos alemanes y polacos a Mr de Voltaire*; l'auteur n'est mentionné dans aucune édition. Dans ces lettres, à faible caractère apologétique, sont réfutées les attaques de Voltaire aux juifs avec beaucoup d'érudition historique et biblique. Elles mettent en évidence la mauvaise foi et la rage sans fondement de Voltaire.

Pour ce qui est du *Catéchisme philosophique* du jésuite belge François-Xavier de Feller, il a connu une traduction tardive sous le titre *Catecismo filosófico, o sean observaciones en defensa de la religión católica contra sus enemigos* (Madrid 1827).[30] Le traducteur anonyme, dans une des nombreuses notes qu'il a ajoutées

29. A. Guénée, *Lettres de quelques Juifs portugais et allemands à Mr de Voltaire, avec des réflexions critiques, etc., et un petit commentaire extrait d'un plus grand* (Paris 1769). Le père Guénée (1717-1803), chanoine à Amiens et professeur de rhétorique, a été membre de l'Académie des inscriptions et belles-lettres.
30. F.-X. de Feller, *Catéchisme philosophique, ou recueil d'observations propres à défendre la religion*

à l'ouvrage, définit par ces mots l'orgueil de Voltaire: '¿Y cómo Voltaire ha tenido la osadía de pensar que tenía más talento que Jesús? ¿Y cómo este filósofo cínico tuvo el arrojo de poner en la fachada de la iglesia de Ferney en letras mayúsculas su nombre y el de Dios en letras pequeñas, en una misma inscripción?' (ii.261). Les allusions à Voltaire au long des quatre volumes du traité sont nombreuses. A beaucoup de reprises l'auteur transcrit des passages de Voltaire, notamment du *Dictionnaire philosophique* et des *Pensées philosophiques*. Il met l'accent sur les opinions de Voltaire contraires à l'athéisme et, en général, on peut dire que la plupart des références portent sur des points de religion: saintes écritures, dogme, discipline ecclésiastique, etc. Il faut en tout cas relever la longue note consacrée à commenter les conversions successives de Voltaire, ainsi que sa mort, 'espectáculo en verdad horroroso y que hubiera bastado [...] a desengañar a todos sus discípulos' (i.31-32).

Les apologistes cités jusqu'ici présentent dans leurs ouvrages, à des degrés différents, des allusions à Voltaire. D'autres ouvrages français ont connu une traduction en espagnol, mais ils ne contiennent pas des allusions précises: par exemple, ceux de Louis-Antoine Caraccioli, traduits par le journaliste Francisco Mariano Nipho, qui ont connu plusieurs rééditions.[31]

On a traduit aussi plusieurs textes émanés des autorités ecclésiastiques, par exemple l'*Advertencia a los fieles del reino de Francia* (Madrid 1777) de l'évêque Jean-Georges Lefranc de Pompignan, frère du littérateur ennemi des philosophes.[32] On a publié beaucoup plus tard une instruction pastorale d'Etienne-Antoine Boulogne, évêque de Troyes, à l'occasion d'une édition des œuvres complètes de Voltaire en 1821.[33] Même s'il ne s'agit pas d'un texte français on peut citer ici le discours prononcé par Pie VI à l'occasion de la mort

---

chrétienne contre ses ennemis (Liège 1773). Le père Feller (1735-1802) a dirigé le *Journal historique et littéraire*; en dehors de divers traités de religion il a rédigé un remarquable *Dictionnaire historique* (Paris 1781-1783).

31. L.-A. Caraccioli, *La religión del hombre de bien contra los nuevos sectarios de la incredulidad* (Madrid 1775), *Idioma de la razón, contra los falsos filósofos modernos* (Madrid 1775), *Idioma de la religión, contra los nuevos sectarios de la incredulidad* (Madrid 1776), parmi d'autres: voir Palau, *Manual del librero*, iii.145-46.

32. C'est la traduction de J.-G. Lefranc de Pompignan, *Avertissement de l'assemblée générale du clergé de France tenue à Paris en 1775 aux fidèles de ce royaume sur les avantages de la religion chrétienne et les effets pernitieux de l'incrédulité* (Paris 1775).

33. E.-A. de Boulogne, *Instrucción pastoral con motivo de haberse denunciado en París una nueva edición de las obras completas de Voltaire y Rousseau en el año de 1821* (La Laguna 1828); cité par Palau, *Manual del librero*, ii.365. L. Strong (*Bibliography of Franco-Spanish literary relations (until the XIXth century)*, New York 1930, p.59, no.700) signale une édition mexicaine de Puebla (1839) intitulée *Instrucción pastoral sobre la impresión de malos libros y especialmente de las nuevas obras completas de Voltaire y de Rousseau*.

de Louis XVI, où Voltaire est présenté comme le principal inspirateur de la Révolution.[34]

D'autre part, il existe en manuscrit une 'Carta de M. de Voltaire a los parisienses', sans date ni auteur, qui s'avère la traduction de l'*Epître de monsieur de Voltaire aux Parisiens* (Paris 1776), fausse lettre en vers où Voltaire fait confession de ses fautes et se repent de ses erreurs.[35]

ii. Auteurs espagnols

L'apologétique n'a pas eu en Espagne la force atteinte en France: le nombre des apologistes a été peu élevé et encore plus restreint celui de ceux qui se sont consacrés à réfuter des aspects concrets des ouvrages des philosophes. Il y a eu, par contre, une surabondance de pastorales, sermons, opuscules, lettres, avertissements non exempts de zèle religieux et même d'esprit, mais dépourvus, en général, d'érudition.

La difficulté de localiser la totalité des allusions à Voltaire dans des livres de religion est évidente compte tenu qu'elles surgissent dans des ouvrages parfois inattendus: tel un pamphlet contre les jésuites intitulé *Delación de la doctrina de los intitulados jesuitas* (1768), attribué à l'augustinien Enrique Flórez, où ils sont décrits comme des précurseurs de Voltaire et des philosophes:

Léase con atención y se verá no haber obra de los nuevos sofistas que no estribe en el mismo fondo en que la doctrina de esta delación; y que la Compañía enseñó firmemente antes que ellos la colección entera de las impiedades de Voltaire, la inutilidad de la Revelación cristiana predicada por el fingido *Bélisaire*, la imposibilidad de la obligación sostenida en el *Emilio* de Rousseau, la legitimidad de todos los cultos diferentes de religión y el manantial de los males del pirronismo y probabilismo que profesan todos estos flacos pensadores.[36]

Les rapports entre Voltaire et les jésuites se retrouvent dans une note mise par l'archevêque Félix Amat à son *Historia eclesiástica*, même si à cette occasion elle est de signe contraire:

Por lo demás, no es de admirar que los ateístas o deístas aborreciesen a los jesuitas, como a todos los católicos sabios y celosos, ni que Voltaire, que a veces alababa a los jesuitas y a veces a los jansenistas, y que tanto hablaba de humanidad y tolerancia, con todo ya por aquellos años confidencialmente manifestase a un amigo sus deseos de que fuesen arrojados al profundo del mar los jesuitas atados cada uno de ellos con un

---

34. *Discurso pronunciado por N.S.P. el papa Pío Sexto en el consistorio secreto del lunes 17 de junio de 1793 sobre el asesinato de S.M. Cristianísima Luis XVI, rey de Francia* (Cádiz s.d.).

35. 'Carta de M. de Voltaire a los parisienses', Biblioteca feijoniana à Oviedo, manuscrit non coté: voir notre appendice J.

36. Miguélez, *Jansenismo y regalismo en España* (Valladolid 1895), p.324. L'ouvrage est signé 'Fernando Huidobro y Velasco'.

jansenista, y de que el último de los jesuitas fuese sufocado con los intestinos del último jansenista.[37]

Quoique Vicente Fernández Valcarce fait allusion dans ses *Desengaños filosóficos* (Madrid 1787-1797) aux progrès de la philosophie moderne depuis Descartes (en passant par Locke, Leibniz, Montesquieu et Helvétius), il ne manque pas dans son ouvrage la référence à Voltaire, par exemple sur la question de la tolérance (iv.285):

Yo no me admiro de que Volter llegase hasta la temeridad e imprudencia de asegurar que la intolerancia era una máxima de nuestra invención, que se había hecho en estos últimos tiempos. No me admiro que este impío hablase así, porque se sabe que Volter era un hombre que no conoció la decencia, el respeto y la consecuencia.

On peut trouver aussi de rapides allusions à Voltaire, peu importantes, dans les *Cartas familiares* (Madrid 1805) de l'évêque Miguel de Santander.[38]

Au cours des querelles produites par les changements politiques et religieux mis en pratique par les Cortès de Cadix, on a entendu la voix de plusieurs ecclésiastiques. Les plus célèbres ont été Francisco Aragonés, qui s'appelait lui-même le 'filósofo arrinconado', auteur de *Cartas* où il s'en prend à plusieurs livres de l'époque contraires à la religion et au trône, et frère Francisco Alvarado, le 'filósofo rancio', dont les *Cartas críticas*, d'un ton semblable, ont soulevé une grande polémique.

J'ai fait mention de ces ouvrages parce qu'ils présentent quelque intérêt par rapport au sujet, sans considérer leurs possibles valeurs historiques ou philosophiques. Les auteurs étudiés tout de suite ont eu une attitude plus combative et plus précise à l'égard de Voltaire.

La première figure de l'apologétique espagnole est sans doute frère Fernando de Cevallos.[39] Né à Espeja (Cadix) en 1732, il a étudié à l'université de Séville et il a eu à 22 ans son doctorat en théologie et jurisprudence. En mars 1758 il a été admis au monastère hiéronymite de San Isidro del Campo à Santiponce, près de Séville; il a été pour deux fois le prieur de son couvent et l'un des moines les plus érudits de son ordre. Il est mort en mars 1802.[40]

L'œuvre de Cevallos, imprimée seulement en partie, est vaste et variée. En

---

37. F. Amat, *Historia eclesiástica, o tratado de la Iglesia de Jesucristo* (Madrid, Barcelona 1793-1805); cité par Torres Amat, *Vida del Ilmo. Sr. don Félix Amat* (Madrid 1835), p.115.

38. Dans un passage il l'appelle 'impie' (p.300) et ailleurs 'célèbre poète' (p.83).

39. J'ai adopté la graphie 'Cevallos', quoique dans les ouvrages de l'époque on trouve indifféremment 'Cevallos', 'Ceballos', 'Zevallos' et 'Zeballos'.

40. Sur Cevallos et son œuvre, voir Arana de Varflora, *Hijos de Sevilla, ilustres en santidad, letras y armas* (Sevilla 1791), p.28; Bueno, 'Apuntes biográficos del reverendo padre maestro fray Fernando de Cevallos', dans F. de Cevallos, *La Sidonia bética* (Sevilla 1864); Menéndez Pelayo, *Heterodoxos*, v.369-83; Domergue, 'Un defensor del trono y del altar: fray Fernando de Cevallos', *Bulletin hispanique* 80 (1978).

dehors de sermons, rapports et discours, on relève un 'Análisis del libro intitulado *Delitos y penas*', qui a joué un grand rôle lors de la condamnation du traité de Beccaria par l'Inquisition en 1777,[41] et plusieurs ouvrages d'apologétique, notamment 'Ascanio, o discurso de un filósofo vuelto a su corazón', 'Discurso de un teólogo a los filósofos irreligiosos', 'El filósofo, o análisis de la *Educación* de J. J. Rousseau'[42] et une 'Impugnación o análisis del libro intitulado *Año de 2240*', c'est-à-dire, le célèbre roman de Mercier; tous ces ouvrages restent inédits. Ont été publiés, parmi d'autres: *Insania, o las demencias de los filósofos confundidas por la sabiduría de la Cruz*,[43] la gigantesque *Falsa filosofía* et la satire antivoltairienne *El juicio final de Voltaire*.

La falsa filosofía est un long traité, publié entre 1774 et 1776 et interrompu au sixième volume lorsqu'il devait en avoir une douzaine. Pour des causes non établies Cevallos n'a pas obtenu les licences nécessaires pour la publication du septième volume. D'après Juan José Bueno dans ses 'Apuntes biográficos', il faudrait en chercher la cause dans l'intervention de Voltaire lui-même par l'intermédiaire de ses amis espagnols (p.xiv):

Se suscitó contra él una deshecha borrasca promovida por Voltaire y los filósofos de su escuela, mal hallados con que se sacudieran golpes tan terribles contra las doctrinas que sustentaban y que tenían aquende los Pirineos prosélitos y favorecedores aun de elevada jerarquía.

Dans *La falsa filosofía* le père Cevallos se propose de combattre les athées, les déistes, les matérialistes et les philosophes. Il fait étalage d'une érudition surprenante et d'une connaissance approfondie des ouvrages des philosophes, notamment de Voltaire, qu'il cite abondamment. S'il faut en croire le biographe de Cevallos, Juan José Bueno, Voltaire connaissait l'œuvre de l'illustre hiéronymite: 'Dícese que Voltaire recibía por la posta los libros que daba a luz el P. Cevallos, de quien sin embargo nunca habló indecorosamente en público, respetándolo como a su más erudito y formidable impugnador' (p.xviii-xix).

Je ne m'attarderai pas à analyser ce traité, auquel Menéndez Pelayo consacre un long commentaire plein d'enthousiasme;[44] je me bornerai à signaler les

41. Menéndez Pelayo, *Heterodoxos*, v.370. Cevallos critique violemment le traité de Beccaria dans sa *Falsa filosofía* (v.353-88).

42. Menéndez Pelayo (*Heterodoxos*, v.370) donne le titre 'Análisis del *Emilio, o tratado de la educación* de J. J. Rousseau'.

43. Publiée à Madrid en 1878: voir Menéndez Pelayo, *Heterodoxos*, v.382, n.2. La Bibliothèque de Tolède conserve un manuscrit daté du 16 janvier 1766, intitulé 'Demencias de este siglo ilustrado confundidas con la sabiduría del Evangelio', que l'on doit sans doute identifier à *Insania*: voir Esteve Barba, *Catálogo de la colección de manuscritos Borbón-Lorenzana (Biblioteca pública de Toledo)* (Madrid 1942), p.150-51, no.180.

44. Menéndez Pelayo, *Heterodoxos*, v.371-82; font aussi référence à cet ouvrage, mais avec beaucoup moins d'enthousiasme, Herr (*España y la revolución*, p.177-78) et Herrero (*Los orígenes del pensamiento*, p.91-104).

principales allusions à Voltaire contenues dans les six volumes publiés. Au volume i on trouve plusieurs citations textuelles tirées du *Dictionnaire philosophique*, notamment sur le déisme, le besoin du culte externe, la Providence, etc. Elles sont très brèves et en général apparaissent au bas de page. Dans le volume suivant Cevallos insiste sur la chronologie des Chinois, que plusieurs philosophes ont opposée à celle de Moïse dans la Genèse (ii.197-98):

¿Pero quién son estos observadores y descubridores de la cronología de los chinos y los que arguyen con ella a la de Moisés? El autor del *Diccionario filosófico* y de la *Filosofía de la historia*, el abate de Prades ... ¿Y estos críticos han estado en la China? ¿Han visto sus monumentos, sus archivos, sus anales y conferido con sus literatos? Ninguno de ellos se sabe haya salido de Francia sino hasta donde les ha bastado huir, cuando sus escándalos y alborotos los hicieron en ella reos.

Cevallos insiste à plus d'une reprise sur ce que Voltaire, par haine du christianisme, éloge les païens: 'Sólo mira su odio a los príncipes que se han mudado de malos en buenos como Constantino, Recaredo, Clodoveo, etc. Pero los príncipes bárbaros y verderamente supersticiosos, como Mahoma, Bayaceto, Juliano [...] todos estos son sus héroes' (vi.34). Pour la même raison Voltaire traite de 'tiranos supersticiosos y feroces' – toujours d'après Cevallos – des rois aussi chrétiens que Constantin, Charlemagne, Marie Stuard, saint Louis, Louis XII et Henri IV, tandis que 'a la torpe y sucia Ana Bolena la pinta como una paloma', et il éloge Cromwell, 'oprobio del nombre inglés' (vi.33-34). Par son implication dans la vie de Voltaire et son ton ironique devient intéressante une des allusions à Henri IV (vi.33):

La conversión de Enrique IV no es, a los ojos de Voltaire, sino un negociado de interés o una hipocresía dictada por la ambición y finalmente un borrón que obscureció la vida de este príncipe: 'porque un hombre de valor (dice) no muda de religión'. Aquí muestra lo poco que él mismo vale, pues aun sin el motivo de reinar, ni mucho menos, ha mudado la santa religión en que le educaron sus padres.

En ce qui concerne Voltaire, cependant, l'ouvrage le plus important du père Cevallos est le *Juicio final de Voltaire*, qui apparaît comme le seul grand ouvrage consacré totalement au patriarche de Ferney en Espagne.[45] L'histoire de ce livre est complexe. Cevallos l'aurait rédigé, d'après son propre mot, dans les cinq mois qui ont suivi la mort de Voltaire, c'est-à-dire, à partir de juin 1778,[46]

---

45. F. de Cevallos, *Juicio final de Voltaire, con su historia civil y literaria y el resultado de su filosofía* (Sevilla 1856); deux volumes, mais le deuxième contient des entretiens sur la Révolution française. La Bibliothèque de Tolède conserve un manuscrit daté en 1778 sous le titre 'Juicio de Voltaire y de sus obras, hecho por los filósofos paganos a orillas del Leteo con vista de sus escritos': voir Esteve Barba, *Catálogo*, p.381-89, nos.491-492.

46. Cevallos, *Juicio final*, i.11. Dans le manuscrit de la Bibliothèque de Tolède on signale comme dates du début et fin de composition le 20 juin et le 10 octobre 1778.

mais une intrigue en aurait empêché la publication immédiate; il faut rappeler que deux ans plus tôt on lui avait refusé la licence pour le volume vii de *La falsa filosofía*. L'auteur aurait essayé sans doute de le publier un peu plus tard, puisque la préface porte la date de 1800. Nonobstant, les censures les plus anciennes sont de 1809 et l'approbation finale est datée de 1825. Mais le livre n'a pas vu le jour à cette époque. Beaucoup plus tard le manuscrit est passé dans les mains de León Carbonero y Sol, qui l'a publié tout d'abord dans la revue de Séville *La Cruz*, et peu après en volume. C'était en 1856, soixante-dix-huit ans après avoir été écrit.

Dans l'édition de 1856 plusieurs documents précèdent le texte: les censures et approbations du juge de l'imprimerie de Séville, Díaz Bermudo, de 1809, ainsi que celle du censeur frère Juan Ramón González; l'approbation du général des hiéronymites, frère Pedro de la Rambla, est postérieure, de 1825. D'après le censeur Juan Ramón González, l'ouvrage n'est pas simplement une satire de Voltaire, mais il a une portée plus vaste, puisque 'en la persona y obra de Voltaire presenta de una vez al público el origen, progresos, estados, fines y consecuencias del filosofismo, que sólo se reduce y encamina a acabar con la religión revelada y con los tronos' (i.3).

Dans une brève préface le père Cevallos signale les raisons qui l'ont conduit à entreprendre son travail (i.7):

Pero como está justamente prohibida la lección de sus obras y muchos de los que se toman la licencia de leerlas, están prohibidos naturalmente de entenderlas o por su falta de talento o por tener corrompido el juicio con la levadura de sus pasiones; llega el caso de temer que sus falsos elogios sostengan el engaño de unos y seduzcan a otros. Esto es lo primero que me determinó al prolijo trabajo de ordenar esta historia civil y literaria de Voltaire, con el juicio más imparcial de su vida y escritos.

Pour mener à bien sa tâche Cevallos a lu attentivement les cinquante-deux volumes de l'édition des œuvres de Voltaire parue à Genève en 1772-1774, ainsi que les écrits contre Voltaire de Sabatier, Clément, Nonnotte et Guyon, qu'il appelle des 'autores fidedignos'.[47] Dans ses grandes lignes, l'ouvrage revient à un procès de Voltaire aux enfers. Le procédé n'était pas nouveau: on avait publié en France plusieurs libelles sur la mort, voyage en enfer et procès de Voltaire, avant et après son décès réel.[48] Un sonnet burlesque, dont il reste

47. Cevallos, *Juicio final*, i.11. Il fait allusion aux *Trois siècles* de Sabatier de Castres, aux *Erreurs de Voltaire* de Nonnotte et à l'*Oracle des nouveaux philosophes* de Guyon (cités ci-dessus), ainsi qu'aux *Cinq années littéraires* (La Haye 1759) de Pierre Clément.

48. Sont antérieurs à sa mort, par exemple, N. J. Senlis, *Relation de la maladie, de la confession et de la fin de M. de Voltaire et de ce qui s'ensuivit* (Genève 1761); A. J. Chaumieux, *Voltaire aux Champs-Elysées* (Trévoux 1773); Ch.-L. Richard, *Voltaire parmi les ombres* (Paris 1776) et, du même, *Voltaire de retour des ombres et sur le point d'y retourner pour n'en plus revenir* (Paris 1777); voir Vercruysse, 'Bibliographie des écrits français relatifs à Voltaire, 1719-1830', *Studies on Voltaire* 60 (1968), p.7-71.

deux copies manuscrites en italien et en espagnol, a pour sujet aussi le procès de Voltaire en enfer.[49]

L'ouvrage est rédigé à la première personne et raconté par un voyageur qui s'embarque à Gibraltar sur un vaisseau français appelé justement *Voltaire*, lequel va échouer à l'île d'Antiparos le 30 mai 1778 (date réelle de la mort de Voltaire). Le seul survivant est le voyageur, qui se met à explorer l'île et rencontre la Vérité sous l'apparence d'une femme. Celle-ci le conduit au Styx, où Voltaire est sur le point d'être jugé par un tribunal composé par Socrate, Epicure, Cicéron, Virgile et Lucrèce, tandis que Lucien joue le rôle du rapporteur. Voilà l'argument du premier des dix livres (à vrai dire, des chapitres) qui composent l'ouvrage. Avant de passer au contenu du reste, on peut s'arrêter à la description que Cevallos fait de Voltaire par la bouche du voyageur, le présentant comme un dragon répugnant; cette description grotesque s'oppose à l'impartialité affichée par l'auteur dans sa préface (i.37-38):

Un momento después vi llegar un espectro o fantasma formidable. [...] La cabeza era de una serpiente con orejas, y en ellas respiraba humo como por las rasgadas narices y por la boca que tenía armada de dos hileras de colmillos. [...] En la frente tenía dos cuernos de color y textura de hierro, y entre sus arrugas se entreveían impresas con una marca de fuego estas palabras abreviadas: Ecrasez l'Infâme. Destruid al Infame. De buitre le quedaron las corvas garras llenas de sangre y carne repodrida. Desde el vientre hasta las rodillas se cubría de láminas o escamas de lepra, entre las cuales hervía un prurito que le hacía despedazarse. Desde la nuca hasta el fin de un largo rabo con que daba vueltas a su cuerpo, estaba armado con una hilera de espinas corbas o de agudas uñas. De las espaldillas le nacían unas aletas de membrana o de costillas y cuero mugriento, que le daban un vuelo torpe y trémulo, así como el del dragón.

Cette description initiale définit le ton général de l'ouvrage, où l'on peut apprécier, nonobstant, un emploi intelligent des sources utilisés.

Les livres II à X sont occupés par le rapport que fait Lucien sur la vie et les ouvrages de Voltaire, que les membres du jury critiquent. Dans le second on passe en revue les compositions de Voltaire antérieures à *Mahomet*; Virgile le blâme surtout pour son *Henriade*. Au livre troisième on critique *Mahomet* et d'autres pièces, présentées comme autant d'armes pour propager ses idées impies et séditieuses. L'épisode de Prusse fait l'objet du quatrième livre, tandis que le cinquième reprend son séjour à Genève, ses démêlés avec les Genevois et sa dispute avec Rousseau. Au sixième livre sont décrits les desseins de Voltaire de troubler l'ordre en France, en Espagne et au Portugal et sont commentés plusieurs libelles contre l'Eglise, ainsi que l'affaire Calas. L'affaire Sirven occupe le septième livre, tandis que le huitième est consacré au commentaire

---

49. 'Al arribo de Volter a los infiernos', Biblioteca de Catalunya, ms.62, f.192-193; voir notre appendice K.

des écrits satiriques que Voltaire a lancés contre ses principales 'victimes': le poète Jean-Baptiste Rousseau, ses adversaires les abbés Guyot-Desfontaines, Sabatier et Nonnotte, ainsi que son rival J.-J. Rousseau. Le commentaire des éloges que Voltaire s'est dirigé à lui-même occupe le neuvième livre, tandis que le dernier est consacré au voyage à Paris et à la mort du philosophe. Le verdict du jury, on pouvait bien s'y attendre, est pleinement condamnatoire.

L'ouvrage, qui a des moments heureux, manque de profondeur dans son ensemble. Menéndez Pelayo, qui avait réservé un accueil chaleureux à *La falsa filosofía*, ne peut donner sur ce nouvel ouvrage de Cevallos qu'un jugement assez discret:

La empresa de juzgar a Voltaire, y de juzgarle entre burlas y veras, requería sobre todo talento literario y gracia de estilo. Precisamente las cualidades de que andaba más ayuno el ilustre pensador jeronimiano. Sus chistes son chistes de refectorio o tienen algo de soñoliento o forzado. Tampoco escoge bien los puntos de ataque e insiste mucho en pueriles acusaciones de plagio. ¿Quién le inspiraría la maligna idea de lidiar irónicamente con el rey de la ironía y la sátira?[50]

A côté de Cevallos, ceux qui ont écrit à l'époque contre l'incrédulité et le philosophisme pâlissent; nonobstant, ils méritent d'être cités parce qu'ils représentent un état d'opinion. Des pastorales de l'archevêque de Santiago, Francisco Alejandro Bocanegra, il y en a deux qui sont particulièrement intéressantes parce qu'elles font allusion aux philosophes. La première est la *Declamación oportuna contra el libertinaje del tiempo* (Santiago 1777, rééditée à Madrid en 1779), où le prélat regrette les malheurs qui affligent l'Espagne à cause de l'attention prêtée par les Espagnols aux maximes arrivées d'outre-Pyrénées: 'Pero ¡oh!, siglo corrompidísimo, ¡cuánto has trocado la faz de esta nación, introduciendo en ella las abominables máximas y engañosos modos de pensar de Rousseau y Voltaire!' (p.25). Cette pastorale de Bocanegra, vibrante et exaltée, a méritée les éloges du père Isla dans son exil de Bologne, où il a appris que 'la peste de la gran moda, [...] los libros de los filósofos a la *dernière* y espíritus fuertes por antífrasis, había cundido hasta la ciudad santa, depositaria del catolicismo español en la sagrada urna del grande apóstol y patrón de las Españas'.[51]

La seconde pastorale de Bocanegra, plus longue, s'intitule *Saludable medicina contra las dolencias del siglo* et a paru à Madrid en 1778. Il y fait mention surtout des mauvais livres qui circulent parmi les Espagnols des couches sociales les plus diverses et sont lus avec avidité, ce qui fait que le mal apparaît très répandu et difficile d'extirper (p.253-54):

50. Menéndez Pelayo, *Heterodoxos*, v.382.
51. Isla, *Obras escogidas* (*Biblioteca de autores españoles*, Madrid 1860-, t.xv), p.611a (lettre datée du 25 janvier 1778).

Como los [libros] más estimados entre los libertinos y los que andan más en las manos de todos son los de Rosó y Volter [*sic*], éstos son, por lo ordinario, con los que se hacen las entrañas; y como tienen un estilo tan dulce y un modo de insinuarse tan sutil, desde luego tragan incautamente el veneno y quedan tan prendados de los que han escrito tan a medida de su voluntad o (por mejor decir) de su sensualidad, que enamorados de tales maestros juran después con tal tesón en su texto, qui ni el de la Escritura, ni el de los Concilios, ni el de los Padres ni aun el de sus mismos sentidos les hacen volver atrás.

Buenaventura Antonio Anibaly est le nom avec lequel le frère mineur Antonio Baylina a signé des dialogues philosophiques intitulés 'El Cándido', conservés en manuscrit à la bibliothèque de l'Université de Barcelone.[52] C'est un recueil de discussions sur religion et philosophie entre plusieurs personnages: l'abbé Tudela, le chanoine Urbina, le philosophe Arouet, le citoyen Risueño et ses enfants Cándido et Colorada. Le personnage qui attire le plus l'attention, par son nom, est le philosophe, qui est une espèce de sosie de Voltaire par ses mots et son attitude. Un des interlocuteurs, craignant qu'il ne soit un Français révolutionnaire – l'ouvrage a été écrit entre 1794 et 1801 – lui demande de s'identifier (ii.1):

No tienen que temer ustedes, que yo confesaré llanamente mi origen. Soy, pues, español, pero no puedo negar que la leyenda de los libros del famoso Voltaire me ha transformado en francés revolucionario en cuanto al afecto. Sobre todo, tengo tanta pasión al oráculo de los filósofos, que he querido honrarme con su nombre. [...] ¿Había de sufrir mi corazón que se olvidase un nombre tan digno de la inmortalidad?

Le nom de Voltaire apparaît à plusieurs reprises dans les dialogues: l'abbé le qualifie de 'nuevo Nabucodonosor' et son seul nom fait trembler le chanoine et lui produit 'un intenso frío en todos [sus] miembros, tan intenso que casi los deja sin movimiento' (ii.205). Le philosophe Arouet le tient pour son maître et le cite constamment.

Quoique les sujets abordés soient très variés, c'est celui de l'état monastique qui occupe le plus de place et attire surtout l'attention des interlocuteurs. Cándido et Colorada, enfants du citoyen Risueño, désirent entrer en religion et Arouet essaie de convaincre le père afin qu'il ne laisse pas commettre à ses enfants une erreur de la sorte. Il insiste sur le nul service prêté par les moines à la nation et parle du fanatisme des religieux, en suivant son maître Voltaire. D'autre part, il met en évidence les dangers d'entrer en religion dans les circonstances politiques actuelles (i.85):

¿Meter los hijos de familias a frailes en un tiempo que los vemos desterrados de Francia, no tener ningún lugar en Inglaterra, Holanda y casi diré en Europa, o a lo menos en

---

52. [Antonio Baylina,] 'El Cándido, o sean diálogos filosóficos que escribía en Barcelona [...]', Biblioteca universitaria de Barcelona, mss.198-205.

cuanto ilustrado se conoce de ella? ¿Y que, si echando un pronóstico, pensamos que en España sucederá lo mismo dentro de breves años?

Le didactisme et la morale sont assurés par la mort du philosophe, impénitent, qui remplit de terreur les assistants. On fait alors mention d'un *Retrato histórico de la muerte de Mr. Voltaire* où l'on peint sous de sombres couleurs les derniers moments du philosophe (ii.87-99).

Le capucin frère Rafael de Vélez, évêque de Ceuta et archevêque de Santiago, s'est distingué par son hostilité aux idées libérales, personnifiées dans les membres des Cortès de Cadix et dérivées de la philosophie du dix-huitième siècle. Son *Preservativo contra la irreligión* était destiné à démasquer les projets des philosophes, forgés au siècle précédent, contre la religion et l'Etat en France, étendus plus tard en Europe et arrivés en Espagne de la main des envahisseurs français;[53] le poison serait entré aux Cortès de Cadix et diffusé par la presse libérale. Contrairement à ce que l'on attendrait, les références à Voltaire dans cet ouvrage sont plutôt rares, puisque Vélez traite préféremment des événements de la Révolution française, sans s'arrêter aux philosophes du dix-huitième siècle. Justement, une des allusions les plus longues à Voltaire fait appel à un événement de l'époque révolutionnaire, le transfert de ses dépouilles (p.38):

El corazón del mayor de los filósofos, del príncipe de los cómicos, del hombre más corrompido, del impío por sistema, del ateísta por principios ... ¡De Voltaire!, se extrae de su sepulcro, se conduce con solemnidad hasta París y se coloca en el templo de Dios vivo; allí se le queman inciensos, se le adora, se le diviniza como a la misma razón y filosofía.

Beaucoup plus ambitieuse est sa célèbre *Apología del altar y del trono* (Madrid 1818), où il dénonce les machinations des libéraux de Cadix contre la religion et la monarchie. Cependant, dans une vision rétrospective, il cherche les sources de ces idées, qu'il retrouve dans les *Cartas* de Cabarrús, qu'il signale comme le représentant en Espagne des idées de Voltaire, Diderot et Rousseau (i.68-71). Les références à Voltaire, brèves mais nombreuses, font allusion à l'attitude du philosophe face à l'Inquisition, l'Eglise et le clergé, et face à l'Espagne et la monarchie absolue.

Felipe Lesmes Zafrilla, chanoine à Sigüenza et Cuenca, a été un défenseur acharné de la religion catholique et il aurait sans doute beaucoup écrit s'il avait plus vécu. Il a laissé, nonobstant, un exemple de son aptitude pour l'apologétique dans les quatre volumes du *Centinela contra los errores del siglo*, publié en 1829,

---

53. Le long titre est très éloquent: *Preservativo contra la irreligión, o los planes de la filosofía contra la religión y el Estado, realizados por la Francia para subyugar la Europa y dados a luz por algunos de nuestros sabios en perjuicio de nuestra patria* (Madrid 1812). Il existe des éditions de Palma (1812 et 1813 – celle que j'ai utilisée) et Madrid (1825).

recueil de fausses lettres où l'auteur fait mention, à plusieurs reprises, de Voltaire, soit dans ses rapports avec Frédéric II (notamment, i.92 et iv.88), soit en insistant sur les différences entre le philosophe et l'écrivain.[54] Quoiqu'il accorde à Voltaire un certain talent, l'auteur trouve qu'il est 'envuelto en el lienzo de la iniquidad' et 'escondido en el cieno de la lujuria y los demás sentimientos terrenos y carnales' (i.158). Et il met plus loin en garde les possibles lecteurs de Voltaire à l'aide d'une comparaison très spirituelle, puisque, dit-il, 'aplaudir la impiedad y obscenidad de un Voltaire por las bellezas de la poesía es tan contrario a razón como dejarse meter un puñal por el primor con que está trabajado' (ii.281). Il insiste ailleurs sur les erreurs de Voltaire, lieu commun de l'apologétique postérieure à Nonnotte (i.159-60):

Voltaire, fuera de sus versos, ¿qué tiene sino errores filosóficos, errores históricos, errores de política, errores de cuanto toma por su cuenta este *Petrus in cunctis et nihil in toto*? Nonothe [*sic*] se los puso delante, ¿ha respondido? [...] Guénée le hizo patente su ignorancia en sólo el Antiguo Testamento: ¿ha contestado?

Un certain nombre d'adversaires des idées des philosophes se distinguent de ceux qu'on vient de citer à cause de l'absence d'une préoccupation religieuse et dogmatique. Tout en s'inscrivant dans une pensée et une conception de la vie à inspiration catholique, leur intention n'est pas religieuse. A vrai dire, leur qualité et leur but sont très divers. Le duc d'Almodóvar pense écrire, ou réécrire, une histoire littéraire; Cavanilles, Denina et Forner écrivent des apologies, non pas de la religion catholique ou de la philosophie scolastique, mais de l'Espagne et de sa culture; d'autres dirigent leurs attaques contre la Révolution française et ses suites. Après sa conversion surprenante, c'est chez Olavide que s'abrite le sentiment religieux le plus profond.

Etant donné que la lettre consacrée à Voltaire dans la *Década epistolar* du duc d'Almodóvar présente deux aspects nettement différenciés, j'ai cru convenable de les examiner séparément. Par conséquent, l'aspect littéraire a été étudié dans le chapitre de la diffusion de Voltaire en Espagne (chapitre 1), puisque l'ouvrage du duc a contribué à faire connaître Voltaire dans ce pays. Sont ici objet d'analyse les commentaires sur sa personnalité, sa philosophie et son influence.

La lettre sur Voltaire est précédée d'une autre où le traducteur expose ses propres idées. Cette espèce de préface est intéressante parce que, en dehors de quelques notes au pied de page, c'est le seul lieu de l'ouvrage où le duc d'Almodóvar manifeste son opinion. Il faut bien reconnaître que son attitude envers Voltaire est peu favorable (p.4):

Es digno de mucha reflexión el ver los elogios, las estatuas y la locura con que aquí se

---

54. F. Lesmes (1792-1824) s'est distingué comme prêcheur et par son ardeur dans la lutte contre les idées libérales: voir Lesmes, *Centinela contra los errores del siglo* (Madrid 1829), i.XII-XXXIII.

inciensa a un Voltaire. Yo nunca he podido resolverme a estimarle: le he leído, me han divertido varias cosas suyas, me han gustado otras, me han dado algunas motivo para formar concepto de su gran ingenio, pero muchas me han irritado.

La lettre sur Voltaire est un des plus longs commentaires qui lui ont été consacrés en Espagne à l'époque (elle occupe les pages 7 à 50). L'abbé Sabatier étant l'un des principaux ennemis des philosophes, l'impression que l'on tire de la lecture de ce passage est très négative, malgré certains éloges qui se glissent çà et là. Voltaire est surtout présenté comme un personnage contradictoire (p.7):

Grandes talentos y abuso de ellos hasta los últimos excesos; rasgos dignos de admiración y una monstruosa libertad; luces capaces de honrar su siglo y errores que son la vergüenza de él; sentimientos que ennoblecen la humanidad y flaquezas que la degradan; la más brillante imaginación, el lenguaje más cínico y repugnante; la filosofía y el absurdo; la erudición y las equivocaciones de la ignorancia; todos los encantos del entendimiento y todas las pequeñeces de la pasión.

La description continue sur ce ton. Après l'analyse minutieuse des principales productions du philosophe, l'auteur se pose la question de l'immense succès remporté par Voltaire. Il en voit la cause dans le style varié et agile, qui rend la lecture facile et agréable, aidé par une imagination brillante, et il augure les plus grands désastres pour ceux qui le suivront (p.48-49):

Que se le escuche y se le siga, ¿qué resultará? Los jóvenes aprenderán en su escuela a sacudir el yugo de sus obligaciones, a repetir blasfemias, a gloriarse de sus desórdenes; los hombres de letras a respetar poco los modelos, a olvidar los miramientos, a despedazarse sin consideración; las naciones a abandonar sus principios, sus leyes, su carácter para alimentarse de ideas frívolas, de miras quiméricas, de gustos fantásticos y pasajeros.

Au cours de la polémique produite par la célèbre question de Masson de Morvilliers dans l'*Encyclopédie méthodique*: 'Que doit-on à l'Espagne?', se sont distingués l'abbé Antonio José Cavanilles, Juan Pablo Forner et l'abbé italien Carlo Denina.[55]

L'abbé Cavanilles, excellent botaniste qui se trouvait alors à Paris, a été le premier à répondre à l'insolente question dans des *Observations* publiées tout

---

55. Voir *Encyclopédie méthodique* (Paris 1782), i.554-68. Pour l'historique de la polémique, voir Sorrento, *Francia e Spagna nel Settecento: battaglie e sorgenti di idee* (Milano 1928), p.89-111. Malgré son caractère particulier, on peut citer dans le contexte de cette polémique une 'Defensa de Barcelona contra la descripción poco exacta y verídica que de dicha ciudad hace Mr. Masson', publiée par un certain Mariano Berlon dans le *Memorial literario* de juin 1787 (p.182-94). Bien que l'intention de l'auteur soit mettre en évidence les mérites de Barcelone, le texte contient une défense parfois très véhémente des valeurs nationales: voir, à cet égard, mon article 'Una réplica a la *Encyclopédie méthodique*: la *Defensa de Barcelona*', *Anales de literatura española* 2 (1983), où j'ai reproduit le texte du *Memorial literario*.

d'abord en français et traduites peu après en espagnol.[56] Dans sa défense de l'Espagne, érudite et mesurée, Cavanilles énumère les apports de la nation espagnole à la culture européenne dans tous les domaines, en insistant sur les progrès économiques et sociaux du règne de Charles III. La seule référence à Voltaire que j'aie rencontrée dans cette apologie de l'Espagne a été dans une reconvention à Masson par son ignorance de l'architecture espagnole (p.26):

M. Masson a pu n'être pas instruit de ce qui regardait l'architecture espagnole, puisque Voltaire ne l'était pas; puisque celui-ci a dit: L'Escurial fut bâti sur les desseins d'un Français. Voltaire ignorait qu'il existe en Espagne une médaille frappée par ordre de Philippe II, qui représente d'un côté le buste de Jean Herrera de Tolède, constructeur de l'Escurial, et de l'autre la perspective de ce magnifique édifice.

Un Italien, l'abbé Carlos Denina, résidant à Berlin, a lu dans l'Académie de cette ville, dont il était membre, un discours où il répondait à la question. Ce discours, prononcé en français, a été publié dans cette langue à Berlin et à Madrid, et traduit aussitôt en espagnol.[57] Dans le but de louer les Espagnols Denina met en évidence les défauts des Français, en les augmentant parfois. Le même procédé a été utilisé par cet auteur dans des *Cartas críticas* écrites à manière de supplément de son discours, publiées la même année.[58] Il attribue aux Français des fautes, surtout en littérature. Dans une des lettres, dirigée au comte de Mirabeau, il fait mention de Voltaire et trace un parallèle entre l'importance littéraire de Voltaire et celle de la France (p.69):

Parece que no es Vm. admirador de Voltaire y me alegro de ello. ¿No se pudiera decir que es Voltaire acerca de la Francia lo que la Francia literaria es acerca de la Europa? A la verdad quitarían muchísimo a la literatura francesa si cortasen de ella las obras de Voltaire; sin embargo, ¿en el fondo qué perdería?

Et quant à l'orgueil des Français, qui se croient supérieurs aux autres nations européennes, il ajoute avec indignation: 'La Francia nos da lindas cosas que no sirven de utilidad alguna: ¿por ventura si careciésemos de ellas habría alguna notable mudanza en nuestro modo de vivir y en nuestro bienestar? ¿Seríamos

56. A. J. Cavanilles, *Observations de M. l'abbé Cavanilles sur l'article 'Espagne' de la 'Nouvelle encyclopédie'* (Paris 1784); la traduction espagnole a paru à Madrid la même année. Voir Palau, *Manual del librero*, iii.8.

57. C. Denina, *Réponse à la question 'Que doit-on à l'Espagne?': discours lu à l'Académie de Berlin dans l'assemblée publique du 26 janvier de l'an 1786 pour le jour anniversaire du roi* (Berlin 1786 et Madrid s.d.): voir Palau (*Manual del librero*, iv.358), qui signale trois traductions espagnoles publiées en 1786: à Valence, Cadix et Barcelone; Herr (*España y la revolución*, p.184, n.68) ne signale que les éditions de Valence et Cadix, en leur attribuant la date de 1788.

58. C. Denina, *Cartas críticas para servir de suplemento al discurso sobre la pregunta '¿Qué se debe a la España?'* (Madrid 1796). Il existe des éditions à Cadix en 1786 et à Madrid en 1788 (celle que j'ai consultée). Le texte original français a été publié en 1786 à Berlin et à Madrid. Voir Palau, *Manual del librero*, iv.358.

unos escitas o sármatas si no hubiera habido franceses?' (p.69). Le reste des lettres sont d'un ton pareil, de rancune contre la France et d'exaltation des valeurs de l'Espagne et de l'Italie, sa patrie.

Juan Pablo Forner, le plus redoutable des polémistes de l'époque, ennemi implacable d'Iriarte, de Trigueros, de García de la Huerta et d'autres écrivains, est l'auteur de la plus ardente apologie d'Espagne contre Masson de Morvilliers.[59] Publiée, semble-t-il, sur commande et aux dépens du gouvernement, son *Oración apologética por la España y su mérito literario* a paru à la fin de 1786, avec le discours de Denina en français. La plus grande partie de l'apologie, écrite avec enthousiasme et fougue, était destinée à attaquer les philosophes, diffuseurs d'idées hostiles à l'Espagne. Sa première plainte est portée contre son époque, frivole et légère, désastreuse, d'après lui, pour des études sérieuses (p.7-8). Forner considère Voltaire un des principaux maîtres du 'philosophisme', imité malheureusement par une multitude d'adeptes. Il essaie de mettre à découvert les artifices des philosophes pour composer leurs ouvrages (p.11):

Cuatro donaires, seis sentencias pronunciadas como en la trípode, una declamación salpicada de epigramas en prosa, cierto estilo metafísico sembrado de voces alusivas a la filosofía con que quieren ostentarse filósofos los que tal vez no saben de ella sino aquel lenguaje impropio y afectado, se creen suficientes para que puedan compensar la ignorancia y el ningún estudio. Así lo hizo Voltaire y así lo debe hacer la turba imitatriz.

L'*Oración* de Forner a fait du bruit et très tôt ont paru des discours et des libelles où il était attaqué, auxquels il a répondu à son tour assez vertement.

L'attitude de Forner, franchement contraire à l'encyclopédisme, s'est fait sentir dans d'autres ouvrages, qui n'ont pas de caractère apologétique. Ainsi, son *Discurso sobre el modo de escribir y mejorar la historia de España*, de publication posthume (1816), contient des références inévitables à Voltaire comme l'auteur de l'*Essai sur les mœurs*. Sa critique ne pouvait être plus négative: non seulement le procédé lui paraît incorrect, mais il trouve que le style est peu adéquat. Ses mots se dirigent tout d'abord contre ceux qu'il appelle 'les historiens philosophes' pour passer ensuite à Voltaire (p.64-65):

Hay en ellos malignidad, hay miras particulares, parcialidad, petulancia, detracción, desahogo, muchos hechos adulterados y torcidos inicuamente al apoyo de sus mismas opiniones políticas o filosóficas. [...] Voltaire torció todos los hechos en su superficialísimo *Ensayo sobre la historia universal* al apoyo del fatalismo. Es tanto lo que inculca, repite y menudea la observación sobre la fatalidad, que esto solo haría fastidiosísima su lectura si no arredrase desde luego por lo poco que instruye.

Plusieurs critiques à Voltaire se trouvent de même dans les *Discursos filosóficos*

59. Sur Forner, en plus de la notice de Sempere dans son *Ensayo* (iii.84-94), on peut lire les grandes synthèses de Jiménez Salas (*Vida y obra de don Juan Pablo Forner y Segarra*, Madrid 1944) et, surtout, de Lopez (*Juan Pablo Forner et la crise de la conscience espagnole*, Bordeaux 1976).

sobre el hombre, publiés en 1787, dont l'idée a été tirée peut-être par Forner de l'auteur qu'il méprisait.[60] Quoi qu'il en soit, les critiques se trouvent surtout dans la préface et font appel aux idées de Voltaire sur l'âme, la Providence, la religion naturelle et l'existence du ciel et de l'enfer. Les mêmes sujets sont abordés par Forner dans des notes autographes, probablement des brouillons, intitulées 'Fragmentos filosóficos', dont plusieurs font allusion concrètement à Voltaire, sa critique de l'optimisme philosophique, son poème sur *La Loi naturelle*, ses attaques à la religion, etc.[61]

On retrouve encore des mots sur Voltaire dans un ouvrage de Forner qu'on nommerait littéraire, mais qui est au fond une satire de la famille Iriarte: il s'agit de *Los gramáticos: historia chinesca*, écrit en 1782, conservé en plusieurs manuscrits et publié récemment en deux éditions presque simultanées (Madrid 1970). Plusieurs allusions sont causées par ce fait que Tomás de Iriarte était traducteur de Voltaire. La plus intéressante, par l'épithète attribuée au philosophe, est celle qui porte sur la chronologie des Chinois, un sujet d'ailleurs bien placé dans le contexte:

La autoridad es tomada de un célebre cómputo de M. de Voltaire; y es que allá cuando no sabían escribir, escribieron los chinos unas terribles crónicas que hacían subir la existencia de su nación mucho más arriba que la existencia del universo; y lo que es más, halló dicho señor filo-histori-criti-poeti-físico-matemático que en aquel puntual y crudo tiempo eran ya los chinos estupendos astrónomos y acérrimos impresores.[62]

Le même motif de moquerie se retrouve parmi les fragments d'un poème satirique que Forner projetait d'écrire contre les philosophes: 'Es de saber, ante todas cosas, que en aquel siglo, que cayó en tiempos muy anteriores a la creación del mundo, según los cómputos del exactísimo cronógrafo Voltaire, los animales que se llamaban hombres no tenían todavía conocimiento ni uso del lenguaje.'[63] L'attitude conservatrice et anti-encyclopédiste de Forner s'est exprimée dans d'autres ouvrages, tels la comédie 'El ateísta', non jouée ni publiée, et le *Preservativo contra el ateísmo*, paru à Séville en 1795.

La Révolution française a produit un bouleversement dans la vie espagnole qui est devenu une vague d'attaques lors de la mort de Louis XVI et de la

---

60. Ont signalé des ressemblances entre les poèmes de Voltaire et de Forner Menéndez Pelayo, (*Heterodoxos*, v.393) et Lázaro Carreter ('La poesía lírica en España durante el siglo XVIII', dans G. Díaz-Plaja (éd.), *Historia general de las literaturas hispánicas*, iv, p.81).

61. 'Obras manuscritas autógrafas de Forner: papeles de don Juan Grinda y Saavedra' (propriété privée), liasse 4 bis, notamment f.151-152, 156, 158-171, 221: voir Jiménez Salas, *Vida y obra*, p.593-614.

62. Forner, *Los gramáticos* (éd. Polt), p.93. Jurado donne la lecture 'filo-histori-crítico-matemático' (p.68).

63. Voir *Poetas líricos*, lxiii.341-42.

déclaration de guerre contre la république française.[64] Une foule de lettres, discours, harangues et oraisons ont vu le jour pour encourager le peuple dans la lutte contre la France, qui a pris l'aspect d'une véritable croisade religieuse. Ces écrits, qui étaient pour la plupart l'œuvre d'ecclésiastiques, voyaient dans les philosophes la cause de tous les malheurs de la France et condamnaient l'impiété et l'athéisme. Les allusions à Voltaire y sont rapides et on ne lui accorde pas de place particulière. D'autres brochures parues en Espagne à l'époque étaient des traductions du français, notamment des protestations de plusieurs évêques contre les actes révolutionnaires, surtout contre la Constitution civile du clergé. Parmi ceux que j'ai consultés, le seul à offrir une allusion d'une certaine étendue sur Voltaire est une lettre d'un père, prisonnier en France, à son fils, émigré en Espagne, où Voltaire est présenté comme le principal inspirateur de la Révolution:

El trazó el plan del bárbaro sistema que nos aflige, concluido por sus sucesores, bajo los auspicios de un infame ministro; con todo, sus escritos se consultan como venidos del cielo y han hecho más libertinos que páginas incluyen sus volúmenes. ¡Infame adulador! El mudaba tantos pareceres cuantos sujetos de poder quería seducir, [...] sin otro placer que el de esparcir poesías infames, libelos injuriosos, sátiras horrendas, que sólo servían para manifestar su corazón dañino, enemigo de la sociedad y del estado. [...] ¡Fiera horrible, que parece haber nacido sólo para devastar el universo![65]

En Espagne, les seuls auteurs connus qui ont écrit contre la Révolution, en dehors de Forner, ont été le jésuite Lorenzo Hervás y Panduro dans ses *Causas de la Revolución de Francia*, de publication tardive (1807), et le poète et dramaturge Juan González del Castillo. Le premier, en examinant les causes de la Révolution, fait mention de Voltaire et d'autres philosophes, mais sans insister particulièrement sur notre auteur. González del Castillo a composé un poème burlesque sur la situation de la France intitulé *La Galiada, o Francia revuelta*.[66] Son protagoniste est Mirabeau, président de l'Assemblée nationale, à qui apparaît une des Furies pour lui apporter le réconfort de Voltaire et l'encouragement pour continuer la Révolution (p.12-13):

No te asustes – le dice –, yo aquí vengo
a proteger tus máximas, respira;
el abismo promete a tus desvelos
un gran premio, su influjo y tu cautela.

---

64. On peut lire une excellente synthèse des effets immédiats de la Révolution française en Espagne dans Herr, *España y la revolución* (p.197-260).

65. *El buen vasallo*, p.6-7. Cette lettre a été reprise dans le *Diario de Barcelona* du 26 avril 1793: voir Herr, *España y la revolución*, p.252, n.33.

66. Publié en 1793 à Málaga et au Puerto de Santa María, le poème figure dans les éditions des *Sainetes* (Cadix 1846), ii.267-82, et des *Obras completas* (Madrid 1914), iii.409-25. On peut lire un commentaire du poème dans Menéndez Pelayo, *Heterodoxos* (v.411-12).

3. Les adversaires de Voltaire en Espagne

> Voltaire por mí te intima que, en obsequio
> de sus egregios manes, establezcas
> y esparzas su doctrina.

Voltaire apparaît aussi dans ce poème comme le principal théoricien de la Révolution (p.8); c'est une Furie qui parle:

> Desde que el gran Voltaire ... ¡Ah, quién pudiera
> hacer el justo elogio del proteo
> de la impiedad, del sumo patriarca
> de la disolución y el sacrilegio!
> ......
> Desde que el gran Voltaire, como decía,
> empapado en sus máximas y ejemplos
> tomó la pluma en Francia, me animaron
> las esperanzas de un feliz suceso.

Mirabeau est associé de même à Voltaire dans un poème satirique inséré à la même époque dans le *Diario de Barcelona* du 20 avril 1793 sur la Révolution française:

> Pelletier vio en el infierno
> en donde hace poco entró
> a Voltaire y Mirabó
> trazando un nuevo gobierno.[67]

En dehors de *La Galiada* González del Castillo a écrit d'autres ouvrages sur les événements de la France, tels une élégie *A la injusta como dolorosísima muerte de la constante heroína María Antonia de Lorena, reina de Francia*, publiée à Cadix, sans date, et à Madrid en 1794, et une *Oración exortatoria* (Málaga 1794) où l'on encourage les Espagnols à prendre les armes contre la France.

L'un des cas les plus remarquables d'opposition à Voltaire a été celui de Pablo de Olavide. Après sa fuite de l'Inquisition il a vécu à Paris et a été mis en prison sous la Révolution. Sa condamnation par le Saint-Office, les désastres révolutionnaires et la prison ont fait mûrir dans son esprit la conversion au catholicisme, qui est devenu évidente lors de la publication de *El Evangelio en triunfo*, qui porte comme sous-titre significatif *Historia de un filósofo desengañado*. Ce philosophe désabusé était Olavide lui-même, dont la pensée et l'esprit étaient totalement changés.

L'ouvrage, beaucoup plus par la célébrité de l'auteur – connu malgré l'anonymat – que ses mérites intrinsèques, a remporté un succès extraordinaire: imprimé pour la première fois en 1797, il a connu en peu d'années plusieurs

---

67. Cité par Oliver, *Los españoles*, p.185.

éditions.[68] Olavide ne se distingue pas par son originalité. Dans son ensemble son texte n'est qu'une imitation des *Délices de la religion* de l'abbé Lamourette[69] et plusieurs idées sont tirées d'autres livres d'apologétique. Olavide n'était ni théologien ni apologiste, et il devait prendre chez les autres les arguments pour combattre des idées qu'il connaissait fort bien par sa familiarité avec les ouvrages de Voltaire, Rousseau, Diderot et d'autres encyclopédistes. En adoptant le style épistolaire et simulant la conversion d'un philosophe par un prêtre, Olavide critique l'attitude des encyclopédistes tout en chantant les excellences de la religion catholique. Si l'on s'en tient à ce qu'il dit de Voltaire on reste vraiment surpris de la rage d'Olavide contre qui, peu avant, avait été son maître à penser et son hôte aux Délices, contre celui qui avait plaidé sa cause lorsqu'il était dans les cachots de l'Inquisition. Olavide lui reproche à plusieurs reprises sa haine de la religion et les artifices qu'il a utilisés pour la discréditer, altérant des faits, inventant des doctrines et faussant des textes, si bien que 'los que sin ninguna noticia del Evangelio lean a Voltaire y a otros muchos filósofos de nuestros días, cuando vean el furor encarnizado con que tratan la doctrina del cristianismo, se imaginarán que el Evangelio es el libro más perverso y pernicioso que jamás se ha dado al público' (ii.153-54). La plus longue des références se trouve au volume iv, où Olavide trace une courte biographie de Voltaire (p.289-305). Il signale tout d'abord la perte de son génie pour les lettres à cause de sa philosophie: 'La fecundidad de su imaginación exaltada y la fuerza prodigiosa de su ingenio debieran haberle hecho uno de los hombres más útiles en las artes; pero su empeño bárbaro y absurdo le hizo degenerar en el más pernicioso monstruo que han producido las edades.' S'il considère ses productions ingénieuses et agréables, il les trouve superficielles et il y voit 'el sello de alguna doctrina impía, de alguna máxima contraria a la moral o de algún error propio a pervertir las costumbres', des principes pareils à des serpents venimeux cachés parmi les fleurs du style. Il décrit avec un certain détail les épisodes de Prusse et de Genève, en insistant sur le caractère malin de Voltaire. Il regrette le grand accueil dispensé à son œuvre et les ravages qu'il a produits dans toutes les couches de la société, et il commente sa mort sans les secours de la religion, juste châtiment et exemple magnifique pour tous. Il lui attribue les épithètes les plus noirs: envieux, adulateur, orgueilleux, captieux, faussaire, emporté, etc. Dans son ensemble ce fragment dépasse largement en violence tout ce qu'on a publié en Espagne contre Voltaire.

---

68. Palau (*Manual del librero*, xi.348) signale ces éditions: Valencia 1797-1798 (1ère), Madrid 1798 (2e), Valencia 1798 (3e) et Madrid 1799 (4e), 1799 (5e), 1800 (6e), 1802 (7e), 1803-1808 (8e); j'ai utilisé l'édition de 1800. Voir, notamment, sur cet ouvrage, Menéndez Pelayo, *Heterodoxos*, v.407-409; Defourneaux, *Olavide*, p.451-70; Herr, *España y la revolución*, p.307-309.
69. C'est ce qu'affirme Defourneaux (*Olavide*, p.452-56).

3. Les adversaires de Voltaire en Espagne

En revenant à ce qui a été dit ci-dessus, j'ajouterai que la mort des philosophes est une ressource utilisée pour détourner ceux qui s'intéressaient aux nouvelles idées en leur montrant la fin terrible des impies. Le plus heureux de ces essais a été *El éxito de la muerte correspondiente a la vida de los tres supuestos héroes del siglo XVIII Voltaire, d'Alembert y Diderot* (Madrid 1792), traduction du français, publié plus tard en résumé, avec la seule partie de Voltaire, sous le titre *Retrato histórico de la muerte de aquel monstruo de la iniquidad Mr. Voltaire*,[70] qui n'est pas une réédition de l'ouvrage précédent, comme le dit R. Herr en citant G. Moldenhauer,[71] mais un opuscule différent. Dans les deux libelles sont décrits en grand détail la mort de Voltaire, les machinations de ses amis pour empêcher qu'il reçoive les secours de l'Eglise et les péripéties de son enterrement.

José María Cagigal, marquis de Casa Cagigal, est l'auteur d'une *Corrección fraternal a los falsos filósofos* (Barcelona 1829) qui constitue le plus long texte consacré à Voltaire en Espagne après le *Juicio final* du père Cevallos. L'auteur imagine une rencontre entre Pascal et Voltaire, vers la fin de la vie du philosophe. Celui-ci veut se repentir de ses erreurs, mais son orgueil le lui empêche. Pour le convaincre, Pascal fait semblant d'être un philosophe déiste: il lui présente la vie, mort et résurrection du Christ comme une preuve de sa divinité et la continuité de sa doctrine comme une preuve de sa vérité. Mais Voltaire, malgré l'insistance de Pascal, avoue qu'il n'a pas le courage de changer de vie. L'ouvrage se termine par la mort de Voltaire, impénitent. Avant le début du dialogue entre Pascal et Voltaire l'auteur fait une description de celui-ci, de ses hésitations et inquiétudes lorsqu'il voit approcher sa fin: 'Ya no puedo tardar en descender al sepulcro y desciendo lleno de tristeza, crímenes y lágrimas, tal vez para verter otras que no acaben jamás' (p.9). Et s'adressant à Pascal lorsqu'il l'aperçoit: '¡Apóstol de París ... tú te dignas visitar la serpiente Voltaire sin huir de la ponzoña que derrama sobre ti y sobre tus creyentes!!!' (p.15). Les allusions à Voltaire se retrouvent au début et à la fin de l'ouvrage, la partie centrale étant consacrée à l'examen de plusieurs sujets de théologie et de religion.

Le marquis de Casa Cagigal est l'auteur aussi d'une comédie contre les philosophes intitulée *Federico y Voltaire en la quinta de Postdan, o lo que son los sofistas* (Zaragoza 1829). Dans cette petite pièce, qui a même été jouée devant la cour de Ferdinand VII, interviennent Diderot et d'Alembert, mais le grand

---

70. Palau (*Manual del librero*, xvi.314) signale des éditions de Baeza et de Cadix (s.d.); j'ai consulté celle-ci. Dans la *Novísima recopilación*, loi VIII, titre XVIII, note 9, il est fait mention d'un *Extracto de la muerte de Mr de Voltaire*, en rappelant une prohibition du 17 juin 1793 de publier des ouvrages en rapport avec la France.

71. Herr, *España y la revolución*, p.305 et n.72; Moldenhauer, 'Voltaire und die spanische Bühne im 18. Jahrhundert', *Berliner Beiträge zur romanischen Philologie* 1 (1929), p.130, n.31, qui fait référence à l'édition de Cadix.

rôle appartient à Voltaire, ainsi qu'au roi de Prusse. La comédie est pleine de moqueries contre les philosophes et l'auteur s'y montre non seulement contraire aux idées des encyclopédistes, mais aussi défenseur de sa patrie, cible de leur fureur (p.21):

Federico. A propósito, ¿cuál te parece el estado más floreciente de Europa?
Voltaire (*aparte*). Es preciso adularle: la Prusia.
Federico. Torpe adulador, no mientas.
Voltaire. Pues, ¿cuál es?
Federico. España: todo el mundo la saquea y ella cada vez más pomposa; ¿te parece poco milagro?
Voltaire. ¡Esa nación mezquina, ruda, osáis aplaudir! ... ¡Esa nación que debiera borrarse del continente! ¡Que pertenece a la Europa por un error geográfico!
Federico. Volter ... cesa. Si porque en ella te conocen lo dices, te está bien merecido: los españoles son valientes, fieles a sus reyes, sobrios, sufridos, lo mismo en el mar que en la tierra. Sí, Volter, entre mis desgracias cuento la de no haber nacido español.

4. Traductions et adaptations

MALGRÉ les barrières de la censure, malgré les avertissements et les réconventions des adversaires des philosophes, l'œuvre de Voltaire a connu une diffusion en Espagne, non seulement dans la langue française, mais aussi en traduction. Le présent chapitre comprend les traductions et adaptations d'ouvrages de Voltaire en espagnol, imprimées et manuscrites jusqu'en 1835, qui sont arrivées à ma connaissance. Un catalogue mis en appendice reprend ces versions et en donne une vision d'ensemble (voir l'appendice A).

Pour l'étude des traductions j'ai préféré la description à l'analyse, et cela pour deux raisons: parce que mon but n'est pas de faire une comparaison exhaustive entre les textes originaux et leurs traductions respectives, et parce que le mérite littéraire de la plupart des versions est très faible. Je ne me suis donc pas proposé une analyse stylistique des traductions, même si dans des occasions très précises – notamment parmi les pièces – je ferai référence à des différences ou modifications introduites par le traducteur qui ont une valeur extra-littéraire. Par conséquent, mon objectif sera essentiellement descriptif en encadrant la traduction dans sa circonstance historique et humaine: autrement dit, en signalant le moment de son apparition ou de son écriture, les éditions, censures, comptes rendus, représentations et, en général, tout détail qui contribue à une plus complète compréhension de l'ouvrage.

La variété de la production de Voltaire exige d'imposer un ordre dans la disposition des textes à étudier. Le nombre et la qualité des pièces semblent conseiller de leur consacrer une attention particulière et de leur accorder la première place dans cette étude. Suivront les compositions poétiques – notamment *La Henriade* – et les ouvrages en prose: philosophiques, historiques et narratifs.

i. Traductions d'ouvrages dramatiques

Les pièces de théâtre, qui ont procuré à Voltaire les plus grands triomphes en France, occupent un lieu de choix parmi les traductions de pièces françaises en Espagne, en même temps qu'elles constituent, par leur nombre, le genre cultivé par Voltaire de plus grande diffusion dans ce pays. Menéndez Pelayo s'est aperçu de l'importance du théâtre voltairien: 'Por el teatro, más que por ningún otro camino, penetró Voltaire en España. [...] Nuestra escena, como todas las de Europa, vivía en gran parte de los despojos de Voltaire';[1] mais il a calculé trop juste

1. Menéndez Pelayo, *Heterodoxos*, v.295.

en donnant la liste des traductions, qui contient, d'ailleurs, plusieurs erreurs.

En faisant abstraction du sous-genre ou de la chronologie, j'ai disposé les différentes traductions groupées sous le titre de la pièce française, qui s'inscrit dans un ordre alphabétique. Cela permet de commenter de suite les différents versions d'une même pièce, lorsqu'elles existent.

Alzire

Cette tragédie présentait aux Espagnols une tranche de leur histoire, même si l'épisode des amours d'Alzire interrompus par le gouverneur espagnol appartient à Voltaire. Au fond, ce qui est en jeu est l'opposition entre l'Indien et l'homme civilisé, caractérisés d'une manière assez simple: celui-là est bon, honnête et fidèle à sa religion; celui-ci est cruel et ambitieux et n'hésite pas à faire passer sa soif de pouvoir et de richesses avant les enseignements de sa foi. D'autre part, cette tragédie lance une violente attaque contre l'action des *conquistadores* en Amérique. Rien d'étonnant donc à ce que la pièce ait connu plusieurs traductions en espagnol.

La plus ancienne n'a pas été publiée et le manuscrit est perdu. Elle était l'œuvre de Margarita Hickey y Pellizzoni, et la preuve de son existence est un rapport du censeur Casimiro Flórez Canseco, daté du 16 octobre 1787. L'auteur avait soumis à la censure, en vue d'obtenir les licences pour la publication, ses traductions d'*Andromaque* de Racine et d'*Alzire* et *Zaïre* de Voltaire.[2] Le censeur accorde peu de place dans son rapport à *Alzire*:

La *Alcira* nos debe interesar por ser asunto perteneciente a nuestra nación y dos de sus personajes principales españoles, los cuales, con todos los demás, sostienen admirablemente el carácter heroico. Los razonamientos y discursos de Don Alvaro de Guzmán son muy doctrinales y brillan por sus sentimientos tiernos y llenos del respeto y veneración debidos a nuestra santa religión y por su política discreta, afable y humana.

Le rapport du censeur montre qu'il n'a rien trouvé de blâmable dans une tragédie pleine d'invectives contre la religion catholique et contre les Espagnols: jusqu'à quel point la traductrice aurait-elle déformé les événements et le texte de l'original? Nous n'en savons rien; quoi qu'il en soit, le censeur lui-même avait averti dans son rapport que, eu égard aux propositions malsonnantes, 'la traductora ha tenido la discreta y piadosa advertencia de omitir unas, rectificar otras y dilatar algún otro pensamiento'. L'*Alcira* de Mme Hickey devait sans doute faire partie du second volume de ses *Poesías varias sagradas, morales y profanas o amorosas*, publiées en 1789 sans le nom de l'auteur, puisque les 'tres tragedias francesas traducidas al castellano' annoncées sur la page de titre du premier volume coïncident avec celles

2. Voir Serrano Sanz, *Apuntes para una biblioteca de escritoras españolas desde el año 1401 al 1833* (Madrid 1903-1905), i.509-10, où il reproduit le commentaire du censeur.

qu'on a soumises à la censure. Je n'ai pas rencontré ce second volume et sans doute il n'a été jamais publié, même si Qualia en parle comme s'il existait.[3]

En 1788 a paru la traduction de Bernardo María de Calzada sous le titre trompeur *El triunfo de la moral cristiana*; ce titre aurait pu être utilisé par le traducteur pour dépister la censure, mais il faut signaler que les titres longs et expressifs étaient dans le goût des Espagnols du dix-huitième siècle. La traduction de Calzada est en vers hendécasyllabes assonants. La disposition des actes et des scènes est identique à celle de l'original. Le traducteur a introduit, cependant, des modifications dans les noms des personnages: les gouverneurs espagnols Alvarez et son fils Gusman portent dans la traduction les noms de Juan et Pedro de Guzmán; les autres noms ont été adaptés à la langue espagnole.[4] Cette version ne présente pas de préface du traducteur, mais Calzada reproduit un fragment du discours préliminaire de Voltaire qui semble confirmer le but moral exprimé dans le titre de la tragédie:

En esta tragedia se procura demostrar que la religión de un bárbaro consiste en ofrecer a sus dioses la sangre de sus enemigos, y que la de un verdadero cristiano consiste en mirar a todos los hombres como a hermanos suyos, haciéndoles bien y perdonándoles el mal: tal es D. Pedro de Guzmán en el instante de su muerte y tal D. Juan de Guzmán en el curso de su vida.

Mais Calzada a oublié de traduire des mots de Voltaire sur les mauvais chrétiens.[5] Il semble y avoir chez Calzada une tendance à adoucir la dure critique au christianisme – à certains chrétiens, à vrai dire. Il va même jusqu'à ne pas traduire des vers qui font appel à la religion ou à la morale chrétienne: par exemple, le regret d'Alzire sur le triste sort des Américains, que Dieu semble avoir oubliés,[6] ou des mots de l'héroïne sur le suicide.[7]

---

3. Qualia, 'Voltaire's tragic art', p.283.

4. Pour une étude en profondeur de cette traduction, ainsi que de l'*Elmira* de Pisón y Vargas (citée ci-après), voir Alvarez et Braun, 'Two eighteenth-century Spanish translations of Voltaire's *Alzire*: the "connaturalización" of a text', *Studies on Voltaire* 242 (1986); les mêmes auteurs ont étudié aussi *Elmira, o la americana*, et *Alzira* par T. Bertrán, dans '"Connaturalización" in two early-nineteenth-century versions of Voltaire's *Alzira*', *Studies on Voltaire* 242 (1986).

5. 'Un chrétien mal instruit n'est guère plus juste. Etre fidèle à quelques pratiques inutiles et infidèle aux vrais devoirs de l'homme; faire certaines prières et garder ses vices; jeûner mais haïr; cabaler, persécuter, voilà sa religion' (Voltaire, *Alzire*, 'Discours préliminaire').

6.   Ne serais-tu le Dieu que d'un autre univers?
      Les seuls Européens sont-ils nés pour te plaire?
      Es-tu tyran d'un monde et de l'autre le père?
      Les vainqueurs, les vaincus, tous ces faibles humains,
      Sont tous également l'ouvrage de tes mains. [*Alzire*, IV, 5]

7.   Quoi! du calice amer d'un malheur si durable
      Faut-il boire à longs traits la lie insupportable?
      Ce corps vil et mortel, est-il donc si sacré,
      Que l'esprit qui le meut ne le quitte à son gré? [*Alzire*, V, 3]

Mais l'attitude du traducteur n'est pas la même à l'égard de la conduite des conquistadores. Calzada traduit fidèlement, et encore avec des amplifications, les passages les plus caractéristiques. Un seul échantillon, les mots de l'Indien Zamor:

> ¡Fallecer sin la venganza
> Y espirar a las manos de estas fieras
> Malvadas gentes que alimenta Europa!
> ¡Asesinos crueles que se ceban
> En la inocente sangre, e insaciables
> Del oro que produce nuestra tierra!
> ¡Desoladores pérfidos e ingratos
> De este usurpado mundo que conservan![8]

Notez, par exemple, que l'expression 'brigands d'Europe' a été traduite par 'fieras malvadas gentes que alimenta Europa'. Ailleurs, l'épithète 'peuple barbare' qu'Alzire applique aux Espagnols a donné 'bárbaro arrogante pueblo injusto'.[9] Cet aspect de la tragédie n'est pas resté inaperçu à Jovellanos, qui dans son rapport au Conseil de Castille (cité ci-dessus) la rejette comme offensive pour l'Espagne.

En dehors des passages à contenu idéologique, la traduction suit d'assez près l'original, bien qu'avec un style emphatique et grandiloquent, à profusion d'épithètes et d'exclamations. Nonobstant, je n'irai pas jusqu'à partager l'opinion de Menéndez Pelayo, pour qui cette tragédie a eu un plus mauvais lot que les autres pièces de Voltaire, 'cayendo en manos del inhabilísimo D. Bernardo María de la Calzada, que acabó de estropear aquel supuesto cuadro de costumbres americanas'.[10]

La pièce a été imprimée à la fin de mars ou au début d'avril 1788, puisque l'annonce apparaît dans le *Memorial literario* d'avril, avec un long résumé de l'argument; un nouveau compte rendu, avec une ébauche de critique, a été publié en mars 1794.[11] Elle n'a pas été jouée sur les théâtres publics.

Une nouvelle traduction de la tragédie, sous le titre de *La Elmira*, a paru à México la même année 1788, due à Juan Pisón y Vargas. Dans une dédicace le traducteur trace un parallèle entre l'amour filial et le contenu de la pièce. En

8. Comparez à: Périr sans se venger, expirer par les mains
　　　　　　　De ces brigands d'Europe, et de ces assassins
　　　　　　　Qui, de sang enivrés, de nos trésors avides,
　　　　　　　De ce monde usurpé désolateurs perfides [...] [*Alzire*, II, 1]
9. B. M. de Calzada, *Triunfo de la moral cristiana* (Madrid 1788), IV, 4.
10. Menéndez Pelayo, *Heterodoxos*, v.296.
11. Le *Memorial literario* d'avril 1788 (p.602-603) ne contient qu'un extrait de l'argument, sans des considérations sur la pièce. Dans le *Memorial* de mars 1794 (p.464-65), la critique est assez favorable: 'Esta es una pieza de bastante mérito. [...] Se pueden admirar en toda ella excelentes rasgos poéticos, dignos de las virtudes e imitación de los cristianos.'

dehors de l'édition citée la même traduction se trouve dans deux manuscrits: à la Biblioteca municipal de Madrid (ms.108-16 bis) et à la Biblioteca Menéndez Pelayo de Santander (ms.218). Les deux copies sont anonymes mais, comme dans la version publiée le nom du traducteur apparaît sans aucun doute, cette *Elmira* n'est pas celle que Moratín attribue à Antonio Valladares de Sotomayor, attribution reprise par Qualia.[12]

Des deux copies manuscrites la plus intéressante est celle de Madrid, puisqu'elle contient les censures pour la représentation, datées entre le 30 octobre et le 8 novembre 1788. Ces censures correspondent au vicaire de Madrid, Cayetano de la Peña y Granda, au censeur ecclésiastique frère Angel de Pablo Puerta et au censeur littéraire Santos Díez González. Les censures des ecclésiastiques n'ont rien de particulier; par son jugement sur la pièce est beaucoup plus intéressante celle de don Santos:

He visto esta tragedia *La Elmira* cuya acción noble, verosímil y bien urdida; la dicción, las costumbres y caracteres de los personajes, y los demás adornos poéticos, su composición original, imitación de nuestros usos nacionales y otras circunstancias que no se hallan en las piezas cuyos argumentos se toman de la mitología o historia fabulosa, la hacen digna del teatro y merecedora de la licencia que solicita.

Pourvue des licences nécessaires la tragédie a été jouée le 12 et 13 décembre 1788 sur le théâtre de la Cruz, et à une date non connue sur celui du Príncipe.[13] Le *Memorial literario* a inséré un bref compte rendu de la représentation:

Sobresale el contraste de la religión y el carácter noble y generoso de Alvarez; hay situaciones muy tiernas y lances inesperados; está bien seguida la trama con mucho interés y propiedad, aunque la solución o catástrofe pareció algo inverosímil y violenta, por presentarse a Guzmán en el teatro muy hablador cuando se supone que está espirando y parecer demasiadamente estudiada y prevenida su muerte a los ojos del espectador.[14]

La pièce avait été jouée auparavant à México, à l'occasion d'une représentation extraordinaire pour fêter l'anniversaire du vice-roi Manuel Antonio Flores, le 22 mai 1788.[15]

La tragédie ne présente pas la division en scènes à l'intérieur des actes. Quoiqu'elle réponde à la disposition de l'original, la traduction est assez libre. Les vers sont hendécasyllabes non rimés. Les noms de plusieurs personnages

12. Fernández de Moratín, 'Catálogo de piezas dramáticas publicadas en España desde el principio del siglo XVIII hasta la época presente', dans *Biblioteca de autores españoles* (Madrid 1860-), p.331-32; Qualia, 'Voltaire's tragic art', p.281-82.

13. D'après les annonces parues au *Diario de Madrid* et au *Memorial literario*: voir Coe, *Catálogo bibliográfico y crítico de las comedias anunciadas en los periódicos de Madrid desde 1661 hasta 1819* (Baltimore 1935), p.82.

14. Cité par Coe, *Catálogo*, p.82.

15. Voir Enrique Olavarría, *Reseña histórica del teatro en México* (México 1961), p.67; cité par Alvarez et Braun, 'Two eighteenth-century Spanish translations', p.143.

ont été modifiés: Alzire est Elmira, Montèze est Mozoco, et Zamore, Macoya. Dans le texte imprimé et dans la copie de la Biblioteca municipal, Alvarez et Gusman conservent leurs noms, tandis que dans celle de la Biblioteca Menéndez Pelayo ils s'appellent Guzmán Padre et Guzmán Hijo. Encore une différence dans cette copie: la fin de la pièce présente un procédé très utilisé dans les comédies espagnoles du siècle d'Or, sorte de *captatio benevolentiae* chorale où participent tous les personnages:

> Y acabe aquesta escena lastimosa
> dándole al alto Dios inmensas gracias.

Sous le même titre d'*Elmira* existent trois nouvelles traductions d'*Alzire* identiques: un manuscrit de la Biblioteca municipal, 'La Elmira americana' (ms.108-16), et deux éditions de Valence intitulées *Elmira, o la americana*, les trois datées de 1820 et sans indication d'auteur. Probablement la traduction était prête en 1811, puisqu'elle a été jouée au cours de cette année.[16] Cette traduction, non mentionnée par Moldenhauer ni Qualia, est sans doute celle que Moratín attribue à Valladares, même si l'un des exemplaires consultés porte, ajouté à la main, 'por D. Antonio Sabiñón'. La traduction est en vers hendécasyllabes blancs. Elle présente la division en actes et scènes, avec une scène ajoutée au début. Les personnages portent le même nom que dans la traduction précédente, à l'exception d'Alvarez, qui change le sien par celui d'Alvaro Guzmán, et de Gusman, qui s'appelle maintenant Tello Guzmán. La traduction est très libre. La liberté du traducteur va jusqu'à introduire des modifications de l'argument. Le dénouement surtout a été remanié: le gouverneur espagnol pardonne Macoya et lui donne Elmira, mais l'Indien, touché par la générosité de Tello, se convertit au christianisme et renonce à Elmira, si bien que la pièce finit par le mariage de Tello et la Péruvienne. Voilà le dénouement dans les versions imprimées; dans la copie manuscrite, qui est postérieure, on a modifié le texte pour revenir à la fin de la tragédie de Voltaire.

La mise en scène est fastueuse, en opposition à la simplicité de la pièce de Voltaire, dont l'action se déroule dans le palais du gouverneur. Dans la traduction la scène doit représenter au premier acte une campagne luxuriante avec des cocotiers, des palmiers et d'autres arbres exotiques, tandis qu'au quatrième, lors de la cérémonie du mariage, on doit voir le portique d'un temple et un défilé de tous les personnages, accompagnés de groupes de jeunes filles espagnoles et indiennes couronnées de myrte et de jasmin.

Cette tragédie a été jouée apparemment en 1820, car la copie de la Biblioteca municipal porte la liste de distribution avec les comédiens du théâtre de la Cruz.

16. Cotarelo, *Isidoro Máiquez y el teatro de su tiempo* (Madrid 1902), p.327, note.

Mais on n'a pas de renseignements de cette possible représentation. Par contre, une *Elmira*, identifiée par Cotarelo avec l'*'Elmira americana'*, a été jouée sur le même théâtre le 24 juillet 1811 et le 13 novembre 1813.[17]

Manuel de Sumalde est l'auteur d'une traduction manuscrite, conservée à la Biblioteca del Instituto del teatro de Barcelone (cote 82.969) et intitulée 'Alzira'. Le manuscrit avait appartenu à Cotarelo, qui le décrit, mais écrivant 'Sunsalde' au lieu de 'Sumalde'.[18] Ce nom apparaît à la fin du manuscrit, avec la date de 1791. Les personnages correspondent à ceux de la pièce originale, avec la petite différence d'avoir leurs noms espagnolisés; la pièce présente la division en actes et scènes et la traduction est en vers hendécasyllabes à rime assonante dans les vers pairs. On n'a pas de renseignements sur une publication ou des représentations de cette traduction. Moldenhauer en fait mention en citant Cotarelo, mais sans en donner le titre; Qualia en parle un instant, sans dire sa source, qui est sans doute Cotarelo, car il répète l'erreur 'Sunsalde' pour le nom du traducteur.[19]

Un certain T. Bertrán, peut-être Tomás Bertrán y Soler, est l'auteur d'une nouvelle traduction d'*Alzire*, parue en 1822 à Barcelone sous le titre *Alzira*. Sur la page de titre on peut lire une citation de Voltaire: 'On peut traduire un poète en exprimant seulement le fond de ses pensées.' On est tenté de croire que l'auteur a mis la citation pour justifier d'emblée les libertés qu'il aurait pu prendre dans la traduction; cependant, sa version n'est pas très éloignée de l'original. La note la plus caractéristique est une certaine tendance à l'amplification. La division en actes et scènes suit d'assez près celle de l'original et les personnages sont identiques. La traduction est en vers hendécasyllabes à rimes alternes. Une note mise en tête de la pièce ('Esta y las demás que se irán publicando sucesivamente del mismo autor son propiedad de Bertrán') laisse supposer que le traducteur, très probablement le même que l'année précédente avait donné une version de *Mahomet* (voir ci-dessous), avait le projet de publier d'autres ouvrages, sans doute des pièces, projet qui n'a jamais été réalisé, peut-être à cause du renforcement de la censure après la période libérale de 1821-1823.

La dernière des traductions datées est l'intitulée *Telasco, o el triunfo de la fe*, parue à Barcelone en 1833. Le traducteur signe avec les initiales A.G., qui correspondent à l'écrivain Antonio Gironella, une préface dédiée à son ami Wenceslao Ayguals de Izco où il fait plusieurs considérations sur la pièce (p.i):

Entre todas las producciones de los hombres portentosos que han sabido llevar más lejos en el corazón humano los efectos del escozor poético, sin duda merece un lugar distinguido ésta que he querido trasladar a nuestra escena, no sólo por lo lastimoso y

17. Cotarelo, *Máiquez*, p.732, 760.
18. Cotarelo, *Máiquez*, p.336, n.5.
19. Moldenhauer, 'Voltaire und die spanische Bühne', p.128; Qualia, 'Voltaire's tragic art', p.283.

aflictivo, que en otras quizás es más cruento, pero bien por la extraordinaria brillantez de las situaciones, por su novedad inesperada y, sobre todo, porque ni en antiguos ni en modernos se puede encontrar su modelo o su imitación.

Après un éloge à la littérature française ('la literatura de los Boileaus, Corneilles y Racines es la primera del mundo'), il insiste sur les difficultés de la version, sur le mètre utilisé, les licences qu'il s'est permises, etc. A signaler qu'il ne nomme même pas une fois Voltaire; il termine sa préface en indiquant les raisons de la traduction (p.xiv-xv):

es preciso confesar que los franceses son los que han sacado el mejor partido del estudio de la literatura universal. Yo, criado en tales principios y embebido en tales ideas, me he atrevido a este ensayo, a fin de dar mejor a conocer el genio creador de la sabia Lutecia, para que a fuerza de buenos modelos lleguemos quizás algún día al deseado nivel.

Le traducteur a introduit plusieurs modifications dans le texte; la plus importante se trouve au dénouement. Sur le point de mourir, le gouverneur espagnol dit à l'Indien: 'Telasco, sé cristiano,' à quoi il réplique: 'Sí, ya cristiano soy ... tu voz me guía / y tu sublime ejemplo me convence' (acte v, scène dernière). Cette conversion n'est pas évidente dans l'original et le traducteur en avait averti dans sa préface ('haciendo ostensible la conversión del protagonista, porque para nuestras costumbres es más satisfactorio' (p.iv)). Le traducteur a changé les noms de tous les personnages, qui sont: Almagro (D. Alvarez), D. Gonzalo (Gusman), Telasco (Zamore), Ataliba (Montèze) et Amasili (Alzire). Et il fait glisser l'intérêt dramatique de la protagoniste féminine Amasili à son amant Telasco, qui prête son nom à la tragédie. La traduction a été faite en vers hendécasyllabes assonants à rime alterne.

En plus des traductions imprimées il existe une version manuscrite, incomplète, d'*Alzire*, sous le titre 'Los americanos', qui se conserve à la Biblioteca nacional. Il s'agit de la prosification de la première scène de l'acte i, qui rend visiblement toutes les idées de l'original. Les personnages sont les mêmes que dans la tragédie de Voltaire. On ignore le nom du traducteur de ce fragment, qui est mentionné par Moldenhauer et Qualia, quoique celui-ci semble croire que la traduction soit complète.[20]

Brutus

Dans un cadre bien classique cette tragédie est notamment une critique de la monarchie absolue et une glorification des vertus républicaines dans la personne de Brutus.

La plus ancienne des traductions a été publiée en 1758 à Amsterdam, par

20. Moldenhauer, 'Voltaire und die spanische Bühne', p.128; Qualia, 'Voltaire's tragic art', p.283.

un certain Benjamín García. C'était un juif d'origine portugaise, *hatan bereschit*, ou lecteur de la Genèse, à la synagogue d'Amsterdam.[21] Cette tragédie a été une des pièces jouées sur le théâtre de la communauté séphardite de la ville; malgré une composition à majorité portugaise, une grande partie des pièces mises en scène appartenaient au théâtre classique espagnol. Voltaire a possédé un exemplaire de cette traduction, cas unique dans sa bibliothèque.[22]

Dans sa préface le traducteur signale les raisons et les difficultés de son travail; il a essayé de rester fidèle à l'original mais, à certains moments, il a dû supprimer ou modifier quelques phrases, du fait que

así porque en el idioma español no satisfacían los derechos del orden regular, como por abrir camino a otras a que la medida y disposición del verso me obligaron a aumentar en otros lugares, porque sin este arbitrio me exponía a que mi traducción ocupase más tiempo que el que el buen orden permite a un poema dramático; pero sin embargo protesto que en nada me he apartado del principal sentido del original.[23]

Quoiqu'il est resté fidèle au contenu de la pièce, l'aspect externe de sa traduction est très éloigné de la tragédie de Voltaire. La traduction garde les cinq actes, mais sans la division en scènes; les personnages principaux conservent leurs noms, mais le traducteur a changé ceux de certains personnages secondaires, 'por ser que no se ajustaban a mi gusto con la pronunciación española'.[24] Mais la plus grande nouveauté de la traduction, ce qui surprend immédiatement le lecteur moderne, est que le langage et le style appartiennent à la *comedia* espagnole du dix-septième siècle. Au lieu des alexandrins français ou des hendécasyllabes utilisés dans les tragédies espagnoles, la pièce offre toute la gamme métrique de l'ancien théâtre: silves, dizains, quatrains, romances. Il faut chercher la raison de l'étrange survivance de ces formes désuètes non seulement dans le goût personnel du traducteur, mais dans ce fait que le public à qui B. García offrait sa pièce était habitué à ce type de théâtre. La seule différence avec la comédie espagnole se trouve dans le dénouement, qui se termine sans l'avertissement au public de la fin de la pièce et la demande de pardon. Le traducteur se doit cependant de justifier cette licence: 'no hallo que sea necesario advertir al auditorio que allí dio fin la comedia, pues eso los lances lo dicen, el mismo fin lo demuestra y los representantes dejando desamparado el teatro lo dan a entender'.[25] Comme exemple du ton et du style de la tragédie, on peut citer les mots que Tulia, dépitée, dirige à Tito:

21. Voir Praag, 'Une traduction espagnole inconnue du *Brutus* de Voltaire', *Revue de littérature comparée* 16 (1936), p.175.
22. Voir *Bibliothèque de Voltaire: catalogue des livres* (Moscou, Leningrad 1961), no.3497.
23. Cité par Praag, 'Une traduction', p.178.
24. Cité par Praag, 'Une traduction', p.178.
25. Cité par Praag, 'Une traduction', p.179.

Ya basta, fiero, tirano
que me cansa, vive el cielo,
ver tan frívolo recelo,
ver escrúpulo tan vano.
Tómate, ingrato, tu amor,
que al mío ha dado escarmiento;
tómate tus juramentos
falsos como tú, traidor.
Y aunque mudable te encuentro,
este aplauso a que te inclino
ir a gozar no imagino
de la Italia allá en el centro;
ni a llorar triste y ausente
en brazos de un dueño ajeno,
este amor, o este veneno,
que introdujiste en mi mente.[26]

Le polygraphe des Canaries José Viera y Clavijo est l'auteur d'une nouvelle traduction de la tragédie, sous le titre 'Junio Bruto', qui se conserve en manuscrit à la Biblioteca municipal de Santa Cruz de Tenerife. Le manuscrit est autographe, soigneusement écrit et orné de petits dessins. Il est daté de 1800. La traduction est peu remarquable: écrite en hendécasyllabes blancs, elle s'adapte parfaitement à l'original aussi bien dans le texte que dans la disposition des actes et des scènes.

Beaucoup plus tard, en 1820, a paru la traduction de *Brutus* par Eugenio Eulalio de Guzmán Portocarrero; mais si l'on tient compte de la page de titre, la traduction aurait été prête en 1805. Dans l'édition de 1820 la pièce est attribuée au comte de Teba et, dans une nouvelle édition de 1822, au comte du Montijo: il s'agit, en fait, de la même personne, oncle de la future impératrice des Français. La seule différence entre les deux éditions réside dans la préface. La première est due à B.F.C., qui aurait aidé le comte de Teba dans la traduction, s'il faut en croire encore une fois la page de titre. Son contenu, cependant, partage les mêmes idées libérales et contraires à la tyrannie que le traducteur lui-même expose dans la préface de la seconde édition. La traduction est en vers hendécasyllabes à rime plate, car, d'après le traducteur, ce type de rime 'es más fácil de imprimirse y conservar en la memoria'. La distribution en actes et scènes, ainsi

26. Comparez à: Ah! c'est trop essuyer tes indignes murmures,
        Tes vains engagements, tes plaintes, tes injures;
        Je te rends ton amour, dont le mien est confus,
        Et tes trompeurs serments, pires que tes refus.
        Je n'irai point chercher au fond de l'Italie
        Ces fatales grandeurs que je te sacrifie,
        Et pleurer loin de Rome, entre les bras d'un roi,
        Cet amour malheureux que j'ai senti pour toi. [*Brutus*, IV, 2]

que les noms des personnages, correspondent à ceux de l'original.

Eu égard aux caractères de la tragédie, qui est une attaque violente contre le despotisme de la monarchie absolue et un chant à la liberté de la république, on peut s'expliquer le retard dans la publication et la date où elle a vu le jour, c'est-à-dire, pendant le triennat libéral. L'intention du comte du Montijo apparaît explicite dans la dédicace qui précède la tragédie dans sa seconde édition:

Al pueblo español. El deseo de extender en el pueblo español ciertas verdades de que depende su felicidad, me hizo emprender esta traducción, sin arredrarme tamaña empresa, persuadido de que siempre quedarían grabados en el corazón de mis compatriotas los dogmas políticos en que se funda su bienestar. [...] Seguro, pues, de que no ha sido enteramente inútil mi trabajo, me he animado a hacer esta segunda impresión. Plegue al cielo contribuya eficazmente a inspirar a mis compatriotas el horror al despotismo en cualquier especie de gobierno, pues no hay alguno, por libre que sea, que borre del hombre la idea de sobreponerse a los demás, si le es posible.

Dans la tragédie abondent les attaques à l'absolutisme et même à la monarchie. Ainsi, en se référant au lien établi entre le souverain et son peuple, Bruto réplique à l'envoyé du roi Tarquin:

> No nos vengas a hablar de unos derechos,
> que por su misma culpa están deshechos.
> Los númenes sagrados ofendidos
> deshicieron los lazos contraídos;
> rindiéndole homenaje le juramos,
> no empero a esclavitud nos sujetamos.
> [...]
> Desde el punto que faltan a las leyes
> el pueblo es libre, infieles son los reyes.[27]

Et plus tard, Bruto lui-même s'en prend à la monarchie héréditaire et, en général, à toute espèce de gouvernement où la succession est assurée par l'hérédité:

> El que Tito lo hubiera conseguido
> de muy dañoso ejemplo hubiera sido:
> tal premio por herencia se daría,
> y pronto un hijo indigno se creería
> seguro sin haberlo merecido.
> El último Tarquino prueba ha sido:

27. Comparez à: N'alléguez point ces nœuds que le crime a rompus,
Ces dieux qu'il outragea, ces droits qu'il a perdus.
Nous avons fait, Arons, en lui rendant hommage,
Serment d'obéissance et non point d'esclavage.
[...]
Et, dès qu'aux lois de Rome il ose être infidèle,
Rome n'est plus sujette, et lui seul est rebelle. [*Brutus*, I, 2]

sí, la experiencia a no dudar nos mueve:
rara vez nace Rey quien reinar debe.[28]

L'intentionnalité politique de la traduction du comte du Montijo est bien définie; le sujet de la tragédie comporte déjà cette intention, qui se voit nettement confirmée par la dédicace du traducteur aux lecteurs.

Charlot, ou la Comtesse de Guivry

Cette pièce, une des moins connues de Voltaire, est placée à l'époque de Henri IV et retrace un petit drame de famille, avec un meurtre involontaire et une reconnaissance surprenante, le tout agrémenté de la présence du roi.

Une traduction anonyme et rédigée vers la fin du dix-huitième siècle se conserve sous forme de manuscrit à la Biblioteca nacional; elle s'intitule 'Carlos, o la condesa de Guiri'. Dans son catalogue (no.502), A. Paz ne l'attribue pas à Voltaire. Le manuscrit, en très mauvais état, se lit difficilement. La pièce conserve les trois actes de l'original, mais le vers a été remplacé par la prose. Quant aux personnages, leurs noms ont été adaptés à l'espagnol, et celui de Charlot perd son hypocoristique pour devenir simplement Carlos.

Le Dépositaire

C'est une comédie qui offre l'intérêt de la présence de Ninon de Lenclos dans le rôle inattendu de tutrice de deux jeunes gens: elle déjoue les artifices d'un vieux bigot qui essaie de s'approprier de leur fortune.

La seule traduction de cette comédie se trouve manuscrite à la Biblioteca nacional: 'El depositario'. Le texte n'est pas daté mais la pièce a comme page de titre une feuille de papier timbré avec la date de 1821. Le texte est sans intérêt. D'auteur inconnu, la traduction est en prose (la comédie de Voltaire avait emprunté le vers), les personnages sont les mêmes et elle suit de très près l'original, mais dans un style peu soigné et plein de gallicismes.

L'Ecossaise

C'est une comédie en prose, au cadre anglais, qui doit surtout son succès en France à la satire que Voltaire y fait de son grand adversaire Elie Fréron.

---

28. Comparez à: Croyez-moi, le succès de son ambition
                    Serait le premier pas vers la corruption.
                    Le prix de la vertu serait héréditaire;
                    Bientôt l'indigne fils du plus vertueux père
                    Trop assuré d'un rang d'autant moins mérité,
                    L'attendrait dans le luxe et dans l'oisiveté.
                    Le dernier des Tarquins en est la preuve indigne.
                    Qui naquit dans la pourpre en est rarement digne. [*Brutus*, II, 4]

4. Traductions et adaptations

Cette pièce au sujet assez banal, mais très bien faite, a attiré l'attention de deux grands dramaturges espagnols du dix-huitième siècle: Tomás de Iriarte et Ramón de la Cruz. Le poète et auteur dramatique Iriarte a publié en 1769 une traduction de cette comédie, mais sans faire mention ni de son nom ni de celui de Voltaire. Elle était destinée, à ce qu'il paraît, à la représentation sur la scène royale du Teatro de los Reales Sitios.[29] Malgré l'anonymat, la paternité de cette traduction n'était pas inconnue dans les milieux littéraires de l'époque. Ainsi, Juan Pablo Forner, ennemi d'Iriarte, dans sa satire *Los gramáticos: historia chinesca* fait référence à *La escocesa*, 'comedia del piadoso e inocente Voltaire trasladada al castellano por yo no sé quién'.[30] La traduction est en prose, comme l'original, dans un style soutenu digne de la catégorie littéraire du traducteur. La disposition des actes et des scènes respecte celle de Voltaire et les personnages sont les mêmes, à l'exception des noms, qui ont été adaptés à l'espagnol.

La seconde traduction a paru aussi doublement anonyme, mais elle est de Ramón de la Cruz. Elle a été jouée pour la première fois le 21 juin 1771 sur le théâtre du Príncipe à Madrid.[31] On possède deux éditions différentes, faites à Barcelone, non datées et avec la mention qu'il s'agit d'une seconde édition. La première édition reste inconnue et probablement elle n'a jamais existé. La comédie est publiée comme traduite de l'anglais, peut-être parce que Ramón de la Cruz a été la dupe de Voltaire, qui avait affirmé avoir pris son texte de l'anglais. La traduction est en vers octosyllabes, lorsque la pièce de Voltaire est en prose: c'est un procédé assez courant dans le théâtre espagnol du dix-huitième siècle, qui préfère, et de beaucoup, le vers à la prose. Quoiqu'il existe une *Ecossaise* en vers, œuvre de Nicolas Lagrange (1761), la comédie de Cruz n'a aucun rapport avec elle. Dans la traduction l'on a respecté les cinq actes de l'original, mais sans la division en scènes (inusuelle, d'ailleurs, dans le théâtre traditionnel espagnol). Les personnages sont les mêmes, avec leurs noms adaptés, et le texte, à quelques exceptions près, répond à celui de Voltaire.

La comédie a été jouée pour la première fois à Madrid en 1771; elle a été reprise sans doute en 1775, d'après les copies avec la distribution pour cette année, conservées à la Biblioteca municipal de Madrid. Une *Escocesa* – assurément dans la version de Ramón de la Cruz – a été jouée sur le théâtre de Barcelone une dizaine de fois entre 1774 et 1792.[32] La version de Cruz a été

---

29. Cotarelo, *Iriarte y su época* (Madrid 1897), p.69-70.
30. Forner, *Los gramáticos* (éd. Polt), p.131.
31. Cotarelo, *Don Ramón de la Cruz y sus obras: ensayo biográfico y bibliográfico* (Madrid 1899), p.107.
32. Par ('Representaciones teatrales en Barcelona durante el siglo XVIII', *Boletín de la Real Academia española* 16 (1929), *passim*) signale les dates suivantes: 1774, 1775, 1777, 1778, 1779 (toutes sans précision du jour); 23 mai 1783, 20 octobre 1786, 6 mai 1789, 8 juin 1791, 27 janvier 1792.

donnée aussi, à plusieurs reprises, à Séville: sept fois du mois d'avril 1774 au mois de février 1775.[33] Au début du dix-neuvième siècle la comédie a été reprise à Madrid: le 31 août 1801 au théâtre de la Cruz; le 1er, 2, 8 et 17 octobre et le 1er décembre 1803 sur celui des Caños del Peral; et le 18 et 19 décembre 1814 sur celui du Príncipe.[34]

L'Indiscret

C'est une petite comédie à sujet amoureux, dans le style de Marivaux.

La seule traduction de cette pièce, sous le titre 'Don Amador', est l'œuvre de Cándido María Trigueros. Elle n'a pas été publiée, mais son existence n'était pas inconnue à l'époque.[35] Il en existe deux manuscrits: un, autographe, à la Biblioteca nacional et l'autre à la Biblioteca colombina de Séville. La source n'en est pas signalée dans le catalogue de Paz ni dans la liste des ouvrages de Trigueros établie par Aguilar Piñal.[36] La comédie était déjà traduite le 22 mai 1768, date de la préface dans le manuscrit de Séville.[37] Trigueros y a introduit une modification importante en transformant l'acte unique de l'original – très long, avec vingt-et-un scènes – en trois actes de dix, onze et huit scènes, ce qui a obligé le traducteur à ajouter plusieurs situations et à compliquer un peu plus l'argument, mais sans trop s'éloigner du texte de Voltaire. Cette traduction est en vers octosyllabes à rime alterne assonante. Les principaux personnages ont eu les noms modifiés pour leur donner un air espagnol: Damis est devenu Don Amador; sa mère Euphémie, Doña María; et sa fiancée Hortense, Doña Rosa.

La préface qui se trouve en tête du manuscrit de Séville reprend la forme d'une lettre dirigée 'a mi S.D.G.O.', initiales qu'Aguilar Piñal identifie à celles de Gracia, ou Engracia, Olavide. Sœur du célèbre Pablo, assistant de Séville, elle était le centre du salon que celui-ci tenait chez lui.[38] La lettre-préface contient des idées très intéressantes du traducteur à l'égard de la comédie, à laquelle il accorde un effet moral, d'école des vertus:

La Comedia tiene por objeto principal reprehender, retratar y hacer ridícula aquella clase de vicios que sólo pueden arrancarse de en medio de la sociedad haciendo con sus

---

33. Le 29 et 30 avril, le 1er, 2 et 20 mai et le 29 décembre 1774, ainsi que le 4 février 1775: voir Aguilar, *Sevilla y el teatro en el siglo XVIII* (Oviedo 1974), p.285.

34. Cotarelo, *Máiquez*, p.630, 647-48, 769.

35. Sempere (*Ensayo de una biblioteca española de los mejores escritores del reinado de Carlos III*, Madrid 1785-1789; réimpression, Madrid 1969, vi.104, s.v. 'Trigueros') signale parmi ses ouvrages un '*D. Amador*, comedia imitada de la francesa *L'Indiscret*'.

36. Paz, *Catálogo*, no.3764; Aguilar, 'La obra "ilustrada" de don Cándido María Trigueros', *Revista de literatura* 34 (1968), p.33.

37. Voir le texte de la préface dans notre appendice L.

38. Aguilar, 'La obra ilustrada', p.33; Defourneaux, *Olavide*, p.290-91.

pinturas y sátiras, que mueven la risa, que los que tienen aquel defecto sean mofados y escarnecidos por el resto de los hombres.

Comme il considère que l'indiscrétion est un des grands vices des Espagnols, il s'en est proposé la peinture, en insistant sur ce que le caractère de son personnage est très réel. Mais il n'a pas la prétention de s'en attribuer la paternité et il déclare ouvertement:

No puedo dejar de advertir que el autor de *Zaida* y de *Alcira* me dio la primera idea de esta comedia. La suya l'*Indiscret* y mi *D. Amador* son una misma. Como este célebre escritor es uno de los más libres de preocupaciones nacionales, y de quien más propiamente se puede decir que escribe para el género humano, tuve poquísimo que hacer para españolizar este drama.

Il va sans dire que dans le cercle d'Olavide la figure de Voltaire était trop connue pour qu'il fût nécessaire de le nommer.

Le Fanatisme, ou Mahomet le prophète

Disposée sur l'épisode de la prise de la Mecque par Mahomet, cette tragédie est une diatribe contre le fanatisme religieux, à l'occasion musulman mais parfaitement transférable dans le monde chrétien.

Il existe dans la Biblioteca nacional un fragment manuscrit d'une traduction, œuvre de Tomás de Iriarte. Ce ne sont que les quinze premiers vers de la pièce (acte I, scène première). La traduction est faite en hendécasyllabes blancs et suit de très près l'original. Le traducteur n'a pas terminé son travail, à ce qu'il paraît, car il n'y a aucune référence de cette version dans les ouvrages de l'époque. Il l'a commencée probablement au temps où il menait à bien des traductions pour le répertoire du Teatro de los Reales Sitios, c'est-à-dire, vers 1770. Le fragment a été publié par E. Cotarelo dans son étude sur Iriarte.[39]

Francisco Rodríguez de Ledesma est l'auteur de la première version publiée du *Mahomet*, parue en 1794 sous le titre *El falso profeta Mahoma*. Elle ne porte pas le nom de Voltaire, et celui du traducteur se cache sous des initiales. Moldenhauer ne signale pas cette traduction dans son étude. Une seconde édition, parue à Barcelone sans date, mais du début du dix-neuvième siècle, est sans doute antérieure à la prohibition inquisitoriale de 1806.

La disposition des actes et des scènes est identique à celle de l'original; les personnages sont les mêmes, avec leurs noms espagnolisés. La traduction est en hendécasyllabes blancs. Dans des notes au bas de la page le traducteur signale les attitudes à emprunter par les acteurs dans la représentation, qui ne se trouvent pas dans l'original: 'sorprendido y enojado', 'tímido y consternado',

39. Cotarelo, *Iriarte*, p.515-16.

'con majestad y cierto aire misterioso', 'reconociendo su maldad y atormentado de remordimientos', etc. En tête de la pièce – seulement dans l'édition de 1794 – se trouve une lettre dédicatoire du traducteur à Juan de Morales, *corregidor* (magistrat suprême) de Madrid et juge protecteur des théâtres, où il met en relief les difficultés que comporte la traduction de tout texte poétique et il exprime son désir que sa traduction contribue à la réforme du théâtre. Il espère que sa traduction n'aura pas perdu 'los rasgos de hermosura y grandeza que ponen al original en el distinguido número de las obras maestras de esta clase'. La traduction suit de très près l'original, même si l'auteur se permet ici et là de petites variations qui n'arrivent pas à modifier les pensées de la tragédie voltairienne.

La pièce a été jouée sur le théâtre de la Cruz de Madrid le 25 juin 1795:[40] une copie manuscrite avec la distribution pour cette représentation se conserve à la Biblioteca municipal de Madrid. Il faut identifier à une comédie de Francisco de Rojas, et non à la tragédie de Voltaire, *El falso Mahoma*, ou *El falso profeta Mahoma*, joué à Tolède en 1764, 1771 et 1773,[41] de même que la pièce intitulée *El fanatismo, o falso profeta Mahoma y conquista de la Meca* que les spectateurs de Barcelone ont pu voir en 1775 et 1779.[42]

On doit attribuer à Tomás Bertrán y Soler la traduction en prose de cette tragédie parue à Barcelone en 1821 sous le titre *El fanatismo*. Cela se dégage des initiales T.B. y S. de la page de titre et du fait que le même auteur a publié, l'année suivante et dans la même imprimerie, sa traduction d'*Alzire*. Cette traduction suit de très près l'original, excepté l'utilisation de la prose au lieu du vers.

La traduction de *Mahomet* par Dionisio Solís, que Menéndez Pelayo qualifie de 'nada vulgar',[43] n'a pas vu le jour et se conserve en manuscrit à la Biblioteca nacional. Quoique dans la pièce le nom de Solís n'apparaît pas, Paz la lui attribue, mais sans signaler que c'est une traduction de Voltaire.[44] La pièce a été terminée au plus tard en avril 1826, date des censures – négatives – ajoutées dans le manuscrit. Il est fort probable que la cause provienne des vers marqués d'une croix sur la marge qui font référence à l'égalité parmi les hommes et à l'attitude des gouverneurs:

> Los hombres son iguales; no es la sangre,
> la virtud es no más quien los distingue;
> y los que forma en su piedad el cielo,

40. Cotarelo, *Máiquez*, p.568.
41. Voir Montero, 'El teatro en Toledo en el siglo XVIII', *Revista de filología española* 26 (1942), p.411-68.
42. Signalée par Par, 'Representaciones', p.338, 343.
43. Menéndez Pelayo, *Heterodoxos*, v.296.
44. Paz, *Catálogo*, no.2179.

todo lo son por sí, nada por otros.

[...]

Considera quién eramos y mira,
Zobeir, lo que somos. Ciego el vulgo
y débil nace, a obedecer tan sólo,
a admirar y a creer al hombre osado
o grande, que le engaña o que le oprime.[45]

La pièce suit la disposition en actes et scènes de l'original et les personnages sont les mêmes. La traduction est en vers hendécasyllabes blancs, et elle est parfois assez libre.

Mérope

Une des grandes tragédies 'antiques' de Voltaire, sans amour et à cadre historique précis.

La traduction manuscrite intitulée 'Tragedia de la Merope', conservée à la Biblioteca municipal de Madrid, pose un problème d'attribution. L'origine de la question réside dans la confusion entre la tragédie de Voltaire et celle de Maffei du même titre. Que Pablo de Olavide soit le traducteur d'une *Mérope* est accepté par tous les critiques, mais les opinions se divisent au moment de décider quelle a été la *Mérope* qui lui a servi de modèle. Cotarelo a affirmé d'une manière tranchante qu'Olavide est traducteur de Maffei, et d'autres critiques l'ont suivi, tels Cook et Defourneaux, biographe d'Olavide.[46] Moldenhauer fait mention d'une traduction de la *Mérope* de Voltaire, mais sans en indiquer le traducteur; Qualia attribue sans réticences à Olavide la traduction de la tragédie de Voltaire.[47] Finalement, un éditeur moderne d'Olavide, après avoir signalé dans la préface que celui-ci a traduit la *Mérope* de Voltaire, donne le texte d'une tragédie intitulée *Meroe* qui n'a rien à voir ni avec Voltaire ni avec Olavide.[48]

La seule source de l'époque où il se trouve une allusion très nette à la

45. Comparez à: Les mortels sont égaux; ce n'est point la naissance,
C'est la seule vertu qui fait leur différence.
Il est de ces esprits favorisés des cieux
Qui sont tout par eux-mêmes et rien par leurs ayeux.
[...]
Vois ce que nous étions, et vois ce que nous sommes.
Le peuple, aveugle et faible, est né pour les grands hommes
Pour admirer, pour croire et pour nous obéir. [*Mahomet*, I, 4]
46. Cotarelo, *Iriarte*, p.69; Cook, *Neo-classic drama in Spain: theory and practice* (Dallas 1959), p.229; Defourneaux, *Olavide*, p.78.
47. Moldenhauer, 'Voltaire und die spanische Bühne', p.128; Qualia, 'Voltaire's tragic art', p.281, et, du même, 'The campaign', p.209.
48. Olavide, *Obras*, p.xxiv, 237-301.

traduction d'Olavide est la notice biographique d'Olavide écrite par Diderot pour la *Correspondance littéraire*, où l'on peut lire: 'Il avait traduit en vers les tragédies de Voltaire, et c'est là que tout Madrid vit, pour la première fois, représenter *Mérope* et *Zaïre* par des jeunes gens qu'il tenait à gages et qu'il avait eu la patience inconcevable de former à la bonne déclamation.'[49] A mon avis, Olavide n'a jamais traduit la *Mérope* de Maffei et cette fausse attribution, lancée par Cotarelo, relève de la confusion existant au dix-huitième siècle entre les deux tragédies et de la croyance que la pièce de Voltaire n'était qu'une traduction pure et simple de la tragédie de l'Italien, tandis que celle-ci a été une de ses sources.[50] Si l'on accepte que la traduction de *Mérope* de Voltaire qui se conserve à la Biblioteca municipal est l'œuvre d'Olavide – en fait, le catalogue la lui attribue – il faudrait la dater avant 1770, probablement en 1765-1766, puisque ses compositions littéraires sont antérieures à son entrée dans l'administration.[51]

La division en actes et scènes est identique à celle de l'original, de même que les noms des personnages. La traduction est en vers hendécasyllabes blancs et suit d'assez près l'original. Le texte présente beaucoup de corrections d'une écriture différente à celle de la pièce. D'après Cotarelo, celle-ci serait la *Merope* représentée sur le théâtre du Príncipe le 5, 6, 8 et 28 décembre 1811, avec le célèbre acteur Máiquez dans le rôle de Polifonte.[52]

Sous l'anagramme Antonio Lecorp, José Antonio Porcel a publié en 1786 sa traduction de *Mérope*; la pièce a paru certainement au début de l'année, car l'annonce apparaît dans le *Memorial literario* du mois de février (p.232). Il existe à la Biblioteca nacional une version manuscrite de cette traduction, assurément antérieure à celle publiée, avec de petites variantes. Qualia n'en fait pas mention et Paz ne signale pas que c'est une traduction de Voltaire.[53] A vrai dire, dans le manuscrit elle apparaît (et nous retrouvons ici la même question abordée ci-dessus) comme traduction de la tragédie de Maffei par l'intermédiaire du français. La disposition en actes et scènes est identique à celle de l'original de Voltaire et les personnages coïncident tous sauf Egisthe, qui a échangé son nom pour celui d'Alcestes. La traduction est en vers hendécasyllabes à rime plate, alternant avec des hendécasyllabes blancs. Porcel a rendu les idées de l'original dans une version au style solennel et emphatique: il ne faut pas oublier que Porcel était, en plus de prêcheur, poète baroque.

49. Voir Cambronero, *Catálogo*, p.408.
50. Sur Maffei et Voltaire, voir surtout Bouvy, 'La *Mérope* de Maffei en France et la *Mérope* de Voltaire en Italie', *Bulletin italien* 2 (1902); Fournier, *Essai sur la 'Mérope' du marquis Scipione Maffei et de Marie Arouet de Voltaire* (Sassari 1905); Gubler, '*Mérope*': *Maffei, Voltaire, Lessing; zu einem Literaturstreit des 18. Jahrhunderts* (Zürich 1955).
51. Cotarelo, *Iriarte*, p.69.
52. Cotarelo, *Máiquez*, p.323, 728-29.
53. Paz, *Catálogo*, no.3982.

La tragédie est précédée d'une lettre adressée à lui par un de ses amis, Vicente Hurtado de Mendoza, datée du 1er décembre 1785, où il fait une allusion voilée à Voltaire à côté de Maffei (p.3):

Amigo mío: He leído con sumo gusto la *Mérope*, cuyo argumento puso en su idioma aquel trágico francés tan conocido por su musa como por su irreligión. Ha dado Vd. a la *Mérope* una belleza y majestad que en vano se buscará en la francesa y no se echará menos la del original italiano del marqués Maffei.

Le correspondant craint que *Mérope* ne remporte que peu de succès, puisque les spectateurs sont habitués à un autre type d'ouvrage; mais, d'après lui, les vrais coupables de l'état du théâtre sont les auteurs dramatiques. D'après cette lettre se dégage que Porcel se serait caché sous l'anagramme parce qu'il considérait peu correct pour un prêtre de se consacrer au théâtre, car son correspondant lui dit (p.9-10):

Aunque Vd. me lo previene, no me parece justo suprimir su nombre, porque hay muchos verdaderamente sabios que aman las Humanidades, conocen su mérito y saben que son, como se explica Rollin, 'la flor más fina y delicada del entendimiento'; si bien que me hago cargo que es infinito el número de los necios que juzgan ser las Letras Humanas asunto de ignorantes, y las creen igualmente incompatibles con el juicio y profundidad de la Filosofía, Teología, Jurisprudencia y demás ciencias.

Une nouvelle *Mérope*, publiée en 1815 sous les initiales D. M. de B., a été traduite par Miguel de Burgos et éditée dans l'imprimerie de la famille.[54] La division en actes et scènes est identique à celle de l'original et les personnages sont les mêmes. La traduction est en vers hendécasyllabes blancs et, en général, elle suit de très près le texte de Voltaire. Cependant, on y remarque une tendance à étaler une pensée en plusieurs vers et à allonger les périodes. La tragédie est précédée d'une courte préface du traducteur, qui fait tout d'abord allusion à la prolifération des traductions du français (p.4):

Apenas habrá quien se dedique al francés que no quiera darnos un modelo de traducción. [...] Así está nuestra lengua de corrompida y degradada, y así todas nuestras cosas. Cuanto excedan los perjuicios que se nos han seguido de esta mercenaria costumbre en comparación de las ligeras ventajas que nos ha proporcionado es difícil de explicar.

La cause de s'être lui-même mis à traduire n'est d'ordre ni littéraire ni économique: c'est par 'una especie de tedio y disgusto interior' (p.4) à une époque de bouleversements politiques et sociaux. Il termine son petit discours, écrit d'ailleurs d'un ton déplaisant, en dédiant son travail au public, juge dernier des productions littéraires.

La traduction de Miguel de Burgos a paru plus tard dans une grande

---

54. Cotarelo, *Máiquez*, p.323.

collection de pièces, attribuée pourtant à Manuel Bretón de los Herreros.[55] Il existe, en fait, un problème à l'égard de la *Mérope* de Bretón. En 1835 a été publiée à Madrid une tragédie sous ce titre, en trois actes, signée par cet auteur;[56] elle reprend le sujet de Voltaire – seul point en commun, d'ailleurs – qui avait été cultivé par Maffei et Alfieri. La tragédie de Bretón a été jouée à Madrid la même année.[57] Or, dans un catalogue manuscrit daté en 1820 on attribue à Bretón une traduction de la *Mérope* de Voltaire,[58] attribution reprise par l'historien Valbuena Prat: 'La gallardía pomposa de su versión de la *Mérope* de Voltaire revela su situación intermedia entre lo clásico y los nuevos derroteros, entre la línea y el color'.[59] Peut-être Valbuena a été trompé par l'attribution erronée du *Teatro selecto*; mais il reste le témoignage de 1820, qui prouverait que Bretón a réellement traduit la pièce de Voltaire ou bien que vers 1820 toute tragédie portant le titre de *Mérope* était identifiée à celle de Voltaire.

La Mort de César

Mise en scène de l'épisode bien connu de l'histoire romaine, cette tragédie met en garde contre les dangers du pouvoir despotique et absolu, incarné par César.

La manuscrit de 'La muerte de César' conservé à la Biblioteca Menéndez Pelayo de Santander est de 1785. La traduction a été faite par le jésuite Antonio Zacagnini (Çacanini dans le manuscrit) pour être jouée sur le théâtre privé du duc d'Híjar. Moldenhauer n'en fait pas mention et Qualia la cite de seconde main.[60]

La division en actes et scènes, ainsi que les personnages, coïncide avec ceux de la pièce de Voltaire. La traduction est en vers hendécasyllabes blancs, alternant avec des vers à rime plate. On apprécie en général une certaine amplification de l'original, appuyée sur un ton emphatique et sonore. On peut citer à titre d'exemple que les quatre premiers vers de Voltaire sont rendus en seize vers dans cette traduction. Cependant, ce qu'il y a de plus remarquable est l'addition d'une scène vers la fin de la pièce. La tragédie de Voltaire s'achève par des mots où Marc Antoine incite le peuple à donner la mort aux assassins

55. Dans *Teatro selecto antiguo y moderno, nacional y extranjero* (Barcelona 1866-1868), v.647-59.

56. Moldenhauer ('Voltaire und die spanische Bühne', p.129, n.3) ne signale pas cette édition, mais une réédition de 1850.

57. Il y a eu trois représentations, le 27, 28 et 29 avril 1835: voir *Cartelera teatral madrileña: años 1830-1839* (Madrid 1961), p.39.

58. J. de Arteaga, 'Indice alfabético de comedias, tragedias y demás piezas del teatro español', B.N., ms.14.698, s.v. '*Mérope*'.

59. Valbuena Prat, *Historia del teatro español* (Barcelona 1956), p.478.

60. Qualia, 'Voltaire's tragic art', p.284, n.3; il cite J. de Entrambasaguas, 'Don Manuel Fermín de Laviano y unas composiciones suyas inéditas', *Anales de la Universidad de Madrid* 1 (1932), p.305-19.

de César et, s'adressant à Dolabella, exprime son désir de s'emparer du pouvoir. L'épisode ajouté est d'une mise en scène spectaculaire, si l'on en juge des indications de l'auteur: 'Ahora se ven pasar por el fondo los conjurados fugitivos de sus casas y siguiéndoles los contrarios. Se dejan ver algunas llamaradas de fuego que se hacen para incendiarles los palacios.' Et Marco Antonio, à la vue du spectacle, de dire (acte III, scène 8):

> Nuestros deseos veo ya cumplidos.
> Mira los conjurados perseguidos
> de la furiosa plebe,
> que como el mar airado se conmueve.
> Entre el tumulto ciego
> veo ya resolverse en humo y fuego
> de sus palacios los dorados techos.
> Ya los traidores pechos
> con la sangre vertida
> arrojan las centellas de su vida.
> Sí, Cayo César: todos tus amigos
> destruirán con horror tus enemigos,
> y el Imperio romano, que esto mira,
> será a tu funeral inmensa pira.

Mariano Luis de Urquijo a publié *La muerte de César* en 1791, sans doute au mois d'octobre, car l'annonce apparaît dans deux périodiques de ce mois.[61] La division en actes et scènes est identique à celle de l'original, de même que les personnages. La traduction est en vers hendécasyllabes blancs. La tragédie est précédée d'un avertissement où Urquijo expose ses idées sur la traduction en général et sur sa propre version. Après avoir mis en évidence, comme tant d'autres, les difficultés de la traduction de textes poétiques, il proclame sa fidélité à l'original (p.2):

He creído no deber hacer una traducción servil y material, ni tampoco demasiadamente libre, que son los dos extremos en que regularmente se incurre, y ambos difíciles de evitar; y así he puesto el esmero posible en que salga lo más acomodado que sea dable al original, y sobre todo lo más cercano a su espíritu.

Il justifie plus loin la non-utilisation de la rime parce qu'il considère que le vers blanc est plus voisin de l'expression naturelle de l'homme. Il chante aussi les louanges de la tragédie (p.7):

Tocante a las bellezas y propiedad del drama traducido, no se necesita más apología que el nombre de su autor y su lectura, y cada uno lo realzará hasta lo sumo cuando observe la filosofía, naturalidad y decoro de los personajes que le componen. Todo es en él grande, todo heroico: ¡Qué sublimidad en las ideas!, ¡qué elevación de pensamientos!,

---

61. Dans la *Gaceta de Madrid* et dans le *Diario de Madrid* du 22 octobre 1791; cité par Coe, *Catálogo*, p.160.

¡qué excelencia en las pinturas!, ¡qué profundidad de política!, ¡qué verdad!, ¡qué fuerza en los razonamientos!

Il termine son avertissement en soulignant l'intention de contribuer à la réforme des théâtres par sa traduction. Cependant, chez Urquijo les souhaits dépassaient l'inspiration poétique, et, quoique sa traduction reprenne les idées de l'original, elle est très loin par sa forme d'une pièce réussie. Ainsi l'a cru José Marchena, qui a lancé contre Urquijo une célèbre épigramme:

> Ayer en una fonda disputaban
> de la chusma que dramas escribía
> cuál entre todos el peor sería:
> unos 'Moncín', 'Comella' otros gritaban.
> 'El más malo de todos, uno dijo,
> es Voltaire traducido por Urquijo'.[62]

Entre l'avertissement et la tragédie Urquijo a inséré un 'Discurso sobre el estado actual de nuestros teatros y necesidad de su reforma' où il ébauche une histoire du théâtre espagnol et signale l'influence du théâtre sur les mœurs. Ce 'Discurso', qui contient de dures critiques contre auteurs, comédiens et entrepreneurs, a été, d'après certains indices, la cause de la condamnation de la pièce par l'Inquisition en 1796. Mais tout n'était pas critique négative: pour remédier à la situation du théâtre, Urquijo proposait la création d'un tribunal ayant trois missions: censurer les pièces pour la scène, former les comédiens dans une école dramatique, et veiller à la dignité et à la fidélité des représentations.[63]

Les allusions négatives versées par Urquijo dans son discours sur l'opéra italien ont produit l'apparition, en 1792, d'une réfutation en italien, anonyme; cet ouvrage comprend, en dehors d'une défense passionnée de la musique et du théâtre italiens, une critique acharnée de la traduction d'Urquijo.[64] L'auteur anonyme débute par un grand éloge de la tragédie de Voltaire, 'il più eroico e sublime spettacolo che mai desiderar possano gli amatori del vero tragico' (p.cxxii); par la suite, il met en évidence non seulement l'absence dans la version des innombrables beautés de l'original, mais les erreurs de la traduction, en présentant côté à côté des passages en français et en espagnol, et en adressant des insultes au traducteur.

La préface qu'Antonio Rezano Imperial a mise à sa tragédie *La desgraciada*

---

62. Marchena, *Obras literarias* (Sevilla 1892-1896), i.64; cité aussi par Menéndez Pelayo, *Estudios y discursos de crítica histórica y literaria* (Madrid 1942), iv.168-69.

63. Les directrices du plan de 1799 (présenté par Santos Díez González) sont assez voisines de celles proposées par Urquijo: voir Kany, 'Plan de reforma de los teatros de Madrid, aprobado en 1799', *Revista de la biblioteca, archivo y museo* 6 (1929).

64. *Discorso confutativo a quello del signior Mariano Luis de Urquijo sopra lo stato attuale dei teatri spagnoli e necessità di loro riforme* (Madrid 1792); la *Critica* occupe les pages cxxii à clii.

hermosura, o Doña Inés de Castro (Madrid 1792) est en rapport direct avec le 'Discurso' d'Urquijo. L'auteur y apporte une nouvelle cause de la ruine du théâtre non signalée par Urquijo: le goût et l'attitude du public.

Quant aux possibles représentations de la pièce, il faut dire tout d'abord que l'on a joué sur le théâtre madrilène des Caños del Peral, en juin 1790, une tragédie intitulée *La muerte de Julio César* et, en juin et en octobre de la même année, une autre sous le titre *El fin de Julio César*, qui n'en font qu'une.[65] Mais il ne s'agit pas de la traduction d'Urquijo, qui est quelque peu postérieure; en outre, le traducteur, dans l'avertissement, s'étonne de ce que la tragédie de Voltaire n'ait jamais été traduite, surtout 'cuando se ha visto tan maltratado este asunto en nuestros teatros nacionales' (p.7-8).

La plus tardive des traductions, publiée en 1823 à Barcelone, est celle de Francisco Altés (*La muerte de César*). Les actes et les scènes coïncident avec ceux de l'original, ainsi que les personnages. La versification est en hendécasyllabes à rime assonante alterne. La tragédie a été représentée pour la première fois sur le théâtre de Barcelone le 30 mai 1823, à l'occasion de la fête du roi Ferdinand VII, d'après le souhait du traducteur.[66] Elle a été jouée trois jours de suite et a obtenu des recettes très élevées: 3500 et 2100 réaux en deux représentations, lorsque la moyenne était de mille réaux.[67]

La pièce avait été imprimée avant la représentation, car l'annonce du *Diario de Barcelona* prévient le public sur la variation introduite dans le dénouement. Cette modification est l'aspect le plus significatif de la traduction d'Altés. Dans la tragédie de Voltaire le peuple, encouragé par Marc Antoine, s'indigne de la mort de César et poursuit les conjurés. Altés a modifié de telle sorte la fin que le peuple, au lieu de poursuivre les assassins de César, se met de leur côté et s'affirme dans son désir de vivre en liberté et sans despotes. Dans un manuscrit de cette traduction, conservé à la Biblioteca de Catalunya, à Barcelone, une note insiste sur le peu d'importance de ce changement. Pourtant, il est bien significatif – déformation du dénouement à part – eu égard à l'orientation politique du libéral Altés et au moment où l'on a joué la tragédie. Une conscience libérale n'aurait jamais pu concevoir que le dénouement d'une pièce où l'on combattait la tyrannie et le despotisme se ferait en frappant de mort les défenseurs de la démocratie et de la liberté.

---

65. *La muerte de Julio César* a été représentée le 12 et 13 juin 1790 et *El fin de Julio César* le 15, 17, 19 et 20 juin et le 5 et 15 octobre de la même année: voir Coe, *Catálogo*, p.160.

66. 'Teatro, La tragedia en tres actos titulada *La muerte de César*. Seguirá el baile de la sinfonía oriental y se dará fin con el sainete titulado *El ardid contra la fuerza*. A las siete y media, con motivo de ser los días de nuestro Rey constitucional, el teatro estará iluminado y la entrada a tres reales': c'est l'annonce insérée dans le *Diario de Barcelona* du 30 mai 1823 (p.1344).

67. D'après les quantités annoncées dans le *Diario de Barcelona* du 31 mai et du 1er et 3 juin 1823.

La tragédie d'Altés, sans la variante finale, a été réimprimée plus tard dans une grande collection d'ouvrages dramatiques.[68]

On ignore quelle était la *Muerte de César* que l'on avait le projet de jouer chez le comte d'Aranda et à laquelle devait prendre part le jeune Cadalso. On peut lire dans ses notes manuscrites:

Antojándosele declamar una tragedia a influjo y adulación de Mr Reinaud, me enganchó a que hiciese un papel en ella, insinuándomelo el mismo conde. Acepté, creyendo que la cosa no se formalizaría, y mucho menos que se tratase de representar la de la *Muerte de César* por Voltaire, pues ésta no es más que un puro sistema de regicidio, y parecía imposible que se viese en casa de un presidente de Castilla, promovido a aquella dignidad de resulta de un motín. Por las consecuencias que esto podría tener [...] resolví dejarlo todo.[69]

Il se peut très bien que la pièce fût en français, comme il arrivait parfois dans des représentations privées à l'époque.

Olympie

Tragédie d'amour et de mort, cette pièce a connu une version en espagnol, attribuée à Pablo de Olavide,[70] dont on possède deux manuscrits. Celui de la Biblioteca municipal de Madrid est intitulé 'Casandro y Olimpia'; les censures favorables sont datées d'août 1781, mais la pièce n'a pas été jouée à Madrid, même si quelques années plus tôt elle avait été représentée à Séville.[71] La seconde copie manuscrite, identique à la précédente, se conserve à la Biblioteca nacional sous le titre 'Tragedia de la Olimpia'. Elle est de 1782 et a été copiée par un certain Juan de Hita. Le manuscrit contient de nombreuses erreurs du copiste, ainsi que plusieurs indications d'une écriture différente. Il a été publié récemment par E. Núñez parmi les *Obras dramáticas desconocidas* d'Olavide (p.302-69). Moldenhauer fait mention de deux manuscrits, mais il paraît ignorer qu'ils sont identiques; Qualia n'en parle pas et Paz ne signale pas qu'il s'agit d'une traduction de la pièce de Voltaire.[72]

Cette traduction ne présente pas de différences avec l'original quant à la division en actes et scènes et quant aux personnages. On a même traduit les indications pour la mise en scène. Le texte, en vers hendécasyllabes à rime alterne, suit l'original, en développant parfois les idées.

68. *Teatro selecto*, v.619-35.
69. Cité par Ferrari, 'Las apuntaciones autobiográficas de José de Cadalso en un manuscrito de Varios', *Boletín de la Real Academia de la historia* 161 (1967), p.132.
70. Cotarelo, *Iriarte*, p.69.
71. Le 17 juillet 1777, d'après Aguilar Piñal, *Sevilla*, p.272.
72. Moldenhauer, 'Voltaire und die spanische Bühne', p.127; Paz, *Catálogo*, no.2445.

4. Traductions et adaptations

L'Orphelin de la Chine

Tragédie dans le goût de la chinoiserie, cette pièce a eu en Tomás de Iriarte un traducteur de prestige de la seule version connue. Iriarte a inséré cette traduction, contrairement à d'autres dont il est l'auteur, dans les éditions de ses ouvrages de 1787 et 1805, du fait qu'elle était en vers. *El huérfano de la China* a été composé, cependant, quelques années auparavant, en 1768-1770, et jouée sur le Teatro de los Reales Sitios.[73] La tragédie qu'ont pu voir les spectateurs de Séville en 1778 est sans doute la version d'Iriarte.[74] Peut-être le manuscrit de la tragédie conservé à la Biblioteca nacional correspond-il à cette première rédaction de la pièce.[75] Le manuscrit est autographe (il porte la mention: 'Copia original en limpio de la mano del traductor Don T. I.') et il est adressé à Bernardo de Iriarte, frère de Tomás, à qui l'on doit sans doute les corrections, reprises au moment d'imprimer la pièce.

Dans la traduction la distribution des actes et des scènes, ainsi que le traitement des personnages, est conforme à l'original. Elle est en vers hendéca-syllabes blancs, très correcte quant au style et 'con pureza de lenguaje pero sin nervio', d'après Menéndez Pelayo.[76] On peut trouver un commentaire pareil dans la satire de Forner contre Iriarte *Los gramáticos*, dont le cadre chinois serait en partie inspiré du sujet de la tragédie de son ennemi et même des éloges de Voltaire aux Chinois.[77] Forner, dans l'énumération des ouvrages d'Iriarte, fait mention du *Huérfano de la China*, 'tragedia traducida de Voltaire con toda la languidez y corrección necesarias para que nadie se entristeciese en su representación'.[78]

Un *Huérfano de la China*, peut-être dans la traduction d'Iriarte, a été joué en 1800 sur le théâtre privé du baron de Rocafort à Barcelone. De la représentation, reprise plusieurs jours et très applaudie, est restée la notice qu'en donne le baron de Maldà, chroniqueur de la vie de société de l'époque:

26 abril 1800. Esta nit ha estat la primera de la representació de la tragèdia o tragicomèdia del *Huérfano de la China*. [...] La tal tragicomèdia està dividida en cinc actes o escenas, que vegí en dita nit. Los actors i actores, molt ben vestits al us de la China, y lo baró de Rocafort, amb bona panxeta [...] representava molt bé lo paper de Turc.[79]

73. Cotarelo, *Iriarte*, p.70.
74. Le 25 février, exactement, d'après Aguilar, *Sevilla*, p.278.
75. Paz (*Catálogo*, no.1554) ne signale pas que c'est une traduction de Voltaire.
76. Menéndez Pelayo, *Heterodoxos*, v.295.
77. Forner, *Los gramáticos* (éd. Polt), p.19, préface de l'éditeur.
78. Forner, *Los gramáticos* (éd. Polt), p.152.
79. Cité par Curet, *Teatres particulars a Barcelona en el segle XVIII* (Barcelona 1935), p.68.

La Prude, ou la gardeuse de cassette

C'est une petite comédie de déguisements, équivoques et persécutions, avec une jeune fille habillée en Turc, une fausse prude et un ensemble de personnages très dix-huitième siècle.

Dionisio Solís a fait en 1816 une traduction de cette comédie de Voltaire sous le titre 'La sevillana', conservée autographe à la Biblioteca nacional, mais sans mention de l'auteur principal.[80] On accorderait volontiers à cette traduction l'appelatif de 'libre', puisqu'elle ne coïncide pas toujours avec le texte de Voltaire. Tout en conservant les cinq actes, le nombre des scènes a été légèrement modifié comme résultat de l'introduction ou la suppression de plusieurs passages. Aucun personnage ne garde plus son nom: Dorfise, la prude, devient Mónica; son amie Mme Burlet est Julie; Adine, la jeune fille habillée en Turc, s'appelle maintenant Inés et elle est déguisée en Irlandais; le capitaine Blanford se nomme Félix. D'ailleurs, le lieu de la scène a été transféré de Marseille à Séville, ce qui fait que le titre même de la pièce ait été modifié. La versification a été changée, elle aussi, du fait qu'on a passé du mètre long (alexandrins) au mètre court (octosyllabes).

Si tout cela ne suffisait pas à voiler l'origine de la comédie, la confusion devient encore plus grande après la lecture de la note mise par Solís en tête du manuscrit:

El doctor Remón, poeta valenciano, que florecía a fines del siglo 16°, coetáneo a Don Guillén de Castro y a Ricardo de Turia, es el autor de esta comedia. La bondad de su argumento, sus caracteres cómicos y la abundancia y naturalidad de sus chistes han dado causa a que los poetas ingleses y franceses la trasladen con más o menos felicidad a sus respectivos teatros, los primeros con el título del *Plain Dealer*, los segundos con el de *La gardeuse de cassette*. Los unos y los otros me han servido de guía en la reforma que he procurado hacer en el original del doctor; aunque quizá con poco acierto. De cualquier manera que ello sea, la intención con que la he emprendido me disculpa, que en realidad no ha sido otra que la de restituir al teatro español esta comedia que, a mi entender, puede reputarse por uno de los escondidos tesoros de nuestra poesía dramática. Madrid, 15 de julio de 1816.

Etant donné que plusieurs comédies de frère Alonso Remón, ou Ramón, ont été perdues, il est difficile de préciser celle dont parle Solís. De la Barrera ne fait pas mention dans son *Catálogo* d'une comédie de Remón de ce titre. Mais comment peut-on mettre en cause la véracité de Solís? D'autant plus que Voltaire lui-même affirme s'être inspiré, pour écrire sa pièce, dans la comédie anglaise *The Plain dealer*. Cette pièce, dont l'auteur est William Wycherley (1640-1716), est envisagée par beaucoup de critiques comme une imitation du

---

80. Paz, *Catálogo*, no.3101.

Tartuffe. La fausse pruderie, caractéristique essentielle du personnage central, est le seul trait commun à toutes ces comédies. Il faudrait connaître, pour compléter le cycle, le contenu de la pièce de Remón qui en serait la source. On peut ajouter que Stoudemire ne fait pas mention de 'La sevillana' parmi les refontes faites par Solís d'anciennes comédies espagnoles.[81]

Quoi qu'il en soit, il est évident que Solís connaissait la comédie de Voltaire, car il le manifeste lui-même dans la note et il en est le principal débiteur. En tout cas, l'auteur a donné un vernis espagnol à la pièce, en la situant à Séville, en espagnolisant les noms des personnages, et en utilisant l'octosyllabe, vers typique de la comédie ancienne. On ne doit pas oublier que Solís a refondu plusieurs comédies du siècle d'Or. Il en a d'ailleurs emprunté le langage et le style dans cette comédie: exemple, cette tirade de Mónica, la prude, qui ne se trouve pas dans le texte de Voltaire (acte II, scène première):

> Porque, ¿quién podrá sufrir
> la multitud licenciosa
> que para el deleite ociosa
> no piensa que ha de morir,
> y sentada en lenta mesa,
> con los brindis y el placer
> hace alarde de correr
> al infierno a toda priesa?
> Un anciano capitán,
> que perlático enamora
> y como los niños llora
> por lo que nunca le dan.
> Una cincuentona vana
> que por ocultar que es fea
> entre cien botes emplea
> las horas de la mañana;
> y en la alameda blasona
> de su hermosura comprada
> como si mona aliñada
> no fuera por eso mona.

Sémiramis

L'histoire de Sémiramis, reine de Babylone, est un sujet à grande fortune dans l'histoire de la littérature dramatique. Il était d'ailleurs bien connu des spectateurs espagnols du dix-huitième siècle, qui ont applaudi une comédie de Calderón souvent représentée sur le même sujet: *La hija del aire*.

La Biblioteca nacional conserve une traduction manuscrite intitulée 'La

---

81. Voir Stoudemire, 'Dionisio Solís's *refundiciones* of plays (1800-1834)', *Hispanic review* 8 (1940).

Semíramis', avec les censures et les approbations pour la représentation datées de juin 1783. Moldenhauer ne cite pas cette traduction, bien que dans une note il signale l'existence d'une *Semíramis* de José Clavijo y Fajardo; Qualia pense qu'il s'agit peut-être de la traduction attribuée à Clavijo.[82] Cet intéressant personnage, connu dans la France du temps par ses démêlés avec Beaumarchais, a été directeur du Teatro de los Reales Sitios, pour lequel il a traduit plusieurs pièces françaises, parmi lesquelles Cotarelo ne mentionne pas *Semíramis*;[83] Millares Carlo ne l'insère pas non plus dans sa bibliographie de Clavijo.[84] Un autre manuscrit de la traduction, identique au précédent, se trouve à la Biblioteca del Instituto del teatro (Barcelone). La traduction, en vers hendécasyllabes à rime assonante alterne, suit la disposition de l'original. Les personnages sont aussi les mêmes. On ne possède pas de références d'aucune représentation, malgré la distribution des rôles qui figure dans le premier des manuscrits cités.

Lorenzo María de Villarroel, marquis de Palacios, aurait publié, d'après Moratín, une *Semíramis*.[85] Cependant, je n'ai pu localiser cette édition, que ni Moldenhauer ni Qualia ne mentionnent nettement. Le premier prend à tort les mots de Menéndez Pelayo qui se rapportent à la traduction: 'El marqués de Palacios, D. Lorenzo de Villavel [*sic*], pésimo dramaturgo, dio a las tablas la *Semíramis*, llegando a hacer proverbial la *sombra de Nino*, que se tuvo en Francia y España por grande atrevimiento dramático',[86] et donne à cette traduction le titre *La sombra de Nino*, sans signaler ni date ni lieu d'édition. Qualia en parle dans une note et dit qu'on en ignore la date d'impression.[87] Quoique je n'aie pu trouver aucun exemplaire de cette mystérieuse édition – si jamais elle a existé – j'ai consulté un manuscrit conservé à la Biblioteca Menéndez Pelayo et que Moldenhauer et Qualia ne citent pas. Les personnages et la disposition en actes et scènes sont identiques à ceux de l'original. La traduction est en vers hendécasyllabes à rime assonante alterne et peut être qualifiée de libre, puisqu'elle rend les idées de l'original sans trop s'assujettir au texte. Elle présente, cependant, une modification dans le dénouement. Ici Ninias (c'est-à-dire, Arzace), après avoir tué par erreur sa mère Sémiramis, se dirige à Assur et lui donne la mort. La tragédie se termine par ces mots de Ninias, à manière

82. Moldenhauer, 'Voltaire und die spanische Bühne', p.139, n.6; Qualia, 'Voltaire's tragic art', p.280, n.23.
83. Cotarelo (*Iriarte*, p.69) ne signale que l'*Andromaque* de Racine, le *Légataire universel* de Regnard et le *Glorieux* de Destouches.
84. Voir Millares, *Ensayo de una bio-bibliografía de escritores naturales de la islas Canarias* (Madrid 1932), p.176-86.
85. Fernández de Moratín, 'Catálogo', p.131.
86. Menéndez Pelayo, *Heterodoxos*, v.296.
87. Moldenhauer, 'Voltaire und die spanische Bühne', p.129; Qualia, 'Voltaire's tragic art', p.280, n.23.

de moralité, qui ne se trouvent pas chez Voltaire (acte v, scène 8):

> Ya los dioses están obedecidos,
> para que sepan todos los malvados
> que si son tan enormes los delitos,
> por más que la piedad pida el indulto
> el Cielo no lo deja sin castigo.

Gaspar Zavala y Zamora est l'auteur d'une *Semíramis* en un acte qui procède, elle aussi, de la tragédie de Voltaire. Elle a été imprimée sans date, mais des censures et des représentations de 1793 feraient supposer qu'elle a paru vers la fin de cette année. Moldenhauer n'en fait pas mention et Qualia signale uniquement que Zavala l'a écrite en 1793.[88]

Du fait de n'avoir qu'un acte, la pièce a souffert, par rapport à celle de Voltaire, une condensation notable d'éléments et de situations. Zavala a supprimé un personnage, le prince Assur, meurtrier de Ninus, ce qui produit une certaine invraisemblance, car Ninias entre dans le mausolée sans que personne l'ait averti de la présence de l'assassin de son père dans ce lieu et sans même connaître l'identité du meurtrier. Cependant, ce n'est pas la seule invraisemblance de la tragédie: les moments culminants n'ont pas de rapports entre eux et beaucoup de mots et de gestes n'ont pas de justification. On dirait plutôt un ensemble de tableaux.

Pour faire penchant à ces défauts, résultat de la condensation de situations, la tragédie présente une surprenante grandiosité et la mise en scène dépasse largement celle de Voltaire, conçue elle aussi comme une tragédie à spectacle. Dans la pièce de Zavala l'arrivée du vainqueur Arsace devant Semíramis devait être ainsi présentée (scène 3):

Otán pone a Semíramis la corona y manto; Oroes le da la mano para subir al trono, quedando de pie en la segunda grada de él y Otán en la primera. Los sátrapas a un lado y los magos a otro. Al son de una agradable marcha instrumental salen por la derecha algunos soldados persas y escitas con cadenas y desarmados, seguidos de los soldados asirios, que se presentan cargados de diferentes despojos; y el último Arsace en carro triunfal conducido por algunos reyes de los dominios del oriente, que se distinguirán en la variedad de sus trajes. Al compás de la marcha dan una vuelta entera al teatro hasta que, formando los asirios un semicírculo, quedan ocupando la escena con los prisioneros en el centro: el carro llega otra vez a la derecha y luego que desciende de él Arsace podrán retirarle algunos de los soldados.

Zavala – et en cela il coïncidait avec une grande partie du public – avait le goût du spectacle, même s'il allait au détriment du texte dramatique. Plus tard il a

---

88. Qualia, 'Voltaire's tragic art', p.280, n.23.

publié une traduction de *Rhadamiste et Zénobie* de Crébillon avec de notables modifications.[89]

La versification est en hendécasyllabes à rime assonante alterne. Le style, conformément à la mise en scène, est emphatique et grandiloquent. Dans un manuscrit de la pièce, de la Biblioteca municipal de Madrid, apparaissent des censures datées du 20 et 22 septembre 1793, ainsi que la licence pour la représentation, qui a eu lieu le 23 septembre sur le théâtre de la Cruz par la troupe d'Eusebio Ribera, avec la célèbre comédienne Rita Luna dans le rôle de Sémiramis.[90] Malgré ses défauts, la pièce a été accueillie favorablement par la critique. On peut lire dans le *Memorial literario* de décembre 1793: 'Están bien sostenidos los caracteres, la locución es noble y grave, cual conviene a personas trágicas; la mutación de fortuna y el reconocimiento de Ninias bien manejados y el terror y la compasión bien deducidos de las situaciones.'[91] La pièce a été jouée plus tard, le 10 juillet 1797, sur le théâtre du Príncipe. Cette fois-ci la critique a été un peu plus dure, notamment au sujet de la construction de la tragédie et du style:

Este más bien puede llamarse acto o fin trágico que tragedia, porque las tragedias en un acto no tienen suficiente magnitud para llamarse tales. [...] Tampoco hay lugar para los grandes efectos de terror y compasión que debe mover la tragedia. [...] El estilo por la mayor parte es hinchado y obscuro, a lo cual se agregan algunos defectos de expresión y de lenguaje.[92]

La *Semíramis* que l'on a représentée sur le théâtre des Caños del Peral le 5 et le 22 janvier 1799[93] est sans aucun doute la tragédie de Zavala.

Sophonisbe

La tragédie manuscrite intitulée 'Sofonisba', conservée à la Biblioteca nacional, porte les initiales D. A. D. S. Cette traduction n'est pas mentionné par Moldenhauer ni Qualia, et Paz ne signale pas que l'auteur en est Voltaire et ne donne aucune piste sur l'identité du traducteur.[94] McClelland croit que les initiales pourraient appartenir a Dionisio Solís.[95] Je hasarderais une attribution à Antonio de Sabiñón – par la coïncidence des initiales – mais ni les bibliographies ni les histoires littéraires n'attribuent aucune pièce de Voltaire à cet auteur, traducteur d'ailleurs de Legouvé et Alfieri.

89. Qualia, 'The vogue of decadent French tragedies in Spain, 1762-1800', *Publications of the Modern Language Association of America* 58 (1943), p.156-57.
90. Cotarelo, *Máiquez*, p.579.
91. Cité par Coe, *Catálogo*, p.202.
92. *Memorial literario* (août 1797), p.204.
93. Cotarelo, *Máiquez*, p.609.
94. Paz, *Catálogo*, no.3143.
95. McClelland, *Spanish drama of pathos, 1750-1808* (Liverpool 1970), i.235.

La division en actes et scènes correspond à celle de l'original, de même que les personnages. La traduction, en vers hendécasyllabes à rime assonante alterne, se conforme au texte de Voltaire, même si parfois le traducteur s'est permis une grande liberté, avec des amplifications surprenantes. On peut, par exemple, comparer les derniers vers de la pièce, où Scipion rappelle le courage dont ont fait preuve Sophonisbe et Massinisse (acte v, scène 3):

> [...] Ils sont morts en Romains.
> Grands dieux! Puissé-je un jour, ayant dompté Carthage,
> quitter Rome et la vie avec même courage!

mots qui deviennent dans la traduction un parlement long et sonore:

> [...] ¡Atroz desgracia!
> Pero por fin han muerto cual romanos.
> Con gran magnificencia se les haga
> un mausoleo, que honre su memoria
> a la posteridad más dilatada
> y su amor y sus nombres eternice.
> Nosotros, deplorando tan infausta
> suerte, a cumplir la nuestra vamos
> al punto, hacia donde Aníbal se halla.
> Que aunque ingrata sea Roma y a mis hechos
> con injusticia el premio satisfaga,
> triunfaremos de Cartago, aunque no puedan
> triunfar de Masinisa nuestras armas.

Ce n'est pas une traduction ou une adaptation de la pièce de Voltaire une *Sofonisba* publiée en 1784 par José Joaquín Mazuelo. Menéndez Pelayo la donne comme un arrangement de la tragédie de Voltaire, et Moldenhauer la signale carrément comme une traduction, sans doute sans avoir lu la pièce, bien différente de celle de Voltaire; elle n'a pas été vue non plus par McClelland, qui la suppose l'impression de la 'Sofonisba' manuscrite.[96] Bien que les personnages principaux – Sophonisbe, Massinisse, Scipion – soient les mêmes, Mazuelo a introduit la figure de Caton, absente de la tragédie de Voltaire; d'autre part, l'action se déroule dans le camp romain au lieu de la ville de Carthage et Massinisse ne se suicide pas après la mort de Sophonisbe. Le seul rapport entre la tragédie de Voltaire et celle de Mazuelo est leur source commune dans la tradition et l'histoire romaine.

Tancrède

Comme *Zaïre*, tragédie d'amour et de mort dans un cadre médiéval, *Tancrède* a connu deux traductions en Espagne. La plus ancienne, *El Tancredo*, est l'œuvre

96. Menéndez Pelayo, *Heterodoxos*, v.296; Moldenhauer, 'Voltaire und die spanische Bühne', p.127; McClelland, *Spanish drama*, i.235, n.41.

de Bernardo de Iriarte.[97] Elle a paru, avec un opéra-comique, dans un volume imprimé à l'occasion du mariage du prince des Asturies – futur Charles IV – avec Marie-Louise de Parme, en 1765. Sur la page de titre du volume la mention à la représentation n'est pas claire, mais Cotarelo affirme catégoriquement qu'elle a été jouée, et Moldenhauer, après lui, fait de même; Qualia signale uniquement que la tragédie a été traduite, probablement pour les fêtes données par l'ambassadeur de France.[98] Cependant, un anonyme voyageur français, témoin plus direct des faits, affirme le contraire:

> M. l'ambassadeur de France avait fait traduire en espagnol la tragédie de *Tancrède* pour les fêtes qu'on préparait à l'occasion du mariage de la princesse des Asturies. Le deuil de toute l'Europe en a empêché la représentation: j'eusse désiré la voir pour juger encore plus sûrement le goût de la nation.[99]

Le deuil a été causé par la mort de l'empereur d'Allemagne François Ier, époux de Marie-Thérèse d'Autriche, survenue le 18 août 1765, c'est-à-dire, peu de temps avant le mariage du prince des Asturies, qui eut lieu le 4 septembre.

La tragédie aurait été imprimée quelques mois plus tard, car l'annonce n'apparaît que le 23 décembre dans la *Gaceta de Madrid*.[100] Elle a paru sans le nom du traducteur, qui sans doute n'était pas connu à l'époque; en fait, le voyageur cité plus haut l'attribue à Ramón de la Cruz, avec l'opéra-comique *Los trueca novias*, qui lui appartient en propre et qui a formé volume avec *El Tancredo*. Cependant, peu après, à l'occasion du procès de Bernardo de Iriarte à l'Inquisition, un témoin l'accuse d'avoir traduit Voltaire et d'être aussi l'auteur d'un poème préliminaire intitulé *El genio tutelar de España*.[101]

Cette traduction a connu plusieurs rééditions: une en 1778 à Pampelune et deux à Barcelone, par Gibert y Tutó, sans date, et par Pablo Nadal, en 1798. Moldenhauer ne signale que celle de Gibert y Tutó, la croyant différente de la première édition de 1765;[102] Qualia n'en mentionne aucune. Les éditions de Pampelune et Barcelone (Gibert y Tutó) sont identiques et légèrement différentes de celles de Madrid et Barcelone (Pablo Nadal), mais les variantes sont très peu relevantes. La traduction suit la disposition de l'original français quant à la division en actes et scènes, de même que quant aux personnages. La versification, en hendécasyllabes alternes de rime assonante, reflète fidèlement les idées de la pièce de Voltaire. A l'exception de la notice contradictoire de la représentation

---

97. Cotarelo, *Iriarte*, p.65.
98. Cotarelo, *Ramón de la Cruz*, p.63 et n.2; Moldenhauer, 'Voltaire und die spanische Bühne', p.117; Qualia, 'Voltaire's tragic art', p.280, n.21.
99. *Etat politique, historique et moral d'Espagne, l'an 1765*, Revue hispanique 30 (1914), p.500.
100. Voir Coe, *Catálogo*, p.213.
101. Pinta, *Inquisición*, p.238-39.
102. Moldenhauer, 'Voltaire und die spanische Bühne', p.126.

lors du mariage princier, on n'a pas de renseignements sur d'autres possibles représentations.

C'est à la fin de la période étudiée que correspond la seconde traduction de la tragédie, publiée en 1832 sous le titre *Hermenegilda, o el error funesto* par A. G., c'est-à-dire, Antonio Gironella, traducteur aussi d'*Alzire* sous le titre *Telasco*. Comme dans cette occasion-là, la traducteur a modifié les noms de tous les personnages – Aménaïde est Hermenegilda, Tancrède est Armando, Orbassan est Altamoro, etc. – et a accordé à la protagoniste féminine l'honneur de donner son nom à la pièce. Par ailleurs, la traduction, qui est en hendécasyllabes à rime plate, suit d'assez près l'original français.

Dans la dédicace à l'acteur Juan Lombía, le traducteur signale les raisons qui l'ont mené à traduire la tragédie (p.2):

La celebridad que de un siglo a esta parte tiene en Europa esta obra clásica, traducida en todas las lenguas y puesta en todas las escenas del mundo civilizado, me ahorran el encomiarla a la par de su merecimiento; y en esta su misma perfección extremada se encuentra la disculpa de haber emprendido su traslado y representación en nuestro teatro, porque me parecía mengua que careciese de una joya tan preciosa.

La pièce a été jouée le 12 et 13 novembre et le 7 décembre 1832 sur le théâtre de Barcelone et, à en juger des mots du traducteur lui-même, elle aurait remporté un grand succès, dû en partie à l'excellent jeu des acteurs.

Alberto Lista, grand auteur et critique du début du dix-neuvième siècle, aurait commencé une traduction de cette tragédie qui lui est devenue spécialement laborieuse, à en croire ses mots dans une lettre à son ami Félix María Reinoso de 1817: '¿Sabes que en tres años ni aun he traducido la mitad del *Tancredo*?'[103] Apparemment il n'a pas terminé la traduction, car elle n'a jamais été publiée et son existence est ignorée.

Zaïre

La plus connue des tragédies de Voltaire a été aussi la plus traduite de ses pièces en Espagne.

La version la plus ancienne, 'Zayra', est l'œuvre de Margarita Hickey. Apparemment elle a fait deux traductions différentes, l'une en alexandrins et l'autre en octosyllabes.[104] On ne conserve que la première, dans un manuscrit autographe de la Biblioteca nacional. La traduction était déjà prête en mai 1759, date à laquelle l'auteur l'a soumise, avec d'autres ouvrages, à l'examen de l'érudit Agustín de Montiano, 'para que su mucha instrucción, buen gusto e

---

103. Lettre du 10 décembre 1817, citée par Juretschke, *Lista*, p.544.
104. Rapport du censeur Casimiro Flórez Canseco d'octobre 1787; cité par Serrano Sanz, *Escritoras*, i.510.

inteligencia en estas materias se sirviese darme su parecer y corregir y enmendar la obra', d'après les mots de Mme Hickey dans la préface de ses *Poesías varias*. Dans sa réponse Montiano dit de la traduction de *Zaïre* que 'no han perdido en ella los pensamientos la mucha alma que tienen en el original. El estilo es puro, correcto y sin galicismos.'[105] La traductrice fait subir quelques modifications à la tragédie de Voltaire. Si les personnages sont les mêmes, elle a changé la structure de la pièce, la divisant en trois journées, division habituelle de la comédie espagnole classique: la première journée comprend les deux premiers actes de l'original, et elle est trop longue; la seconde journée reprend tout l'acte III et les deux premières scènes de l'acte IV, tandis que la troisième est occupée par le reste de la pièce. La traduction est en vers alexandrins espagnols, de quatorze syllabes, à rime plate, cas très rare dans une tragédie du dix-huitième siècle.

D'une manière générale, la version est assez correcte et traduit les idées de l'original avec une certaine grâce, malgré la servitude de la rime. Mais à certains moments les écarts sont très sensibles, surtout dans les passages relatifs à la religion. Dans une tragédie comme *Zaïre*, où se pose le conflit entre la foi et l'amour, Margarita Hickey a cru devoir prendre la défense de la religion mise en branle. Justement, le censeur Flórez Canseco loue les modifications introduites:

Para evitar estos inconvenientes se ha visto precisada la traductora a apartarse alguna vez del original y ha extendido algo a los razonamientos de Nerestán y réplicas y reconvenciones de Fátima a Zayra, haciendo ver en ellas que sin el culto del verdadero Dios no puede haber verdadera virtud, ni puede ser tal cuando ésta tiene por objeto la gloria humana, con lo que hace brillar muchos de estos discursos y réplicas, y los sujetos verdaderamente piadosos recibirán gran complacencia al leerlos u oírlos. Es además esta tragedia de las más patéticas, porque en ella todos los personajes son buenos, y representándosenos ahora exenta de los defectos del original, no puede dejar de producir su lectura y representación excelentes y provechosos efectos.[106]

Ces mots coïncident en partie avec ceux de Mme Hickey dans la préface de ses *Poesías varias*, où elle affirme que 'una composición dramática no es otra cosa que un poema moral y como tal debe ser bueno y doctrinal para que sea provechoso'.

Malgré son caractère d'inédit, cette pièce a été connue à l'époque. García de la Huerta en parle d'un ton élogieux dans la préface de sa *Xayra*: 'Algunos traductores han desempeñado su empresa con aplauso, pero ninguno con tanta felicidad, a mi parecer, como una dama de muy singulares talentos, que hizo una de las primeras traducciones que aparecieron en España' (p.3).

105. Cité dans le rapport de Flórez Canseco: voir Serrano Sanz, *Escritoras*, i.510.
106. Cité par Serrano Sanz, *Escritoras*, i.509-10.

4. Traductions et adaptations

Une nouvelle traduction de *Zaïre* a été publiée en 1765 sous le titre *Combates de amor y ley*, œuvre du gaditain Fernando Jugaccís Pilotos, anagramme, selon García de la Huerta, de Juan Francisco del Postigo,[107] auteur dont on ne connaît rien. Récemment F. Aguilar a lancé l'hypothèse d'une nouvelle paternité de la traduction, que l'on devrait attribuer à l'écrivain José Cadalso, né à Cadix et qui a pu se trouver à la ville à la fin de 1764, date supposée de la rédaction de la pièce. Aguilar propose cette solution de l'anagramme: JOSEF CADALSO I V. CPTN RGITO, c'est-à-dire, Josef Cadalso i V[ázquez] C[a]p[i]t[á]n [de] R[e]gi[mien]to.[108] Cette attribution, jointe à la tragédie *Solaya, o los circasianos*, trouvée et publiée par Aguilar, illustrerait une période peu connue de l'activité littéraire de Cadalso. En suivant sans doute García de la Huerta, Moldenhauer ne donne pas le titre de la tragédie ni l'anagramme du traducteur.[109] La pièce a été annoncée dans la *Gaceta de Madrid* du 1er octobre 1765.[110]

La division en actes et scènes est identique à celle de l'original français, mais les noms de tous les personnages ont été changés. Zaïre s'appelle Arlaja et sa confidente Fatime, Celinda; le vieil Lusignan est Guido et son fils Nérestan est devenu Claverán. Du côté des musulmans, Orosmane a pris le nom d'Otomán et son assistant Corasmin, celui de Mahomet. Etant donné qu'il n'est indiqué nulle part que la pièce soit une traduction, on peut se demander si l'auteur n'a pas voulu en cacher les sources à un moment où la condamnation de Voltaire était toute récente. La tragédie est en hendécasyllabes à rime plate, 'cuya dura ley hace decir a los no muy diestros lo que no quieren, y esto sucede no pocas veces a este traductor', selon l'opinion de García de la Huerta.[111] La traduction suit d'assez près l'original, bien qu'elle élargisse parfois l'expression de certaines idées.

Le traducteur a fait précéder la pièce d'une préface très intéressante (p.3-9), dédiée à la 'muy noble y leal nación española'. Ses premiers mots expriment la conviction que sa pièce peut apporter quelque chose de nouveau au théâtre espagnol. Il ne parle jamais de traduction, en tout cas d'imitation de tragédies étrangères, sans concrétiser. Cette idée se trouve dès la page de titre, où les *Combates de amor y ley* sont présentés comme une 'tragedia según el más moderno estilo de los mejores teatros de la Europa', et elle est développée dans la préface (p.8):

Sólo advertiré a Vmd. de paso que el ofrecer la tragedia en cinco actos repartida y en todas sus circunstancias tan distinta de nuestro genio es sólo con el fin de dar una

---

107. García de la Huerta, *La Xayra*, p.10.
108. Aguilar, '*Solaya* en su contexto dramático', dans *Coloquio internacional sobre José Cadalso: Bolonia 1982* (Abano Terme 1985), p.14.
109. Moldenhauer, 'Voltaire und die spanische Bühne', p.126.
110. Voir Coe, *Catálogo*, p.47.
111. García de la Huerta, *La Xayra*, p.10.

tragedia en nuestro idioma como se representan en muchos teatros de Europa, para que los que ignoran otras lenguas, vean y lean en la suya propia lo que tanto nos alaban, y juzguen desapasionadamente si se funda la estimación que hacen de sus teatros, con menosprecio de los nuestros.

L'auteur affirme ailleurs que le théâtre doit être une école et il s'en prend aux défenseurs de l'ancien théâtre espagnol, qui ne cherchent que l'amusement. Il prétend réunir les deux tendances et croit que dans sa pièce 'se podrá hallar la diversión honesta sin que esté reñida con la utilidad de la enseñanza' (p.5). Son intention moralisatrice se manifeste dans la description qu'il fait des protagonistes de la tragédie, en mettant l'accent sur l'aspect religieux: il décrit la lutte d'Arlaja entre son amour pour le musulman et les contraintes de sa religion, et il présente Otomán comme un modèle, malgré sa condition d'infidèle, bien qu'il critique son suicide, où l'on voit clairement 'hasta dónde pueden llegar los sentimientos de un corazón humano que no se vale para sobrellevarlos, por ignorarlas, de las verdades evangélicas, en que tantas reglas y avisos se nos dan para saber conducir nuestra constancia segura por el embravecido golfo de nuestros infortunios' (p.6). Il termine sa préface en exprimant son désir de collaborer à la réforme du théâtre espagnol et en encourageant les autres auteurs à contribuer avec leurs efforts à atteindre à la réforme.

La préface est suivie d'un 'Prólogo, o introducción a la tragedia *Combates de amor y ley*', qui occupe les pages 11 à 18, où dialoguent le Gracioso, la Graciosa et le Vejete, des personnages de l'ancien théâtre espagnol, regrettant la mode de la tragédie qui leur a enlevé le travail. Un des personnages décrit avec ces mots la tragédie (p.13):

> Allí el galán su cariño
> le explica con puñaladas:
> la dama quiere y no quiere,
> y muere cuando la matan.
> Y me alegro, porque al fin
> se ve morir en las tablas
> de amor a una presumida;
> porque yo nunca pensaba
> que esto se pudiera ver
> ni aun fingido. También se halla
> un hermano a lo monsieur,
> un viejo, que una vez habla
> y después se muere el pobre
> de gusto: ¡qué buena danza!
> Allí nunca se merienda
> ni se come, pero andan
> las escenas a montones,
> y cinco son las jornadas,
> las unidades son tres.

Les trois personnages sont sur le point de se donner la mort lorsqu'apparaît la Dame de la tragédie, qui leur assure qu'ils ne resteront pas sans travail à cause du nouveau genre, parce que dans les représentations, en plus de la tragédie, il y aura, comme d'habitude, des saynètes, des danses et des *tonadillas* (p.17):

> DAMA
> Sí, amigos, lo dicho dicho:
> una diversión es mala
> si no se mezcla de todo;
> pero con la circunstancia
> de que cada cosa venga
> a su lugar ajustada.
>
> GRACIOSO
> Pues si es así luego al punto
> lluevan tragedias de Francia,
> que si las gracias no mueren
> serán tragedias con gracia.

La pièce a été sans doute jouée à Cadix: dans le texte imprimé figure la distribution des rôles, mais il n'existe aucune notice pour le confirmer.

La traduction de *Zaïre* intitulée *La Zayda*, publié sans le nom du traducteur, doit être attribuée à Pablo de Olavide.[112] Il en existe quatre éditions: une à Barcelone par Gibert y Tutó, sans date; une autre en 1782, par le même imprimeur, qui se dit seconde édition; la troisième à Barcelone par la veuve Piferrer, non datée; et la quatrième, non datée, à Salamanque, par Francisco de Tóxar. Cotarelo et Moldenhauer ne font pas mention de l'édition non datée de Gibert y Tutó; de son côté, Qualia ne signale pas l'édition de Salamanque.[113] La Biblioteca nacional conserve une copie manuscrite de la traduction où sont mentionnés Voltaire et Olavide.[114]

Quant à la date de composition de *La Zayda*, elle devrait être fixée en 1765-1766, à la même époque où Olavide a traduit *Mérope*;[115] en tout cas, si cette traduction est la *Zaida* jouée par la troupe du Teatro de los Reales Sitios, comme le croit García de la Huerta,[116] elle serait antérieure à 1770. Quant à la disposition de la pièce, Olavide a réorganisé les scènes à l'intérieur des actes, en réduisant leur nombre par fusion, mais cela ne modifie pas le développement de la tragédie.[117] Les personnages restent les mêmes. Il existe de petites

---

112. Menéndez Pelayo, *Heterodoxos*, v.295; Cotarelo, *Iriarte*, p.69-70, n.4.
113. Cotarelo, *Iriarte*, p.69-70, n.4; Moldenhauer, 'Voltaire und die spanische Bühne', p.126; Qualia, 'Voltaire's tragic art', p.276-77.
114. Paz, *Catálogo*, no.2866.
115. Defourneaux, *Olavide*, p.78.
116. García de la Huerta, *La Xayra*, p.10.
117. L'acte I a quatre scènes, qui correspondent aux scènes 1, 2, 3 et 4+5 fusionnées de l'original; l'acte II en a quatre, comme l'original; le III cinq, qui sont la 1, 2+3, 4+5, 6 et 7 de l'original; le

différences, sans importance, entre les diverses éditions connues et la copie manuscrite. La traduction est en hendécasyllabes blancs et rend les idées de l'original, mais dans un style parfois gauche. García de la Huerta affirme avoir pris cette traduction comme base de sa *Xayra*, 'pues su puntualidad demasiada puede reputarse por equivalente'.[118] Antonio Alcalá Galiano fait allusion à la pièce d'Olavide, la qualifiant de 'traducción en versos sueltos flojos, desmayados, donde estaban sin discrepar de ellos un ápice los pensamientos del original, faltando sólo la belleza de estilo que en una obra poética, aun cuando sea dramática, es de todo punto indispensable'.[119] Malgré ces défauts la *Zayda* d'Olavide a été représentée à plusieurs reprises. D'après le témoignage cité de García de la Huerta, elle aurait été jouée dans le Teatro de los Reales Sitios. En 1772 elle a été donnée sur le théâtre de Séville, avec un texte modifié par les censeurs, qui ont changé plusieurs expressions relatives à la religion;[120] elle a été reprise dans les années suivantes et a atteint huit représentations en cinq mois. En 1777, toujours à Séville, on a joué un *Orosmane*, qui est à coup sûr la même pièce; une *Zayda* a été représentée par les étudiants de Séville dans la cour de l'université à l'occasion d'une visite de l'évêque.[121] C'est sans doute le texte d'Olavide que la *Zayda* jouée seize fois sur le théâtre de Barcelone entre 1775 et 1789,[122] nombre de représentations jamais atteint par une autre pièce dans la même période. A Madrid la pièce a été mise en scène du 1er au 6 juin 1790 sur le théâtre du Príncipe, du 15 au 19 janvier 1791 sur celui de la Cruz, et le 18 et le 20 mai 1792, ainsi que le 4, 5 et 6 août 1794, sur la scène du théâtre du Príncipe: soit seize représentations dans une période de cinq années.[123]

Aux premières représentations de Madrid, en juin 1790, font appel les censures et approbations manuscrites d'un exemplaire imprimé de *La Zayda* (Biblioteca municipal de Madrid), datées de la fin de mai. Le compte rendu de la tragédie a paru dans le *Memorial literario* du mois de juin; après un résumé minutieux de la pièce on peut y lire:

IV cinq, à savoir, 1, 2+3, 4+5, 6 et 7; l'acte V a six scènes: 1, 2+3+4, 5, 6+7+8, 9 et 10 de l'original.

118. García de la Huerta, *La Xayra*, p.10.

119. Alcalá Galiano, *Historia*, p.242.

120. Defourneaux, *Olavide*, p.284 et n.1.

121. *La Zayda* a été donnée le 19, 20, 21 et 25 septembre et le 8, 12 et 21 décembre 1773, ainsi que le 27 janvier 1774; *Orosmane* a été joué le 16 et 19 juin 1777: voir Aguilar, *Sevilla*, p.231, 288, 293.

122. La pièce a été jouée aux occasions que voici: 1775, 1778 et 1779 sans mention de date; 22 juin, 13 juillet, 30 septembre et 23 décembre 1784; 29 août 1785; 20 et 21 février, 22 mai et 30 septembre 1786; 10 et 11 janvier et 21 juin 1787, et 23 avril 1789: voir Par, 'Representaciones teatrales', p.338, 342, 344, 498-501, 504, 506, 508-10, 594.

123. Coe, *Catálogo*, p.237; Cotarelo, *Máiquez*, p.584.

Esta tragedia es una de las más bellas que se han escrito. Nerestán [*sic*] está muy tierno en el reconocimiento de sus hijos. Zayda ama vehementemente a Orosmán y se halla en la precisión de olvidarlo, de lo que resulta un contraste de pasiones muy patético. Llega el punto del casamiento. Zayda no sabe qué hacerse, se ve oprimida y angustiada en extremo. Orosmán queda confuso de su petición y se ve combatido del amor, de los celos y de la ira. Todo está en movimiento. El amor, la ternura, la sublimidad y la obediencia resaltan en esta pieza. Toda ella está sembrada de mil bellezas. No obstante advertimos alguna inverosimilitud en la cruz que conservaba descubierta Zayda desde niña: parece más regular que estando entre enemigos de la religión católica no la usase descubiertamente.[124]

La traduction de *Zaïre* par Fulgencio Labrancha n'a été signalée par aucun érudit et j'en dois la notice à la bienveillance de mon collègue et ami Francisco Aguilar. Cette version, publiée à Murcie en 1768, est précédée d'une épître dédicatoire à un seigneur de la région, où l'auteur fait l'éloge de la tragédie de Voltaire – sans le nommer – et avertit qu'il a introduit plusieurs modifications dans son texte. Notamment, le traducteur a réduit à trois les cinq actes de l'original et il a supprimé la division en scènes, 'por no ser muy acomodado para nuestro teatro'. L'acte I et la première scène de l'acte II font le premier acte de la traduction; le reste de l'acte II et tout l'acte III en constituent l'acte II, tandis que les actes IV et V réunis forment l'acte III et dernier de la traduction. Cette nouvelle distribution de la matière théâtrale a exigé des changements: par exemple, au début de l'acte II le traducteur a dû créer une introduction qui prépare l'entrée de Zaïre, nullement nécessaire dans l'original parce qu'elle se trouvait dans la scène précédente, à l'intérieur du même acte; d'autre part, la réunion en un seul des deux derniers actes a produit la suppression de plusieurs passages pour ne pas trop allonger l'acte III.

La traduction est, dans sa plupart, en vers octosyllabes à rime assonante, en suivant la technique du *romance*. L'emploi de ce mètre, ainsi que l'annonce de la fin de la pièce par tous les acteurs ('Y ahora damos / con este ejemplo de amor / fin a nuestro lance infausto' (p.64)), des traits caractéristiques de l'ancien théâtre, donnent à cette version un air dix-septième siècle. Et cette fin est agrémentée en plus d'une considération morale absente chez Voltaire:

> NERESTÁN
> Confuso estoy y pasmado:
> No me conozco a mí mismo;
> ¡y que en medio de mi agravio
> y de mi pena, sea yo
> quien le admire! ¡Fuerte caso!
> ¡Y yo quien se compadezca
> de un lance tan desdichado!

124. *Memorial literario* (juillet 1790), p.390-91; l'auteur de l'article confond Nérestan et Lusignan.

Que a pesar de su error, todos
los hombres somos hermanos;
y pues que tantas fortunas,
tan trágico y desgraciado
fin han tenido, bien puede
cualquiera mirar que en vano
pone la atención en cosa
de este mundo.[125]

Comme pour d'autres textes, il faudrait parler plutôt ici d'adaptation, car la nouvelle structure de la pièce, les nombreux passages abrégés, supprimés ou créés par Labrancha font de sa *Zaíra* une tragédie fort éloignée de la pièce de Voltaire.

Quoique la traduction de Vicente García de la Huerta ait porté le titre *La fe triunfante del amor y cetro*, elle a été toujours connue par le sous-titre des éditions postérieures à la première: *Xayra*. La tragédie a été éditée plusieurs fois. La première édition est de 1784 et sur la page de titre l'annonce est faite qu'il s'agit d'une pièce 'en que se ofrece a los aficionados la justa idea de una traducción poética'. Elle a été rééditée peu après dans le volume xvi, ou *Suplemento*, du *Theatro hespañol*, avec ses deux tragédies originales *Raquel* et *Agamenón*. Quoiqu'il n'existe aucune édition appelée troisième, il en existe deux qui portent la dénomination de 'quatrième': l'une de Ségovie et l'autre de Madrid, les deux sans mention de date. La cinquième et dernière est de Barcelone (1821). D'autre part, on conserve deux manuscrits de la pièce, à la Biblioteca nacional et à la Biblioteca municipal de Madrid; la première des bibliothèques citées conserve aussi un fragment. Il s'agit dans tous les cas de copies du texte imprimé. Moldenhauer signale toutes les éditions et manuscrits, excepté le fragment; Qualia ne donne que la première édition.[126]

García de la Huerta a respecté la disposition en cinq actes, mais il fait abstraction de la division en scènes. Il n'a modifié que le nom de l'héroïne, qui devient Xayra, 'de sonido gutural, áspero y no por eso más propio de mujer musulmana', d'après Alcalá Galiano.[127] La traduction est en vers hendécasyllabes à rime assonante alterne. García de la Huerta a donné un traitement assez libre à la pièce de Voltaire. En fait, dans l'avertissement ('Advertencia') qui précède l'ouvrage, il expose ses idées sur la liberté du traducteur et se prononce

---

125. Comparez à: Guide-moi, Dieu puissant! je ne me connais pas.
Faut-il qu'à t'admirer ta fureur me contraigne,
Et que dans mon malheur ce soit moi qui te plaigne! [*Zaïre*, v, 10]
126. Moldenhauer, 'Voltaire und die spanische Bühne', p.126-27; Qualia, 'Voltaire's tragic art', p.278.
127. Alcalá Galiano, *Historia de la literatura española, francesa, inglesa e italiana en el siglo XVIII* (Madrid 1845), p.243.

contre une traduction littérale, puisque 'el efecto más frecuente en las traducciones de piezas poéticas consiste en querer aquellos que las hacen conservar con una religiosidad pueril e impertinente la letra del original' (p.4), et il croit que, ainsi qu'un hôte doit fêter son invité, le traducteur doit mettre en relief les pensées et les beautés de l'original. Il termine l'"Advertencia' en signalant les causes de sa traduction, qu'il qualifie dans la page de titre, non sans pédanterie, de 'justa idea de una traducción poética': 'yo no aspiro a otra satisfacción en este trabajo que a dar un nuevo testimonio del deseo que me anima de contribuir en cuanto me es concedido a la reforma del mal gusto que ha reinado en esta parte entre nosotros hasta ahora' (p.13-14). Cependant, il ne faudrait pas croire complètement aux intentions déclarées par García de la Huerta. J. A. Ríos, dans sa thèse sur cet auteur, signale comme le premier un but purement économique, qui expliquerait la présence d'une 'Advertencia' justificative, ainsi que le fait, à vrai dire surprenant, de traduire une pièce d'un auteur qu'il détestait.[128] D'autre part, R. Andioc avait déjà signalé plusieurs similitudes – l'héroïsme, l'esprit chevaleresque – entre *Xayra* et *Raquel*, tragédie originale de García de la Huerta.[129]

Le style de cette traduction est agile et brillant, et l'on y peut apprécier une certaine contamination de l'ancienne comédie espagnole. L'auteur a coupé les parlements trop longs par l'intervention d'un des interlocuteurs; il a parfois développé des passages qui sans doute lui semblaient trop brefs. Quoique l'auteur lui-même affirme que la traduction d'Olavide est à la base de son œuvre, j'ai mes réserves à ce sujet. Pourquoi un homme, ayant séjourné à Paris, ayant traduit plusieurs fragments de poèmes français parmi ses *Obras poéticas* (publiées à Madrid en 1778-1779), ayant une connaissance suffisante de la langue française pour comprendre même *Phèdre*, ne se serait-il pas servi du texte français?[130]

Le succès remporté par *La Xayra* a été remarquable mais tardif. Les premières représentations connues ont eu lieu sur le théâtre des Caños del Peral en avril 1804; avant la fin de l'année elle y a été jouée sept fois.[131] Elle a été représentée à quatre reprises au long de 1806.[132] D'autres représentations ont été données à Séville en 1812, 1822 et 1823, et à Madrid en 1835.[133] A ces dernières

---

128. Ríos, *García de la Huerta*, p.166-71.

129. Andioc, *Sur la querelle du théâtre au temps de Leandro Fernández de Moratín* (Tarbes 1970), p.365, n.527.

130. P. Merimée, *L'Influence française en Espagne au XVIIIe siècle* (Paris s.d.), p.30.

131. Elle a été représentée le 22, 23, 24 et 29 avril, 20 mai, 29 juillet et 5 décembre 1804; voir Cotarelo, *Máiquez*, p.654; Coe, *Catálogo*, p.99.

132. Cook, *Neo-classic drama*, p.289.

133. A Séville, les représentations ont eu lieu le 27 janvier 1812, le 10 septembre 1822 et le 8 février 1823 (voir Aguilar, *Cartelera prerromántica sevillana: años 1800-1836*, Madrid 1968, p.46); à

représentations correspondent sans doute les exemplaires de la Biblioteca municipal, avec des notes manuscrites, la licence pour la représentation et la distribution des rôles. Le succès de *La Xayra* a dépassé la scène. A l'Académie des lettres humaines de Séville, lors d'un renouvellement du programme proposé par José María Blanco et Félix María Reinoso en 1796, la lecture des textes classiques a été remplacée par celle des modernes, parmi lesquels se trouvait *Zaïre* de Voltaire dans la traduction de García de la Huerta.[134] Des critiques de l'époque ont diversement apprécié la pièce. Quintana, tout en condamnant la liberté excessive de la traduction, éloge la grâce et la sonorité du style:

La traducción está como todas sus cosas,,, muy desigual, y el sentido original en no pocas partes estropeado. Pero, ¡cómo se luce a veces el versificador numeroso! ¡Con qué valentía resuenan en el teatro algunas de las cláusulas, cuando se saben decir! Aún no se ha olvidado el efecto que hacía el célebre Máiquez cuando se entraba por los bastidores declamando aquel bello final del acto 3°:
>   El sexo que amenaza
>   con su blandura avasallar al mundo,
>   mande en Europa y obedezca en Asia.[135]

Alcalá Galiano se montre très dur dans son analyse de *Xayra*, en insistant sur l'infidélité au texte original, ce qui produit des changements de sens notables; cependant, il met en évidence le succès obtenu par la pièce:

Sin embargo de estos graves defectos, por muchos años la *Jaira* de García de la Huerta ha sido oída con aplauso y gusto, tanto es el poder de una dicción robusta y lozana y de un verso fluido y sonoro para los oídos españoles, y aun para los entendimientos, en los cuales lleva a desatender ciertas faltas el regalo de los sentidos.[136]

ii. Traductions d'ouvrages poétiques

Les ouvrages poétiques de Voltaire, d'une grande variété, ont été inégalement traités par les traducteurs espagnols. Cependant, les poètes de l'époque possédaient une certaine connaissance de la production en vers du philosophe et on peut en trouver des réminiscences dans leurs poèmes. C'est, par exemple, le cas de Meléndez Valdés. Quoique dans la bibliothèque du poète de Salamanque il n'existe aucune trace d'ouvrages de Voltaire, il est presque sûr qu'il les connaissait. On possède la preuve de sa lecture de *La Henriade*, dont il parle

---

Madrid, elle a été jouée le 1er, 2 et 3 novembre et le 6 décembre 1835 (voir *Cartelera teatral*, p.42).
134. Juretschke, *Lista*, p.19-20.
135. M. J. Quintana, 'Sobre la poesía castellana en el siglo XVIII', dans *Obras*, p.150, n.2.
136. Alcalá Galiano, *Historia*, p.245-46.

dans une lettre à Jovellanos de 1778,[137] et c'est encore plus probable qu'il connaissait les poèmes plus courts. On a signalé plusieurs ressemblances entre des idées exprimées par Voltaire et Meléndez dans certains poèmes. Les poésies philosophiques de l'écrivain espagnol seraient en rapport avec le *Poème sur la loi naturelle*; d'autre part, le premier des *Discours en vers sur l'homme*, intitulé 'De l'égalité des conditions', aurait fourni à Meléndez la matière pour une épître en vers qu'il n'a jamais composée mais dont le plan en prose nous a été conservé. Enfin, le poème de Meléndez intitulé *La presencia de Dios* se serait inspiré d'un chapitre du *Traité de la tolérance*.[138]

On a même trouvé des influences ou des ressemblances de poèmes de Voltaire dans la poésie de Juan Pablo Forner, ennemi implacable des philosophes:

Como Voltaire – a quien, con espíritu antienciclopedista, odiaba – que escribe *Sur la paix de 1736*, Forner expresa conceptos parecidos en su canto heroico *La Paz*, con motivo de la paz ajustada con Francia en 1795. [...] Y también como Voltaire, que canta *La félicité des temps* [...] Forner exalta *La felicidad humana*.[139]

On pourrait cependant penser à de simples coïncidences, sans rapport direct, mais, puisque Forner avait lu d'autres productions de Voltaire, il ne serait pas impossible qu'il connût ces poèmes.

En fait, les traductions d'ouvrages en vers sont peu nombreuses: une prosification de *La Pucelle*, trois traductions en vers de *La Henriade*, des poèmes insérés dans la *Vida de Federico II*, le *Panegírico de Luis XV* et la célèbre *Epître à Uranie*.

La traduction de la *Pucelle d'Orléans* a été diffusée en plusieurs éditions, mais à une époque tardive. La plus ancienne est celle de Cadix (1820), signalée par Menéndez Pelayo, qui pense qu'on ne doit pas l'attribuer à Marchena;[140] cette édition est très rare et n'apparaît pas dans les répertoires. Une édition qui se dit imprimée à Las Batuecas, sans date, lui est postérieure. C'est celle que j'ai utilisée, antérieure sans doute à une fausse édition de Londres (1824), qui se dit 'seconde édition' et qui a été imprimée apparemment à Bordeaux.[141] En 1836 une nouvelle édition a paru à Cadix. Dans toutes les éditions on a inséré la 'Corisandra', un épisode du chant XIV de *La Pucelle*, supprimé des éditions françaises à partir de celle de 1762. Dans les traductions espagnoles, au lieu de

137. 'He leído este verano las *Lusiadas* de Camoens y sus demás obras, y digan lo que quisieran los críticos, las *Lusiadas* me han agradado mucho, aunque también, por otra parte, no halle en ellas ni la fuerza de Ercilla, ni la alteza de Milton, ni la precisión y la filosofía de la *Henriade*' (lettre datée à Salamanque le 3 novembre 1778).
138. Menéndez Pelayo, *Heterodoxos*, v.316; Demerson, *Meléndez Valdés*, ii.216-19.
139. Lázaro Carreter, 'La poesía lírica', p.81.
140. Menéndez Pelayo, *Estudios*, iv.190, note; *Heterodoxos*, v.454.
141. A. Palau, *Manual del librero*, xxviii.470.

se trouver à sa place, l'épisode est publié séparément, à la fin du poème, précédé d'une note justificative.[142]

La traduction en elle-même revêt peu d'intérêt, puisqu'elle a été faite en prose, d'une façon assez fidèle, en traduisant même les piquantes notes de Voltaire. L'ouvrage est précédé d'une préface du traducteur, dont on ne connaît pas l'identité, sauf qu'il était libéral et venait de France, d'après ce qu'il signale lui-même (p.iii):

De la otra parte de los Pirineos vengo, trayendo de la mano, intrépidos españoles liberales, a la doncella de Orleans, a la que nació como nueva Palas de la cabeza del grande Voltaire, del gran corifeo contra la superstición y el fanatismo, el que supo conservar las flores de la primera edad entre los hielos de la vejez, y os la presento en traje español en premio de vuestros afanes por sostener la independencia de vuestra patria.

Plus tard, avec des phrases d'un goût douteux, le traducteur fait des considérations sur la virginité et les difficultés qu'elle rencontre à l'époque contemporaine: 'Una doncella, una virgen en estos tiempos es un hallazgo maravilloso' (p.iii). Il affirme plus loin qu'il n'a pas écrit sa traduction pour des lecteurs hypocrites, qui vont crier au scandale, ni pour ceux qui seraient troublés par sa lecture: 'Pero si al leer los trabajos de mi heroína te sientes compungido de sus deslices, te irritas contra los que el son infieles, tomas parte en sus venganzas y en sus glorias, para ti se ha escrito este poema. Tómale, léele, devórale, pues tú eres el alumno de la virtud' (p.x). Il apparaît dans la préface du traducteur anonyme une ébauche de morale, puisque, d'après ses propres mots, sous l'enveloppe des aventures se trouve 'la invectiva del vicio, la sátira del libertinaje y la circunspección con que se debe guardar la castidad' (p.x).

Le poème de *La Henriade*, un des grands titres de la bibliographie voltairienne, a donné à son auteur la renommée de premier poète épique du dix-huitième siècle. On a eu très tôt des traductions en anglais, en italien et en hollandais, mais les traductions espagnoles sont un peu tardives. La plus ancienne date seulement de 1800 et elle est l'œuvre de José de Viera y Clavijo, traducteur aussi de *Brutus*. Son 'Enriada' se conserve en deux manuscrits à la Biblioteca municipal de Santa Cruz de Tenerife – texte complet – et au Museo canario de Las Palmas – texte incomplet.[143] Le poème (dans le manuscrit de Santa Cruz de Tenerife) est précédé d'un avertissement où le traducteur, après avoir fait

142. *La doncella de Orleans* (édition de Las Batuecas (s.d.)), p.277-87. Les références qui suivent sont faites à cette édition.

143. Voir Millares, *Ensayo*, p.545; A. Cioranescu, 'Viera y Clavijo y la cultura francesa', dans *Estudios de literatura española y comparada* (La Laguna 1954), p.207-48; ainsi que le mémoire de licence inédit de Carlos Ortiz de Zárate, 'La traducción de la *Enriada* por D. José de Viera y Clavijo' (Universidad de Barcelona 1985).

l'éloge du poème, qu'il place au même niveau que l'*Iliade*, l'*Enéide*, le *Paradis perdu* et la *Jérusalem délivrée*, considère les raisons qui ont empêché l'ouvrage de franchir les Pyrénées (f.43):

La gente española debía encontrar en él muchos pensamientos atrevidos, capaces de ofender su honor y su piedad. El nombre, demasiado famoso, de su autor no le era nada grato; y temía que, bajo la dulzura de unos versos pomposos, se bebiese el sutil veneno de algunas sentencias enérgicas, pero duras, y por consiguiente disonantes a nuestros oídos delicados.

Il fait plus loin mention du succès remporté par *La Henriade* traduite à presque toutes les langues cultivées, afin de justifier sa propre traduction. Il déclare qu'il a fait usage d'une certaine liberté pour supprimer les passages contraires à l'honneur de l'Espagne et à la religion catholique, quoiqu'il ait essayé de s'en tenir à la pensée de l'auteur, sans prétendre à ce que ses vers égalent ceux de 'uno de los más insignes poetas de este siglo'.[144] La traduction de Viera est en vers hendécasyllabes à rime assonante alterne; elle conserve en général un style élevé, conformément au contenu du poème.

Bien qu'elle n'ait pas été publiée, la traduction de Viera nous est parvenue. Elle a été plus fortunée que la traduction menée aussi dans les îles Canaries par le jurisconsulte basque José María de Zuaznábar y Francia, procureur de l'Audience des Canaries entre 1792 et 1806, dont le texte n'est pas repéré. La seule preuve de son existence sont les mots de Zuaznábar lui-même:

El abate Bazán, fiscal de la Academia [de derecho], que después emigró de España con José Napoleón y publicó en Francia su traducción al castellano de la *Henriada* o poema heroico de Voltaire sobre Enrique IV el Bearnés, sin los miramientos, apostillas y notas que puse yo a la mía que di a luz en las Canarias y por consiguiente de una manera que era fácil de preveer no tendría fácil salida en la Península.[145]

Faute de texte, il nous reste la notice d'une nouvelle traduction de *La Henriade*, œuvre d'un homme de production variée, auteur de textes juridiques et politiques et de descriptions géographiques.[146]

La traduction de la *Henriade* par Pedro Bazán de Mendoza est parue en 1816 à Alais, ou Alès, dans le midi de la France. Le poème a été réimprimé plus tard à Barcelone, à deux reprises, en 1836 et en 1842, bien qu'en cachant le nom du traducteur sous les initiales D. B. M. Ces rééditions présentent plusieurs différences à l'égard de la première édition, localisées surtout dans les notes.

---

144. Voir le texte complet de la préface dans notre appendice M.
145. J. M. de Zuaznábar, *Mis ocios* (Bayonne 1835), réédité dans *Euskalherria* 54-57 (1906-1907); la référence dans 55 (1906), p.140-41. Je remercie M. Ernest Lluch de cette indication.
146. Sur Zuaznábar, voir, notamment, Alfonso de Otazu, 'José María de Zuaznábar y Francia', *Boletín de estudios históricos sobre San Sebastián* 5 (1971), p.262-83. Je remercie M. Jesús Astigarraga des renseignements sur ce personnage.

Bazán aurait commencé la traduction de *La Henriade* en 1814, car il affirme s'être consacré à cette besogne pendant plus de deux années (p.lxiv). La date coïnciderait avec celle de son départ de l'Espagne à la fin de la guerre, fait qui semble confirmé par les mots avec lesquels il qualifie sa traduction: 'producto casual de una triste y extraordinaria aventura' (p.lxviii).

La traduction de Pedro Bazán devient surtout intéressante par la très longue introduction qui précède le poème. Cette introduction, occupant 112 pages, est composée d'un 'Prólogo y observación del traductor sobre la *Henriada*' (p.i-xcii), qui est donc la vraie préface du traducteur, et la 'Idea de la *Henriada*' (p.xciii-c) et le 'Prólogo del rey de Prusia' (p.ci-cxii), deux pièces tirées des éditions françaises du poème. L'édition se complète par les notes de Voltaire (p.304-13) et par celles du traducteur (p.314-18), peu nombreuses mais d'énorme intérêt.

Il convient de s'attarder sur la préface du traducteur, étant un moyen d'expression de Bazán. Il commence par dédier un vibrant éloge à Voltaire en tant que poète épique (p.ii):

A pesar de todo, el autor de la *Henriada* nunca será más ni menos a los imparciales ojos del juicioso humanista que el quinto de los épicos conocidos [...], esto es, el primero después de Homero, Virgilio, Ariosto y Tasso, cuyas bellezas de detalle rivaliza y aun quizá vence en alguna parte; el único que posee la Francia en su género y superior sin duda, a lo menos en la regularidad, a cuantos pretendan en España el alto y privilegiado título de épicos, sin excepción del mismo Camoens.

Après cet éloge il défend Voltaire des critiques sur *La Henriade* exprimées par La Harpe dans son *Lycée*, relatives, par exemple, au plan de l'ouvrage, au manque d'unité, à la mince importance accordée dans les quatre premiers chants au héros principal (p.iii-xlvii). Bazán réfute un après l'autre les reproches du critique en citant des passages de *La Henriade* et en comparant ce poème à l'*Iliade*, où Achille, qui en est le héros principal, a un rôle presque secondaire dans les dix-huit premiers chants. Plus tard Bazán expose les causes qui l'ont poussé à traduire le poème de Voltaire. La toute première est d'offrir aux Espagnols un modèle de poème épique dont ils seraient dépourvus (p.xlviii):

He creído que [...] haría generalísimamente conocido en mi amada patria, por medio de la traducción, uno de los excelentes ejemplares que [...] debe concurrir con los clásicos griego y latino siempre al frente, a formar y guiar nuestra juventud estudiosa hasta la sublime cumbre de una verdadera epopeya, de que carecemos, y a que debe aspirar nuestra literatura patria para nivelarse o quizá avanzarse en este altísimo género a las demás naciones.

D'autre part, il veut par sa traduction manifester sa reconnaissance à la France, 'nación sensible y civilizada, donde así yo como todos mis respetables compañeros de desgracia hemos experimentado [...] las más sinceras demostraciones de asilo y hospitalidad' (p.liv). Il veut rendre hommage aussi à Ferdinand VII et à Louis XVIII, descendants de Henri IV. Il souhaite que, comme ce roi clément et justicier, le roi d'Espagne jette un 'espeso velo' sur le passé et accueille dans son sein tous les Espagnols (p.lv-lix). Ses éloges s'adressent aussi à Louis XVIII, qu'il appelle 'sabio, prudente y experimentado' (p.lix). Bazán veut faire voir à ses compatriotes 'los horrores, desastres y calamidades a que conduce ciega y bárbaramente, por un lado, el espíritu de facción y partido, por otro, el de anarquía, despotismo y goticismo, y por todos, el de fanatismo y superstición' (p.lix-lx). La dernière des causes est celle de l'intérêt personnel et de l'amour-propre de l'écrivain: il publie la traduction parce qu'il croit qu'elle est bien faite et pourra lui acquérir 'algún honor literario y aun quizá algún corto provecho, tan oportuno y precioso en mi actual situación' (p.lx-lxii).

Bazán parle plus tard de la technique employée dans la traduction, en affirmant très nettement: 'yo no soy un traductor esclavo, sino libre y fiel' (p.lxiv). S'il garde le sens de l'original, il prend des libertés, que cautionne le prestige des grands traducteurs en vers espagnols; c'est pourquoi 'en obsequio de la índole de nuestra lengua y de la claridad y armonía, multiplico el número de versos, amplío, modifico y contraigo períodos, suprimo, añado o cambio epítetos y aun perifraseo en fin ideas y sentimientos' (p.lxv). Il se montre opposé à la traduction d'un poème en prose car, à son avis, avec ce genre de traduction on peut très bien rendre les idées et la pensée mais aucunement les valeurs poétiques de l'original. La difficulté réside sur ce qu'une traduction poétique, outre exprimer des pensées, doit s'orner des beautés spécifiques de la versification et du style de la langue à laquelle on traduit (p.xlix-l). Quant au vocabulaire il utilise des voix exotiques, en se réclamant de l'opinion d'Aristote (p.lxx). Il utilise aussi des archaïsmes, non seulement parce qu'ils ont été autorisés par Horace et Quintilien, mais aussi parce qu'il les croit très appropriés à l'épopée, placée usuellement dans des époques passées, et parce qu'il voit que c'est un moyen employé par plusieurs auteurs modernes, notamment 'por nuestro ilustre e inimitable Anacreonte español y restaurador del buen gusto poético en España, D. Juan Meléndez, por nuestros menos malos o únicos trágicos, los Moratines, Montianos, Cadalsos, Ayalas y Huertas, y por nuestros últimos y más conocidos líricos, los Cienfuegos, Quintanas, Arriazas, Noroñas, etc.' (p.lxi-lxii). Le traducteur termine sa préface en disant que, s'il a traduit des passages susceptibles d'être expurgés, il l'a fait pour conserver les beautés poétiques du texte, en protestant de sa foi et soumission à l'Eglise: 'Someto sin embargo, en todo caso, este mi modo de pensar y toda la obra, por lo que me toca, al superior juicio de la Santa Madre Iglesia Católica Apostólica Romana, a quien no puede jamás dejar de protestar la más filial y ciega obediencia un buen español' (p.xc).

La pensée du traducteur, exposée déjà dans la préface, est complétée par les notes, où il apparaît en fervent catholique et défenseur de l'Espagne et de ses institutions. Dans une de ces notes et à l'occasion de certains vers contre la papauté, Bazán fait allusion à la distinction qu'on doit toujours établir entre Voltaire homme de lettres et Voltaire philosophe: 'Todo el mundo sabe que Voltaire era sin duda tan insigne en lo indevoto como en lo poético; por consiguiente, todo literato católico apreciando justamente las bellezas de sus versos sabrá pasar por alto y mirar con indignación cuanto note en ellos de profano y libertino' (p.314). Dans d'autres passages il défend, en partie, l'Inquisition, et il souligne le fait que les effusions de sang enregistrées au cours de l'histoire pour des causes religieuses ne peuvent être imputées seulement au Saint-Office puisque la France elle-même a vu son pays ensanglanté par les guerres de religion. Et il termine sa défense de l'Inquisition par une diatribe contre l'intolérance (p.316):

Desengáñense los filósofos y desengáñese el mundo entero. Sus declamaciones directas contra aquel Tribunal y sus jueces son vagas y poco justas. El verdadero y directamente detestable tribunal de Inquisición donde quiera que sea, es la estólida, cruel, incivil, impolítica y antievangélica intolerancia; y los tres jueces que la componen son el error, el despotismo y el fanatismo.

D'autre part, les mots de Voltaire au chant VII (vers 458-459):

> Du puissant Charles-Quint la race est retranchée.
> L'Espagne, à nos genoux, vient demander des rois,

que Bazán a traduit par (p.204):

> Del fuerte y poderoso Carlos Quinto
> Extinguida la raza, ya la Iberia
> Reyes viene a pedirnos de rodillas,

font réagir vivement le traducteur, jaloux de la dignité de sa patrie, et l'amènent à rédiger cette note: 'Fanfarronada poco digna de la poesía filosófica y de la crítica histórica de un Voltaire. La España nunca pidió reyes de rodillas, ni de pie, ni sentada a ninguna otra nación del mundo' (p.317).

Les éditions ultérieures de 1836 et 1842 ne présentent pas l'intéressante préface de Bazán mais la seule 'Idea de la *Henriada*'. Quant aux notes du traducteur, on a supprimé l'allusion à Voltaire citée ci-dessus et celles relatives au Saint-Office parce que, d'après les éditeurs, le traducteur 'se limitaba a defender el tribunal de la Inquisición'.

La traduction de Bazán a été faite en vers hendécasyllabes à rime assonante. La version se conforme assez à l'original, mais on remarque une certaine amplification, produite sans doute par la différente longueur du mètre employé. Comme il l'avait déjà annoncé dans la préface, le traducteur a pris parfois des libertés qui font de sa *Henriada* une version d'une certaine dignité mais à intérêt plus historique que littéraire.

La deuxième traduction imprimée de *La Henriade* est due à José Joaquín de Virués y Espínola. On en connaît deux éditions: la première est de Madrid (1821), avec le nom du traducteur mais sans mention de Voltaire; la seconde est de Perpignan (1826), comportant l'indication d'être la traduction de l'œuvre de Voltaire mais avec le nom du traducteur caché sous des initiales placées à côté de celles d'une autre personne dont on ignore l'identité. En dehors de ces différences, la première édition présente une introduction de vingt pages, qui comprend un 'Prólogo del traductor' (p.i-xvii), un 'Hecho histórico que sirve de fundamento a este poema' (p.xviii) et des 'Indicaciones acerca de los principales personajes y objetos notables que se nombran en este poema' (p.xix-xx). Sont absents de cette édition les discours qui accompagnent souvent le poème dans les éditions françaises de l'époque et les notes de Voltaire; le traducteur en prévient cependant le lecteur dans la préface (p.xvii).

La deuxième édition offre un aspect très différent et plusieurs détails amènent à croire qu'elle a été faite à l'insu du traducteur. En effet, il n'est pas signalé qu'il s'agit d'une seconde édition et le nom du traducteur a été réduit à des initiales. Virués avait exprimé d'ailleurs dans la préface de l'édition de 1821 son projet de publier, dans une probable seconde édition, les notes et discours non inclus dans la première, 'uniendo a ellos el *Ensayo sobre el poema épico* del mismo autor' (p.xvii). En plus, dans l'édition de 1826, faite à l'étranger, la préface de Virués a été supprimée et on peut lire à sa place la 'Idea de la *Enriada*' (p.v-x) et un 'Bosquejo histórico de los acontecimientos que sirven de base a la fábula del poema de la *Enriada*' (p.xi-xx). D'une édition à l'autre le contenu du poème a subi plusieurs remaniements de très faible importance.

Comme pour Bazán, la préface de Virués, bien que beaucoup plus brève, s'avère énormément intéressante pour connaître le traducteur. En exposant tout d'abord l'objet de sa traduction, Virués signale qu'elle est de beaucoup antérieure à la rédaction de la préface – elle est datée du 26 octobre 1821 – et qu'elle a été faite 'en los intervalos de descanso de las tareas de nuestra obligación' (p.ii). Etant donné sa situation de militaire, ce temps de repos pourrait avoir eu lieu soit en 1811, lorsqu'il était prisonnier des Français, soit en 1814, lorsqu'il se trouvait éloigné de l'armée après la guerre.

A vrai dire Virués n'expose pas franchement quel a été son but en traduisant le poème. Le seul objet qu'il signale est celui de vérifier s'il était capable de surmonter les difficultés inhérentes à l'entreprise de traduire en vers (p.ii), et plus tard il révèle qu'il a osé offrir sa traduction au public parce que plusieurs écrivains distingués l'avaient accueillie favorablement, et surtout parce que 'el primero de nuestros poetas nos decía que esta traducción es acaso el libro español que contiene mayor número de aquellos versos felices que se graban en la memoria de todos, inevitablemente y para siempre' (p.ii-iii). Ce 'primero de nuestros poetas' pourrait être Meléndez Valdés ou Quintana, d'après Menéndez Pelayo, qui constate que 'no se ha de negar que hay buenos versos en esta traducción olvidada'.[147] Après avoir déploré que le nom de Voltaire soit 'disonante entre las personas timoratas que no han podido leer sus mejores obras, aunque inocentes y sobremanera instructivas' (p.iii), il justifie ne pas avoir soumis sa traduction à la censure parce que *La Henriade* est un ouvrage universellement regardé 'no sólo como un libro de oro en cuanto a doctrinas morales, filosóficas y políticas, sino como absolutamente exento de toda tacha en lo tocante a la pureza de los principios de nuestra sagrada religión, los cuales brillan en él con asombrosa y triunfante elocuencia' (p.iv). Virués fait ensuite l'éloge de *La Henriade* et s'attarde à considérer la mission différente du vers et de la prose dans les productions littéraires. Après avoir insisté sur la difficulté de traduire un texte poétique, il prévient le lecteur des possibles écarts qu'on peut trouver dans sa traduction si elle est confrontée à l'original, en déclarant (p.xv) que

toda expresión que puede parecer exagerada sobre la del texto debe atribuirse a la libertad indispensable para traducir en verso a un gran poeta, y no a otra causa alguna independiente del genio peculiar del autor, que es lo que se ha querido trasladar a una lengua tan superior como lo es la nuestra en energía, ya que no en exactitud, a la francesa.

La traduction de Virués, comme celle de Bazán, a été faite en vers hendécasyllabes à rime assonante, car il croit que ce type de versification est le plus convenable à une œuvre 'larga, grave, narrativa, escénica y variada' (p.xvi). Il suit l'original de près, autant que le lui permettent la différente versification et son désir de parvenir à une version poétique, c'est-à-dire, un poème en espagnol qui traduise les pensées de l'original français.

Le choix de la versification n'a pas été apprécié par le critique Lista dans son compte rendu de la traduction paru dans la revue *El Censor*; il propose l'emploi d'autres solutions techniques, plus appropriées, à son avis, à l'épopée. En tout cas, il faut signaler que c'est la seule remarque qu'il fasse à la traduction de Virués, qu'il considère un tour de force, eu égard à la difficulté du poème de Voltaire, plein de 'cualidades de estilo, claridad, dulzura, excelente invención, graciosa expresión de los sentimientos'.[148]

D'autres poèmes plus brefs de Voltaire ont été traduits en espagnol. Le plus ancien est le *Panegírico de Luis XV*, lequel avec les versions latine, italienne et

147. Menéndez Pelayo, *Heterodoxos*, v.294, n.1.
148. *El Censor*, no.82 (23 février 1822), p.275-92.

anglaise a été publié à Paris en 1749 par un traducteur anonyme.[149]

La *Vida de Federico II*, traduite du français en 1788-1789 par Bernardo María de Calzada, contient plusieurs allusions à Voltaire, ainsi que certains textes de lui, si bien que l'ouvrage a été condamné par l'Inquisition. Parmi les textes en traduction insérés dans la biographie du roi du Prusse se trouvent deux poèmes: le premier est dédié à la princesse Ulrique, sœur de Frédéric, plus tard reine de Suède, et l'autre est une ode adressée au roi de Prusse à l'occasion de son avènement.[150]

La Biblioteca nacional conserve une traduction en vers de la célèbre *Epître à Uranie*, sous le titre 'Carta de Voltaire a Urania'; l'auteur cache son identité sous les initiales G. A. L'épître, publiée dans l'édition de Kehl sous le titre *Le Pour et le contre*, a conservé cette dénomination dans la plupart des éditions postérieures. La 'Carta de Voltaire a Urania' reflète avec des inégalités les idées du texte français, qui vont de l'attaque violente du christianisme à la défense chaleureuse de la religion naturelle. Dans certains passages le traducteur a redoublé l'attaque en peignant sous des couleurs plus sombres encore les épisodes de l'histoire sacrée rapportés par Voltaire. Du point de vue littéraire le poème, écrit en hendécasyllabes à rime assonante alterne, présente peu d'intérêt. La Biblioteca nacional conserve de même en manuscrit une 'Lettera ad Urania di Mr de Voltaire', avec texte en grec et en italien.[151]

iii. Traductions d'ouvrages en prose

Les ouvrages en prose de Voltaire présentent, comme les productions en vers, une grande variété. Pour une simple question d'ordre seront abordés en premier lieu les ouvrages philosophiques, pour passer ensuite aux textes d'histoire et terminer par la partie la plus connue, c'est-à-dire, les récits.

L'*A, B, C, dialogue curieux traduit de l'anglais de M. Huet* a été publié par Voltaire en 1768 sans nom d'auteur. Ce sont dix-sept dialogues entre trois individus, nommés A, B et C, sur les différentes formes du gouvernement, avec de nombreuses attaques à l'Inquisition et à l'Eglise catholique. Quoiqu'aucun exemplaire ne nous soit parvenu, on connaît l'existence d'une traduction de cet ouvrage, les 'Diálogos del A. B. C.', qui a circulé sous la forme de plusieurs copies manuscrites à Salamanque. La traduction est attribuée à Ramón de Salas, professeur à l'université, par les témoins de son procès à l'Inquisition.

---

149. Cité par Todd, 'A provisional bibliography of published Spanish translations of Voltaire', *Studies on Voltaire* 161 (1976), no.220.
150. Ces poèmes se trouvent au volume iv (p.125 et 195-98 respectivement).
151. B.N., ms.18.252; cité par Roca, *Catálogo*, no.806.

Selon un de ces témoins, les dialogues 'se reducían a hacer burla y escarnio de los Santos Padres y un total desprecio de las Santas Escrituras y contra el Estado'.[152] A ce qu'il paraît, Salas portait le manuscrit dans ses poches et le lisait à haute voix, avec d'autres textes subversifs, dans des réunions qu'il tenait chez lui à partir de 1791.[153] Malgré l'identification entre ces 'Diálogos' et l'ouvrage de Voltaire au cours du procès, l'Inquisition ne semble pas y avoir fait attention, vu que le texte n'apparaît pas dans les édits de condamnation.

De portée philosophique et satirique est le *Rescrit de l'empereur de la Chine*, écrit par Voltaire contre Rousseau, et qu'un abonné du *Correo de Madrid* a envoyé en traduction à l'éditeur du périodique. La traduction a été insérée dans le numéro du 1er juillet 1789 et l'expéditeur, qui n'était sans doute que l'auteur lui-même, se cachait sous les initiales M. A. S. de T. Comparée au texte original, la traduction – avec des gallicismes et des fautes: le fleuve Jauno (Jaune), transparente (éclairé) – présente des variantes qui ne manquent pas d'intérêt: par exemple, Jean-Jacques est toujours nommé J. J. R., l'allusion au pape y est absente, les jésuites portugais sont réduits aux initiales J. P.

Le *Commentaire* publié par Voltaire en 1766 au traité de Beccaria *Dei delitti e delle pene* a été traduit et publié en espagnol en 1821, avec l'ouvrage de Beccaria, par Juan Rivera. Le commentaire n'a pas le nom du traducteur, mais on peut supposer que c'est le même qui a traduit le traité de l'Italien. Tout en faisant mention de cette édition, Palau signale l'édition de Paris (1833) comme la première édition de l'ouvrage de Beccaria avec le commentaire de Voltaire.[154] La première traduction espagnole de Beccaria a paru en 1774, par Juan Antonio de las Casas, rééditée à Paris en 1822 et 1828, avec le *Comentario* de Voltaire, qui a été conservé dans plusieurs rééditions jusqu'à nos jours.[155]

La *Philosophie de l'histoire*, titre primitif de l'introduction à l'*Essai sur les mœurs*, a été publiée pour la première fois en 1765. La traduction espagnole est tardive, elle date seulement de 1825 et a paru à Paris. Deux éditions ont vu le jour en Espagne, mais en dehors de l'époque étudiée (1838): l'une à Séville, sans le nom de l'auteur ('por un filósofo del siglo XVIII'), et l'autre à Madrid, attribuée à Voltaire. Le nom du traducteur nous reste inconnu.

Le volume intitulé *Filosofía de Voltaire* est un recueil de plusieurs ouvrages d'ordre philosophique, notamment le *Poème sur la loi naturelle* et le *Poème sur le désastre de Lisbonne*.[156] Il en existe une édition de Madrid, de 1822. Plus tard

---

152. Pinta, 'El sentido', p.104; le dossier du procès se trouve à l'A.H.N., Inquisición, liasse 3730-236.

153. Herr, *España y la revolución*, p.275.

154. Palau, *Manual del librero*, ii.129.

155. Voir Todd, 'A provisional bibliography', no.141-45.

156. Voici le contenu de cette édition: *Poema sobre la ley natural* (p.1-32); *Poema sobre el desastre de Lisboa* (p.33-49); *Es necesario tomar un partido, o el principio del movimiento* (p.51-136); *Ideas*

l'ouvrage a été réédité sans variations à La Corogne en 1837, et à Barcelone en 1868 avec des modifications.[157] Quoique Salvá signale dans un de ses catalogues une *Filosofía* de Voltaire, publiée à Paris en 1827,[158] il est très probable qu'il y ait eu une confusion avec l'ouvrage intitulé *Filosofía de la historia*, puisqu'il ne figure sur aucun répertoire.

De tous les grands ouvrages de Voltaire le premier qu'on a traduit est l'*Histoire de Charles XII*, qui est, d'ailleurs, la traduction la plus ancienne de Voltaire en espagnol. En effet, la première édition de l'*Historia de Carlos XII* est de 1734. L'auteur de la traduction, où le nom de Voltaire ne figure nulle part, est Leonardo de Uría y Urueta, jeune licencié en théologie. Six ans plus tard a paru une nouvelle édition qui a été examinée par les qualificateurs de l'Inquisition et expurgée par édit du 14 juillet 1743, non seulement à cause des propositions qu'elle contenait, mais parce qu'on a considéré 'el autor principal como vehementemente sospechoso de protestantismo y profesor de muchos errores contra nuestra santa fe católica'.[159] Cependant, les éditeurs ont fait peu de cas aux expurgations et les éditions successives ont donné le texte intégral, excepté la préface du second volume – partiellement expurgée – qui n'a pas été réimprimée. C'était aux lecteurs d'appliquer les expurgations sur leurs volumes en rayant les passages condamnés. Bien que le nom de Voltaire soit absent de la page de titre, la paternité de l'*Histoire de Charles XII* était connue; cependant, cette œuvre n'a pas été comprise dans la prohibition générale des ouvrages de Voltaire et l'Inquisition s'est limitée à rappeler les expurgations de 1743 dans les édits postérieurs. Les rééditions, toujours en deux volumes, ont vu le jour tout au long du siècle, en 1763, 1771, 1781, 1789 et 1794. Ces rééditions successives de l'*Historia de Carlos XII*, phénomène peu commun au dix-huitième siècle, sont la preuve de la faveur du public lecteur espagnol. Elle était toujours en vente en 1816, d'après les listes envoyées à l'Inquisition par des libraires de Madrid.[160]

La première édition de l'*Historia*, en 1734, contient deux préfaces du traducteur, puisque les deux volumes n'ont pas été publiés en même temps. Ces préfaces portent, notamment, sur les difficultés de la traduction et ont peu d'intérêt. On peut lire aussi les rapports des censeurs du Conseil de Castille,

republicanas por un ciudadano de Ginebra (p.139-75); *Los derechos de los hombres y las usurpaciones de los papas* (p.177-224); *De la paz perpetua, por el doctor Goodheart* (p.225-93); *Fragmento de las instrucciones para el príncipe real de *** (p.295-319); *El grito de las naciones* (p.321-45).

157. Voir Todd, 'A provisional bibliography', no.1-5.
158. Salvá, *Catálogo de los libros modernos, la mayor parte españolas, y algunos otros artículos de la librería española de Salvá e hijo* (París 1836), p.29.
159. Edit du 14 juillet 1743 (B.N., ms.13.218).
160. Elle se trouve dans les listes de la librairie de la veuve de Barco López, rue de la Cruz, et dans celle de Barco, rue Carretas (A.H.N., Inquisición, liasses 4510-3 et 4510-9, respectivement).

très favorables non seulement pour le traducteur, mais aussi pour l'auteur principal. Un des censeurs, Joseph López Ibáñez, commence son rapport par ces mots:

Es su argumento principal la descripción puntual de la heroica vida y preclarísimos hechos de Carlos XII, rey de Suecia y asombroso escándalo del orbe, que en francés escribió admirablemente Monsieur de Voltaire y ahora la vierte al nuestro castellano el licenciado Don Leonardo de Uría y Urueta, con tanta propiedad y destreza, que ni en un ápice dice discrepancia.

Après de nouvelles éloges de l'ouvrage il croit que l'accueil obtenu en France est la preuve suffisante de son mérite, si bien qu'il conclut que l'histoire peut être imprimée puisqu'elle ne contient rien qui s'oppose aux lois, aux mœurs ni aux dogmes de la religion catholique. Le second censeur, frère Juan Talamanco, après avoir loué les exploits du biographé et les excellences de la traduction, accorde aussi son approbation.

A partir de la seconde édition l'ouvrage contient une *Carta de M. de La Motraye a M. de Voltaire*, publiée à Londres en 1732, qui renferme plusieurs rectifications à l'ouvrage de Voltaire. Dans l'édition de 1741 la *Carta* a une pagination particulière, mais à partir de la troisième édition elle est insérée dans le second volume.

Les nouvelles se rapportant à la traduction de l'*Essai sur les mœurs* sont peu nombreuses: elle a été publiée à Paris en 1827, le nom du traducteur se cachant sous les initiales D. J. J. Elles n'appartiennent pas à José Marchena qui, dans une brochure qu'il a fait imprimer en 1819, annonçait qu'il allait publier une traduction de l'ouvrage.[161]

Les romans et contes sont à présent la partie de l'œuvre de Voltaire la plus connue du grand public. Mais à l'époque de l'auteur ils devaient partager leur célébrité avec d'autres productions dans le goût du temps – la tragédie, l'histoire, la poésie épique – qui sont moins appréciées de nos jours. Ceci expliquerait, en partie, la tardive apparition en Espagne des récits voltairiens, dont le premier n'a vu le jour qu'en 1786. C'est *Micromégas*, roman traduit par Blas Corchos, auteur très peu connu. Le roman a été sans doute publié à la fin de 1786, puisque l'annonce apparaît dans un journal du début de l'année suivante:

El Micromegas. Singular viaje que un habitante de la estrella Sirio, de altura nunca vista, y otro de Saturno, mucho más pequeño, hicieron a nuestro globo, con muchas y extraordinarias particularidades que en él les sucedieron. Obra escrita en francés por Mr. Voltaire, en crítica de algunas extravagancias y errores de los más célebres astrónomos y filósofos de su tiempo: expurgada y traducida al castellano por D. Blas Corchos,

---

161. Menéndez Pelayo, *Heterodoxos*, v.454-55.

profesor de Jurisprudencia, quien le ha añadido algunas notas para mayor claridad.[162]

Dans l'annonce la paternité de l'ouvrage est mise en évidence, quoique le nom de Voltaire fût absent de la page de titre. Mais on y fait allusion à des expurgations introduites par le traducteur lui-même, ce qui a fait peut-être éloigner les soupçons de l'Inquisition. Quoiqu'il en soit, l'ouvrage n'a pas été pris en considération par le Saint-Office, malgré l'attribution à Voltaire.

Les notes du traducteur n'apportent pas de grands éclaircissements; on peut signaler, nonobstant, la note à des mots de Voltaire sur la petitesse de l'homme, qui font dire au traducteur: 'Maravillosa reflexión que nos hace conocer nuestra pequeñez y miserias, en comparación del Ser Supremo, para humillar nuestra vanidad y altanería' (p.54).

Quant aux expurgations du traducteur, elles ne sont pas très nombreuses, du fait que le récit contient peu d'attaques concrètes à la religion ou à l'autorité civile, qui sont toujours des points délicats. Ainsi, le traducteur enlève-t-il le caractère sacerdotal à un archevêque, car plus tard il devait nous parler de ses enfants. A mon avis, la modification la plus importante, et qui représente une prise de position du traducteur, a été introduite vers la fin du récit, lorsque Micromégas demande à plusieurs philosophes ce qu'ils entendent par 'âme'. Dans le texte de Voltaire la question est répondue par un péripatéticien, un cartésien, un malebranchiste, un leibnizien, un partisan de Locke, et un scolastique qui porte l'habit des docteurs en Sorbonne et qui est l'objet des rires de Micromégas. Dans la traduction, ce personnage est remplacé par un philosophe moderne, qui est aussi la risée des assistants (p.49):

Estaba allí por desdicha un pequeño animalito muy petimetre que llevaba el sombrero apaisado a la última moda que había salido en París y cortó la palabra a todos los demás insectos filosóficos y dijo que se compadecía de los extraños modos de delirar que habían tomado tocante al alma, siendo así que no había tal alma, que nosotros éramos lo mismo que un reloj, que no obramos por nosotros mismos sino por influjo de la cuerda que teníamos dada y finalmente que el morir los hombres era, o que se descomponía la máquina o se acababa la cuerda.

A l'exception des modifications signalées, la traduction de Corchos est fidèle au texte voltairien.

Une allusion à ce récit se trouve dans une critique du *Viaje por mis faltriqueras*, traduction de Bernardo María Calzada, insérée dans le périodique *Efemérides de España* de 1805: 'Teníamos los *Viajes de Gulliver*, imaginación chistosa, original y llena de filosofía; el *Viaje al país de las monas*, que no le va en zaga;

---

162. *Correo de Madrid* (12 janvier 1787).

otro u otros a la luna y a los países imaginarios, y también de un habitante de la estrella Sirio, llamado Micromegas.'[163]

La traduction de *Zadig* a vu le jour en 1804, œuvre d'un traducteur anonyme qui a utilisé sans doute le texte de l'édition de Kehl de 1784, où se trouvent deux chapitres ('Le bal' et 'Les yeux bleus') non insérés dans les éditions précédentes. Le roman, qui ne présente pas de différences par rapport au texte original, a été condamné par l'Inquisition le 20 septembre 1806. Dans un catalogue de l'éditeur de Valence Cabrerizo, paru en 1827, figure un *Zadig, o el destino*, édition qui n'apparaît signalée nulle part ailleurs et que probablement n'a jamais vu le jour.[164]

La première traduction complète des romans et contes est l'œuvre de José Marchena. Bien qu'il avait annoncé dans une brochure de 1819 qu'il pensait publier des traductions du *Siècle de Louis XIV* et de l'*Essai sur les mœurs*, ces ouvrages n'ont jamais paru. Par conséquent, les 'engendros volterianos' avec lesquels Marchena aurait inondé l'Espagne, selon Menéndez Pelayo,[165] se réduisent aux seuls romans et contes.

La première édition des *Novelas* de Voltaire traduites par Marchena a été faite à Bordeaux en 1819; une réédition dans la même ville est datée de 1822. La première impression espagnole – celle dont je me suis servi – est quelque peu tardive: elle se fait en 1836. Les traductions de Marchena ont connu par la suite de nombreuses éditions, soit dans leur ensemble, soit séparément.[166] C'est très probable que Marchena ait utilisé pour sa traduction l'édition de Kehl de 1784-1790, parce que deux récits portent dans leur traduction le titre qu'on leur a donné dans cette édition-là: *Les Aveugles juges des couleurs* (pour *Petite digression*) et *Bababec et les fakirs* (pour *Lettre d'un Turc*). Il manque, cependant, parmi les traductions le *Pot-pourri* et *Le Crocheteur borgne*, qui se trouvent dans l'édition de Kehl, tandis que l'*Eloge historique de la raison* a pris en traduction le titre *Viaje de la razón*. D'autre part, Marchena a procédé à une accommodation des romans au contexte espagnol, à commencer par les titres: *L'Homme aux quarante écus* est devenu *El hombre de los cincuenta ducados*, en utilisant une monnaie plus connue en Espagne; et *Jeannot et Colin* sont *Juanico y Perico*.

Je ne ferai point ici l'analyse des vingt-quatre récits qui composent la traduction de Marchena; je me bornerai à signaler la valeur littéraire de la

163. *Efemérides* (1805), i.278-79; cité par Montesinos, *Introducción a una historia de la novela en el siglo XIX; seguida del esbozo de una bibliografía española de traducciones de novelas (1800-1850)* (Madrid 1955), p.16.

164. Llorens, *Literatura, historia, política* (Madrid 1967), p.200, n.1.

165. Menéndez Pelayo, *Estudios*, iv.179-81.

166. Voir Todd, 'A provisional bibliography', *passim*.

version avec laquelle Marchena a recréé les récits de Voltaire et où un langage châtié s'allie à une grâce particulière; d'après Menéndez Pelayo, la traduction 'prueba lo que Marchena era capaz de hacer en prosa castellana cuando se ponía a ello con algún cuidado y no caía en la tentación de latinizar a todo trapo'.[167]

D'autre part, il la croit supérieure 'en gracejo y blanda ironía' à la traduction de *Candide* par Leandro Fernández de Moratín. Un manuscrit de cette version, moins connue que celle de l'abbé Marchena, est conservé à la Biblioteca nacional.[168] Sur la feuille de garde on peut lire: 'Traducción del *Candide* de Voltaire con prólogo para la *Mojigata*: obras mías.' Cependant, le manuscrit ne contient que la traduction du conte, qui n'est pas autographe de Moratín, mais en tout cas écrite sous ses yeux. Il existe deux éditions du conte en 1838, à Cadix et à Valence. Menéndez Pelayo soutient que l'édition de Cadix est fausse et qu'elle correspond aussi à Valence, se basant sur le format du livre et les caractères; Palau et Hidalgo signalent les deux éditions.[169] Je n'ai pu trouver que l'édition de Cadix. Contrairement à la traduction de Marchena, celle de Moratín n'a pas été rééditée au long du dix-neuvième siècle et elle a dû attendre jusqu'à nos jours pour paraître.[170] La date de rédaction du roman est inconnue; les biographes et les critiques de Moratín, attentifs surtout à sa production dramatique, n'en parlent que rarement. Une note manuscrite sur le faux titre de l'exemplaire de *Cándido* (édition de Cadix) que possède la Biblioteca nacional pourrait nous fournir une piste: 'Variantes que con la copia del original que Moratín hizo en Valencia el año 1814 y posee en la actualidad, ha encontrado respecto de este impreso Pascual A[... illisible].' En 1814, donc, la traduction était déjà prête. En fait, cette date pourrait s'entendre aussi bien pour l'original que pour la copie. Il est fort probable que pendant son séjour à Valence Moratín ait rendu son manuscrit à l'éditeur Cabrerizo. A proprement parler, les variantes annoncées ne sont que des corrections de plusieurs errata.

Dans l'édition de Cadix une petite note de l'éditeur fait l'éloge de la traduction de Moratín (p.5):

La hermosa traducción del optimismo de Voltaire que presentamos al público tiene más sal y más gracia que el original mismo. Es de nuestro inmortal Moratín, y con esto está hecho su mayor elogio. Una casualidad ha puesto en nuestras manos este precioso desahogo literario de estos dos hombres tan eminentes como célebres.

167. Menéndez Pelayo, *Estudios*, iv.183.
168. B.N. ms.6982. Un autre manuscrit du conte est décrit dans le *Catalogue de la bibliothèque de Ricardo Heredia, comte de Benahavis* (Paris 1892), ii.383.
169. Menéndez Pelayo, *Estudios*, iv.183, n.1; Palau, *Manual del librero*, xxviii.471; Hidalgo, *Diccionario general de bibliografía española* (Madrid 1862-1881), i.320-21.
170. Il existe deux éditions modernes: *Cándido, o el optimismo* (Madrid 1967) et *Cándido* (Madrid 1972), dans le même volume que *El ingenuo* de Marchena.

La traduction ne manque pas de l'esprit que Moratín communiquait à toutes ses productions; le style est agréable et fluide, et dans son ensemble la traduction est 'muy digna de su talento', d'après l'opinion de Menéndez Pelayo.[171] G. C. Rossi, de son côté, signale des coïncidences entre Moratín écrivain et Voltaire auteur de *Candide* (conception pessimiste de l'existence, problème de l'education de la jeunesse) et il croit qu'on devrait s'intéresser davantage à cette traduction, traditionnellement délaissée par la critique.[172]

iv. Les adaptations

L'œuvre d'un grand auteur donne lieu, en plus des traductions, à des adaptations de signe différent. Pour la plupart, les adaptations appartiennent à la production dramatique, ce qui n'a rien d'étonnant si l'on tient compte de l'énorme diffusion du théâtre de Voltaire en France et à l'étranger.

Une preuve des possibilités de la mise en scène et du succès remporté par une de ses tragédies, *Alzire*, est sa conversion en ballet. La pièce fournissait un cadre exotique où l'on pouvait assez facilement ébaucher une chorégraphie d'Indiens sur un fond de palmiers. En 1796 on a représenté sur le théâtre madrilène des Caños del Peral le 'baile heroico pantomimo' *La Alzira*, créé par Domingo Rossi, un Italien qui était directeur et maître des ballets du théâtre; le ballet a été sans doute imprimé la même année. L'argument et les personnages de ce ballet s'écartent de ceux de la tragédie de Voltaire; les différences sont mises en évidence dans le résumé qui précède l'ouvrage:

Guzmán, capitán español, habiendo obtenido ser virrey del Perú por voluntaria dimisión de su padre Don Alvaro, continuó la guerra contra los americanos con tal rigor, que se vio varias veces vencido de humanidad y generosidad por los mismos abatidos enemigos. Habiendo hecho prisionera a Alzira, reina de los charcas, quiso casarse con ella a porfía de los empeños de matrimonio contraidos anteriormente con Doña Elvira de Almagro, dama española, y sin consideración a la fe de esposa jurada por dicha reina a Zamoro, rey de otra parte del Perú, caido también prisionero en su poder. Para conseguir su intento, lo ocultó a Doña Elvira, dispuso la muerte de Zamoro, hizo que Alzira lo creyese difunto y se valió hasta de pretextos de religión, mas no consiguió sino una muerte alevosa por manos de su desesperado rival, a quien sin embargo perdonó ejemplarmente muriendo; y este heroico perdón adquirió a la España todos los corazones americanos.

On a chanté et publié en Espagne plusieurs opéras inspirés des tragédies de Voltaire. Ils appartiennent aux années 1820 et 1830, car l'opéra intitulé *Semíramis, o la venganza de Nino*, chanté en 1800, ne procède pas de la tragédie de Voltaire. En revanche, on a tiré de *Sémiramis* l'argument d'un opéra italien

---

171. Menéndez Pelayo, *Estudios*, iv.183.
172. Rossi, *Moratín*, p.122.

avec musique de Gioacchino Rossini, dont deux versions différentes ont été imprimées en Espagne: en 1827 à Madrid (avec réimpression en 1829) en italien et en espagnol, et en 1828 à Barcelone, uniquement en espagnol.

En rapport direct avec *Tancrède* de Voltaire, l'opéra de Rossini *Il Tancredi* a été joué et imprimé en italien seulement à Barcelone en 1817. A l'occasion de sa représentation dans d'autres villes on en a fait de nouvelles éditions: à Madrid, en 1822, une édition bilingue; à Valence (1826) seulement en espagnol; probablement l'année suivante on a eu une nouvelle édition à Cadix, en espagnol; et en 1829 à Madrid une édition bilingue. Les quatre éditions présentent un texte espagnol différent mais qui provient de la même source italienne. Par rapport à la tragédie de Voltaire le texte présente une différence dans le dénouement: Tancrède ne meurt pas, épouse Aménaïde, convaincu de l'innocence de la jeune fille, et il est élu gouverneur de Syracuse.

Après 1835 ont paru plusieurs rééditions de l'opéra *Semíramis*, ainsi que de nouveaux opéras imités de Voltaire et traduits de l'italien: *La Zaira* (Barcelona 1837), musique de Saverio Mercadante, et *Alzira* (Barcelona 1849), musique de Giuseppe Verdi.[173]

Juan Eugenio Hartzenbusch, célèbre auteur dramatique de l'époque romantique, s'est initié au théâtre notamment par la traduction de pièces françaises. Le fils de l'écrivain lui attribue la traduction de cinq pièces de Voltaire: les comédies *L'Enfant prodigue*, *Nanine* et *L'Ecossaise*, et les tragédies *Œdipe* et *Adélaïde Du Guesclin*.[174] La dernière est la seule pièce publiée, avec cependant des remaniements notables. 'El hijo pródigo' a été joué sur le théâtre privé de la famille, rue Flor Baja à Madrid, sans atteindre, comme le reste des traductions, les scènes publiques. Quant à 'Edipo', ce n'était pas, d'après tous les indices, une traduction pure et simple de Voltaire, mais une espèce de refonte, avec des fragments tirés aussi de Sophocle et de Sénèque.

Hartzenbusch a fait une première version d'*Adélaïde Du Guesclin* sous le titre 'Doña Leonor de Cabrera', jouée en 1827 sur la scène privée de la maison de ses parents. Trois ans plus tard il a remanié la tragédie, qui a pris le titre *Floresinda*, publiée en 1844 mais qui, d'après le fils de l'auteur, n'a jamais été jouée.[175] Dans une note mise à la fin de cette édition de *Floresinda* Hartzenbusch explique les raisons des changements introduits (p.52):

Esta traducción libre de la *Adelaida Duguesclin* fue hecha en 1827 con distintos personajes y título y retocada en 1830. Las alteraciones que se notan en ella con respecto al original provienen de que en las citadas épocas estaba prohibido no sólo traducir, sino aun leer

---

173. Voir, sur ces adaptations, mes 'Primeras adiciones a la bibliografía de traducciones españolas de Voltaire', *Anuario de filología* 7 (1981), p.435-42.

174. E. Hartzenbusch, *Bibliografía de Hartzenbusch* (Madrid 1900), p.132-33.

175. E. Hartzenbusch, *Bibliografía*, p.62.

a Voltaire, autor de *Adelaida*, y de que en *Floresinda* fue donde escribió sus primeros versos dramáticos el autor.

Si l'action d'*Adélaïde Du Guesclin* se déroule en France pendant les guerres de religion, celle de 'Doña Leonor de Cabrera' a pour cadre la Castille sous Pierre le Cruel. En dehors du changement de nom des personnages, la modification la plus remarquable est dans le dénouement, où l'héroïne, croyant que son amant a été tué, se donne la mort. Ce changement, d'après Ferrer del Río, serait dû au goût du public: 'Habiéndose estrenado un año antes el *Abufar* de Ducis, produjo general desagrado su desenlace con dos bodas y ninguna muerte, y la *Adelaida* adolecía del propio defecto.'[176] Dans la seconde version de la tragédie – *Floresinda* – l'action a été transportée à Narbonne à l'époque des visigoths; les personnages portent les noms de Vitimiro, Leandro, Recaredo, etc. Comme dans 'Doña Leonor de Cabrera', la pièce se termine par le suicide de la protagoniste.

D'après Sarrailh, il y a des ressemblances entre l'argument d'*Adélaïde Du Guesclin* et celui du drame d'Hartzenbusch *Alfonso el Casto* (1841): comme dans la tragédie de Voltaire, une exécution sera arrêtée, même après le son de la trompette (le canon chez Voltaire) qui l'annonce: le drame aura une fin heureuse. Et Sarrailh d'ajouter:

Au lieu de faire crever les yeux au comte et de faire enfermer Jimena dans un couvent, ainsi que chroniqueurs, poètes du Romancero et dramaturges l'avaient répété à l'envi, Hartzenbusch propose la solution bourgeoise du mariage, suivant en cela Voltaire, et aussi son goût profond pour le calme et la paix.[177]

Encore un point de contact entre Hartzenbusch et Voltaire a été relevé dans son drame *La madre de Pelayo* (1846), 'drama sombrío que revive con nombres españoles algo parecido a la historia de Mérope, argumento de la que es acaso la mejor entre las tragedias de Voltaire'.[178] La connaissance profonde du théâtre de Voltaire a exercé sans doute une influence sur les drames d'Hartzenbusch.

On a relevé aussi des réminiscences d'ouvrages de Voltaire dans des productions de Manuel José Quintana, qui 'adoraba en Voltaire y en sus obras con un respeto fanático'.[179] Albert Dérozier, par exemple, trouve des ressemblances entre *Zaïre* et *El Pelayo*, en se basant sur le meurtre par erreur des protagonistes féminines, Zaïre et Hormesinda, et sur ce que Pelayo, au lieu de punir sa sœur de maintenir des relations interdites, essaie de se venger du meurtrier Munuza,

---

176. Ferrer del Río, *Galería de la literatura española* (Madrid 1846), p.160.
177. Sarrailh, 'L'histoire et le drame romantique (à propos d'*Alfonso el Casto* d'Hartzenbusch)', *Bulletin hispanique* 38 (1936), p.39-40.
178. Piñeyro, *El Romanticismo en España* (Paris s.d.), p.136.
179. Blanco García, *La literatura española en el siglo XIX* (Madrid 1909), p.57-58.

ainsi que le ferait Nérestan, s'il était libre, avec Orosmane.[180] Cette interprétation me paraît hasardeuse: le fait que Quintana ait connu et apprécié *Zaïre* (ou, avec plus de sûreté, *La Xayra* de García de la Huerta) ne doit pas produire nécessairement une influence et la ressemblance de certains vers n'implique pas une imitation. Dérozier lui-même affirme ailleurs que les *Cartas a Lord Holland* s'inspirent des *Lettres philosophiques* (p.47, n.111). Quant à sa conception de l'histoire, que Quintana considère un passage du bien au mal et du mal au bien dans lequel se forgent les esprits des grands hommes, on y a vu aussi une influence de Voltaire, des 'resabios volterianos'.[181]

En dehors de ces renseignements modernes, il existe une nette allusion de l'époque, dans l'*Apología del altar y del trono* de Rafael de Vélez, qui voit reflétés dans l'ode *A Padilla* de Quintana 'las frases, la dicción, el estilo, el fuego y los términos' des tragédies *La Mort de César* et *Brutus*. Le père Vélez termine son discours par une comparaison entre Voltaire et Quintana:

¡Ah! Las plumas de Volter y de Q... no escriben sino con sangre. Un veneno el más mortífero confecciona sus tintas: el que los lea se contagia. Odio implacable a todo rey y un amor desenfrenado a la libertad; he aquí lo que respiran las dos composiciones. Si *La muerte de César* y la tragedia de *Bruto* no hubieran venido a España, *Juan Padilla* acaso no hubiera visto la luz.[182]

Au domaine théâtral appartient une légère imitation du *Brutus* dans *La viuda de Padilla* de Francisco Martínez de la Rosa. Selon Alcalá Galiano, ami du dramaturge, il lui avait conseillé d'utiliser la même ressource de Voltaire dans sa tragédie, lorsque Brutus, connaissant l'existence d'une conspiration, en parle à son fils, sans savoir qu'il est lui-même engagé dans le complot. D'après Alcalá Galiano, Martínez de la Rosa aurait utilisé cette péripétie avec plus d'habileté que Voltaire lui-même:

Aun es muy superior en este caso el poeta español al francés, porque en el primero queda, desde luego, descubierta la traición del amigo, cuando en el *Bruto* (no de las mejores tragedias de Voltaire, que no es el mejor autor dramático) todavía se necesita una nueva revelación para que conozca el delito del hijo y ciudadano el ofendido magistrado y padre.[183]

D'autre part, l'*Œdipe* de Voltaire n'a pas été absent, sans doute, de la pensée de Martínez de la Rosa au moment de la composition de son *Edipo*.

Plusieurs critiques ont considéré non pas une imitation, mais une parodie de Voltaire, la saynète *Zara* de Ramón de la Cruz. Je l'ai cru moi-même, influencé

180. Dérozier, *Manuel Josef Quintana et la naissance du libéralisme en Espagne* (Paris 1968), p.110-11.

181. Vila Selma, *Ideario de Manuel José Quintana* (Madrid 1961), p.90.

182. Vélez, *Apología del altar y del trono* (Madrid 1818), ii.29.

183. A. Alcalá Galiano, 'Memorias de un anciano', dans *Obras escogidas*, p.403.

par la critique précédente et à défaut de preuves du contraire.[184] J'ai trouvé par la suite que *Zara* n'était point une pièce originale de Ramón de la Cruz, mais la traduction d'un proverbe dramatique de Carmontelle intitulé *Alménorade*, lequel avait finalement un rapport indirect avec *Zaïre* de Voltaire.[185] Cependant, le titre donné par l'auteur espagnol, si voisin de celui de la tragédie de Voltaire, paraît signaler une certaine intention parodique, beaucoup plus évidente, en tout cas, que dans la pièce de Carmontelle.

Les adaptations d'ouvrages non dramatiques se réduisent à deux récits: *Zadig* et *Jeannot et Colin*. Ces adaptations, sans le nom de l'auteur ni du traducteur, ont été insérées dans deux périodiques. L'adaptation de *Zadig* a paru dans le *Diario noticioso, curioso-erudito y comercial, público y económico* de Madrid, édité par Manuel Ruiz de Uribe, en plusieurs livraisons, du 22 juin au 17 juillet 1759, sous le titre 'Instrucción para un joven que desea conducirse bien'.[186] Il n'y a aucune allusion à Voltaire et l'on ignore aussi le nom du traducteur, qui pourrait être, nonobstant, Juan Antonio Lozano, qui a occupé la place de rédacteur principal en 1759, après le départ de Francisco Mariano Nipho. On a supprimé avec soin dans la traduction les différentes allusions à la religion et au pouvoir, ainsi que l'épître dédicatoire; en dehors du titre du récit, on a modifié celui de plusieurs chapitres et les noms de certains personnages. Tel que le titre l'énonce, le récit a, dans sa version espagnole, un but éminemment moral:

Lector mío: si observas con cuidado las instrucciones que contiene, la hallarás digna de tus reflexiones, pues encierra una serie de contingencias y novedades que hacen ver la inconstancia de este mundo, la fealdad del vicio y la hermosura de la virtud, ésta perseguida, aquél protegido; pero sólo dichoso el que persevera hasta el fin, constante en la virtud.[187]

Dans ses grandes lignes, et à l'exception des cas où on a supprimé des mots, voire des phrases entières, l'adaptation reprend l'argument du conte voltairien. Cependant, et grâce aux coupures et aux remaniements, le texte primitif a été dépourvu de toute sa portée philosophique et critique, et il est devenu un petit conte à intention moralisatrice et didactique.

De son côté, l'adaptation de *Jeannot et Colin* a vu le jour dans la revue *La*

---

184. *Zara* a été publiée au tome vi (p.359-69) du *Teatro, o colección de los sainetes y demás obras dramáticas, de D. Ramón de la Cruz* (Madrid 1786-1791). Voir sur cet ouvrage Cotarelo, *Ramón de la Cruz*, p.141, 432; F. Palau, *Ramón de la Cruz*, p.58-61; McClelland, *Spanish drama*, i.314-16; Alborg, *Historia de la literatura española: siglo XVIII* (Madrid 1972), p.674; Lafarga, *Traducciones españolas del teatro francés (1700-1835): bibliografía de impresos* (Barcelona 1984), p.353-54.

185. Pour plus de détails, voir mon article 'Sobre la fuente desconocida de *Zara*, sainete de Ramón de la Cruz', *Anuario de filología* 3 (1977).

186. Voir Guinard, 'Une adaptation espagnole de *Zadig* au XVIIIe siècle', *Revue de littérature comparée* 32 (1958).

187. *Diario noticioso*, no.40 (17 juillet 1759), p.40; cité par Guinard, 'Une adaptation', p.494.

Minerva, o el revisor general de Madrid, dans le numéro du 28 mars 1806, sous le titre 'Rafael y Carlitos, o vanidad y modestia'.[188] On ne fait nulle part mention à son origine étrangère et le texte est signé par les initiales C. P. On a procédé à une adaptation du conte voltairien à l'ambiance espagnole: Paris devient Madrid, et le conseil que l'on donne à Jeannot d'écrire des romans se traduit dans l'adaptation par 'métete a traductor, que es oficio socorrido'. Cependant, les modifications les plus remarquables sont en rapport avec la fine satire du conte, car l'adaptateur a omis soigneusement toute référence aux ecclésiastiques et aux puissants.

188. Voir Sarrailh, 'Note sur une traduction espagnole de *Jeannot et Colin* de Voltaire, trouvée dans la revue de Madrid *La Minerva* du 28 mars 1806', *Revue de littérature comparée* 2 (1922).

5. Les traducteurs

Un élément non négligeable dans toute étude de diffusion ou de réception est la personnalité des intermédiaires et, plus concrètement, des traducteurs. J'ai réuni dans ce chapitre les notices relatives aux traducteurs à partir, notamment, de sources imprimées, voire assez connues. Nonobstant, la notice de plusieurs traducteurs – Corchos, Pisón y Vargas, Uría – se trouve réduite au minimum, faute d'information sur leur personne et leur activité. Ils se trouvent à côté de grands noms de la littérature, l'administration et la pensée du dix-huitième siècle en Espagne.

Altés, Francisco

Francisco Altés est né probablement à Barcelone vers 1780.[1] Son second nom était Casals, mais il a signé couramment Altés y Gurena, d'où l'anagramme *Selta Runega*. Il a été membre de l'Academia de buenas letras de Barcelone, dont il est devenu secrétaire en 1822, et il remplit le même poste à la municipalité constitutionnelle de Barcelone pendant la période libérale (1820-1823). Pendant ce temps il a dirigé le théâtre de la Santa Cruz et a collaboré au *Diario de Barcelona* et au *Diario constitucional* avec des poèmes à sujet politique. Sa prise de position libérale l'a amené à quitter l'Espagne en 1824 pour s'exiler en France; il est mort à Marseille en 1838.

Altés a laissé une production poétique variée et de valeur inégale, d'où émergent par leur énergie les poèmes patriotiques. Il a traduit ou adapté plusieurs romans, notamment *Valentine* de George Sand, et surtout des pièces, parmi lesquelles *Le Diplomate* de Scribe, *Angèle* d'Alexandre Dumas, *Le Trésor* d'Andrieux et *La Mort de César* de Voltaire. Il a donné de son cru plusieurs pièces au théâtre, notamment *El conde de Narbona*, *Gonzalo Bustos*, *Mudarra* et *Edipo en Tebas*.[2]

Bazán de Mendoza, Pedro

Pedro Bazán de Mendoza est né à Cambados, en Galice, le 22 janvier 1758.[3] Après des études à l'université de Santiago il a été reçu docteur en droit en 1782. Il a été membre de la Sociedad económica de amigos del país de Santiago

---

1. Voir surtout Elías de Molins, *Diccionario biográfico y bibliográfico de escritores y artistas catalanes del siglo XIX* (Barcelona 1889), i.37-47.
2. Pour les ouvrages d'Altés, voir A. Palau, *Manual del librero*, i.251-52; Fernández de Moratín, 'Catálogo', p.334.
3. Voir Couceiro, *Diccionario bio-bibliográfico de escritores* (Santiago 1951), i.135-36.

et de la Real Academia de derecho de Madrid. Le serment prêté en 1808 à Joseph Bonaparte lui a valu un grand nombre de charges et d'honneurs: intendant général de l'armée, chef de police de Santiago, chevalier de l'Ordre royal d'Espagne, professeur et directeur de l'université de Santiago. Mais à la fin de la domination française il a perdu tous ses postes officiels et a été expulsé de l'université par ses propres collègues. Il a suivi en France l'armée de Napoléon, se fixant à Paris, où il aurait gagné sa vie en traduisant des ouvrages français. Il est mort dans cette ville en 1835.

Avant même de quitter l'Espagne Bazán avait commencé à traduire des productions françaises. Ont été représentées, mais pas imprimées, 'Ester' et 'Británico', traductions de Racine.[4] On a publié assez tard, en 1806, une traduction anonyme de *Hirza, ou les Illinois* de Sauvigny, sous le titre *Religión, patria y honor triunfan del más ciego amor*, qu'on avait jouée quelques années plus tôt.[5]

Une anonyme *Carta de un patriota español* et un 'Discurso sobre la toma de Tarragona por las tropas francesas', prononcé à la cathédrale de Soria en 1811, appartiennent à l'époque de la domination française. Enfin, les traductions de *L'Art poétique* de Boileau (Alais 1817) et *La Henriade* seraient le fruit de ses embarras pécuniaires en France.

Bertrán, Tomás

Il est plus que probable que le 'ciudadano T. Bertrán', traducteur d'*Alzire*, ainsi que T. B. y S., traducteur de *Mahomet*, soient la même personne, c'est-à-dire, Tomás Bertrán y Soler, dont la chronologie, d'après le biographe Elías de Molins, correspond à celle des textes cités.[6] Tomás Bertrán, d'idéologie libérale, a été le fondateur à Barcelone d'une société littéraire des Amis de l'homme; à cause de ses activités politiques il a été déporté aux Canaries vers 1840.

Sa production littéraire est de signe politique et social; il a publié de 1840 à 1858, entre autres, un *Catecismo político arreglado a la Constitución española de 1837*, une *Monarquía constitucional*, un *Itinerario descriptivo de Cataluña*. Elías de Molins ne fait pas mention dans son *Diccionario* des traductions de Voltaire.

Burgos, Miguel de

La vie de Miguel de Burgos nous est inconnue. En tout cas, on peut dire de lui que sa famille possédait une imprimerie à Madrid, laquelle a publié sa

---

4. L'auteur lui-même, dans la préface de *La Henriada* (p.lxviii et n.1) fait référence à ces traductions, 'que se representaron con bastante aplauso en los teatros de Madrid'.

5. Cotarelo (*María del Rosario Fernández, 'la Tirana'*, Madrid 1897, p.145) ne signale pas de traducteur. La Biblioteca municipal de Madrid conserve un manuscrit de la tragédie avec les censures d'Ignacio López de Ayala, datées de 1786. Cependant, Qualia ('The vogue', p.161) attribue cette traduction à un certain Juan de Dios del Pech.

6. Elías de Molins, *Diccionario*, i.283-84.

traduction de *Mérope*, et qu'il a écrit justement une étude sur l'imprimerie, les *Observaciones sobre el arte de la imprenta*, publiées à Madrid en 1814.[7]

Calzada, Bernardo María de

Quoique sa bibliographie soit abondante, on connaît très peu l'existence de Calzada. Il est né vers 1750. Entré dans la carrière militaire, il a obtenu des emplois d'une certaine importance: d'après Menéndez Pelayo, il a été capitaine d'un régiment de cavalerie; Juan Antonio Llorente, qui l'a connu personnellement, affirme qu'il était colonel d'infanterie, tandis que sur la page de titre d'un de ses ouvrages figure qu'il était, du moins en 1790, lieutenant-colonel de cavalerie.[8] Il a rempli aussi le poste d'officier au secrétariat du ministère de la Guerre. Comme d'autres auteurs de son temps, Calzada a eu des démêlés avec l'Inquisition: plusieurs de ses ouvrages ont été condamnés et il a même été jugé.

La production littéraire de Calzada est abondante et s'étale des années 1780 jusqu'à la guerre d'Indépendance.[9] Une de ses grandes activités a été la traduction: Moratín l'a appelé 'eterno traductor de sus pecados'.[10] Les ouvrages traduits par Calzada sont variés: des pièces, un livre de voyages, un traité philosophique. En 1784 il a publié une traduction de la *Logique* de Condillac, un de ses premiers travaux, qui a eu en 1789 une seconde édition; la même année a vu le jour la tragédie originale *Motezuma*, en cinq actes et vers hendécasyllabes. En 1785 il a donné le drame *La subordinación militar*, traduit du français, et l'année suivante une version du poème de Louis Racine *La Religion*, insérée dans son *Desengaño de malos traductores*. A la même année appartient un *Discurso sobre cuánto contribuye a la felicidad de los Estados el respetar las costumbres*,[11] traduit du français, ainsi qu'un recueil de lettres sur l'éducation intitulé *Adela y Teodoro*. De 1787 est le drame *El hijo natural*, traduit de Diderot, et la tragédie *Catón en Útica*, tirée de Joseph Addison, ainsi qu'un *Arte de ser feliz*, soi-disant traduit de l'allemand. La traduction des *Fables* de La Fontaine a vu le jour en 1788; la même année Calzada a publié sa version d'*Alzire* de Voltaire et la *Vida de Federico II*, condamnée par l'Inquisition en 1792. En 1790 a paru la *Nueva floresta, o colección de chistes*; à partir de cette date la production de Calzada diminue. On doit signaler, cependant, une *Genealogía de Gil Blas de Santillana* (1791), où il insiste sur les origines espagnoles du roman de Lesage;

7. Voir A. Palau, *Manual del librero*, ii.468.
8. Menéndez Pelayo, *Heterodoxos*, v.286; Llorente, *Inquisición*, ii.354; B. M. de Calzada, *Nueva floresta, o colección de chistes* (Madrid 1790).
9. Voir Sempere, *Ensayo*, vi.231-32, note; A. Palau, *Manual del librero*, iii.65; Fernández de Moratín, 'Catálogo', p.332.
10. D'après Menéndez Pelayo, *Heterodoxos*, v.286.
11. Interdit par l'Inquisition par édit du 9 juillet 1796.

les *Viajes de Antenor por Grecia y Asia* (1802), traduction de Lantier; et un roman traduit de l'anglais, *Don Quijote con faldas*, qui est de 1808.[12]

Corchos, Blas

De la biographie de Blas Corchos on sait seulement qu'il était professeur de jurisprudence, ce qui est signalé sur la page de titre de sa traduction de *Micromégas*. Dans le *Correo de Madrid* on peut lire une 'Respuesta de D. Gil Tapón de Alcornoque a D. Blas Corchos sobre el uso de la voz "presidenta"', où le correspondant défend l'utilisation de ce mot, contrairement à l'opinion de Corchos.[13]

Cruz, Ramón de la

Ramón de la Cruz Cano y Olmedilla est né à Madrid en mars 1731.[14] La mort de son père l'a obligé à quitter le collège et chercher un emploi, qu'il a trouvé au ministère de la Justice, où il a occupé, jusqu'à la fin de sa vie, un modeste poste d'officier. Il a été élu en 1765 membre de l'Arcadia de Rome et, peu après, de l'Academia de buenas letras de Séville. Il a joui de la protection du duc d'Albe, puis de la comtesse-duchesse de Benavente. Il est mort à Madrid en mars 1794.

Ramón de la Cruz est un des grands auteurs dramatiques du dix-huitième siècle espagnol, bien que la plus grande partie de sa production soit composée de petites pièces, les saynètes, qui ont remporté, cependant, de grands succès à l'époque et ont été par la suite abondamment étudiées par les chercheurs.[15] Il est donc inutile de s'attarder sur cette partie de sa production; par contre, j'aimerais mettre l'accent sur un aspect moins abordé, celui de son activité de traducteur.[16]

Entre 1767 et 1773 Ramón de la Cruz a traduit plusieurs tragédies de Metastasio, en leur attribuant, selon un procédé très commun en Espagne, des titres pompeux: ainsi, *Ezio* devient *Aecio triunfante en Roma*; *Zenobia* disparaît sous le titre *Más puede el hombre que amor: querer a dos y ser firme*; *Talestre* devient *Entre un hijo y el esposo, antes esposa que madre: Talestris, reina de Egipto*. La première traduction espagnole d'une pièce de Shakespeare est l'œuvre de Ramón de la Cruz: c'est le *Hamleto*, traduit de la version française de Ducis et publié tardivement.[17] Il a donné aussi un *Bayaceto*, qui n'est pas une traduction

---

12. *The Female Quixote, or the adventures of Arabella* (1752) de Charlotte Lennox.

13. *Correo de Madrid*, nos.108, 109 (3, 7 novembre 1787).

14. Voir, surtout, Cotarelo, *Ramón de la Cruz*; Hamilton, 'A study of Spanish manners (1750-1800) from the plays of Ramón de la Cruz', *University of Illinois studies* 11 (1926).

15. Une bibliographie très complète se trouve dans Aguilar, *Bibliografía de autores españoles del siglo XVIII* (Madrid 1981-), ii.608-704.

16. Sur ces traductions, voir Cotarelo, *Ramón de la Cruz*, p.100-11.

17. Ces traductions sont répertoriées dans mon ouvrage *Traducciones españolas, passim*.

de Racine, comme l'affirme Cotarelo et, après lui, la plupart de la critique, mais du *Tamerlan, ou la mort de Bajazet* de Jacques Pradon. Il faut aussi signaler les versions d'*Eugénie* de Beaumarchais et de *L'Ecossaise* de Voltaire. Mais en dehors de ces grandes pièces, tragédies, drames, comédies en trois ou en cinq actes, Ramón de la Cruz a traduit ou adapté une cinquantaine de pièces françaises, pour la plupart en un acte, de Molière, Marivaux, Dancourt, Favart, Carmontelle, Legrand, qu'il a transformées en saynètes.[18]

Fernández de Moratín, Leandro

Leandro Fernández de Moratín est une des figures les plus caractéristiques de la littérature espagnole de la fin du dix-huitième siècle et, par conséquent, sa personnalité et son œuvre ont été abondamment étudiés.[19]

Il est né en 1760 à Madrid et, malgré l'opposition de son père, le poète et auteur dramatique Nicolás Fernández de Moratín, il a embrassé la carrière littéraire; il a remporté son premier succès en 1790 avec *El viejo y la niña*. Pensionné par le gouvernement, il a voyagé à Paris, où il a été témoin des moments les plus sanglants de la Révolution, et à Londres, pour faire après un long tour en Italie; il est rentré en 1797. Il a combiné l'activité littéraire avec l'exercice de plusieurs charges dans l'administration: secrétaire d'un office pour la traduction des textes officiels et directeur de la *Junta de Reforma* des théâtres. Du fait d'avoir accepté le poste de bibliothécaire à la Bibliothèque royale sous Joseph Bonaparte il a été soumis à un procès d'épuration. Il a vécu un temps à Barcelone et, plus tard, il est passé en France, où il est mort en juin 1828.

Sa production dramatique, qui contient les meilleurs comédies de mœurs de l'époque (*El barón*, *El sí de las niñas*), est bien connue, de même que les traductions de Molière et de Shakespeare. Beaucoup moins diffusée et appréciée est sa version du *Candide* de Voltaire.

García de la Huerta, Vicente

L'ordre alphabétique a voulu que trois des plus grands auteurs dramatiques du dix-huitième siècle – et bien différents, d'ailleurs – se trouvent ici rassemblés.

18. Voir, surtout, Gatti, 'Sobre las fuentes de los sainetes de Ramón de la Cruz', dans *Studia hispanica in honorem R. Lapesa* (Madrid 1972), complété par Lafarga, 'Ramón de la Cruz, adaptador de Carmontelle', *Annali dell'Istituto universitario orientale: sezione romanza* 24 (1982), et M. Coulon, dans la préface à son édition des *Sainetes* (Madrid 1985).

19. Le répertoire bibliographique le plus complet est celui de Livia Brunori, dans *Coloquio internacional sobre Leandro Fernández de Moratín: Bolonia 1978* (Abano Terme 1980), p.251-96, complété par l'article de la *Bibliografía* d'Aguilar (iii.341-402). On peut nonobstant relever des travaux importants: Andioc, *Sur la querelle*; Papell, *Moratín y su época* (Palma 1958); Revilla, *Juicio crítico de don Leandro Fernández de Moratín como autor cómico y comparación de su mérito con el del célebre Molière* (Sevilla 1833); Ruiz Morcuende, *Vocabulario de don Leandro Fernández de Moratín* (Madrid 1945); Vivanco, *Moratín y la Ilustración mágica* (Madrid 1972); ainsi que le numéro monographique de la *Revista de la Universidad de Madrid* 9 (1960).

5. Les traducteurs

Vicente García de la Huerta est né à Zafra (Estrémadure) le 9 mars 1734, dans le sein d'une famille de petite noblesse sans fortune.[20] Il a pu cependant étudier à Salamanque, se fixant plus tard à Madrid, où il est devenu archiviste du duc d'Albe et premier officier de la Bibliothèque royale. Il a été membre de l'Académie espagnole et des académies de l'histoire et des beaux-arts. En 1766 il a voyagé à Paris en qualité d'instituteur du duc d'Huéscar, fils du duc d'Albe. A son retour, et à cause de certains couplets contre le comte d'Aranda qu'on lui avait attribués, il fut condamné au bagne: il a passé neuf ans en prison, au Peñón de Vélez de la Gomera et à Oran. Depuis son retour à Madrid, en 1777, jusqu'au moment de sa mort, survenue en mars 1787, il s'est consacré activement à l'écriture et aux disputes avec ses ennemis littéraires, Forner, Tomás de Iriarte, Leandro Fernández de Moratín.

L'œuvre de García de la Huerta peut se diviser en deux grands groupes: le premier, fruit de l'étude et de l'érudition; et le second rempli par sa production littéraire à proprement parler. Dans le premier groupe il faut citer notamment la *Biblioteca militar española*, publiée à Madrid en 1760, œuvre de son époque d'archiviste de la maison d'Albe; les *Retratos de los reyes de España*, en six volumes (Madrid 1782-1797); et surtout son *Theatro hespañol* (Madrid, Imprimerie royale, 1785-1786), collection de dix-sept volumes où il a recueilli des comédies de Calderón et de son école (Moreto, Solís, Bances Candamo, etc.), sans publier même pas une comédie de Lope de Vega. Dans le tome dix-septième et dernier il a réuni ses trois tragédies: *Raquel*, *Agamenón vengado* et *Xayra*, ainsi qu'un catalogue de l'ancien théâtre espagnol qui comprend plus de six mille titres. La publication de cet ouvrage a provoqué l'apparition d'un grand nombre de pamphlets contre García de la Huerta, auxquels il a répondu avec autant d'autres.[21]

Les *Obras poéticas* de Huerta ont été imprimées en deux volumes à Madrid, en 1778-1779, par Sancha; l'éditeur Pantaleón Aznar a assuré une seconde édition en 1786, en deux volumes aussi. Quant au théâtre, García de la Huerta a publié la comédie *Lisi desdeñosa, o el bosque del Pardo* et les tragédies *Agamenón vengado*, *Raquel*, peut-être la meilleure – la seule, a-t-on dit – tragédie originale espagnole, jouée en 1778 et publiée un peu plus tard, probablement en 1780,[22]

20. L'étude la plus vaste sur cet auteur est celle de Ríos, *García de la Huerta*. On peut lire aussi: Cotarelo, *Iriarte, passim*; Andioc, *Sur la querelle*, p.275-370, et, du même, l'introduction à son édition de *Raquel* (Madrid 1970).

21. Sur cette querelle, voir, notamment, Cotarelo, *Iriarte*, p.334-43.

22. Voir sur cette tragédie, en plus des ouvrages cités (n.20), Asensio, 'La tragedia *Raquel* de Huerta fue estrenada en Orán', *Estudios* 18 (1962); Cazenave, 'Première représentation de *Raquel*', *Langues néo-latines* 118 (1951); Mancini, 'Per una revisione critica di García de la Huerta', dans *Studi di letteratura spagnuola* (Roma 1964); Segura, 'La *Raquel* de García de la Huerta', *Revista de estudios extremeños* 6 (1951).

et *La fe triunfante del amor y cetro, o Xayra*, traduction de *Zaïre*, dont la première édition est de 1784.

Gironella, Antonio

Antonio Gironella est né à Barcelone en 1789.[23] Il a été dans sa jeunesse un des collaborateurs du périodique libéral *El propagador de la libertad*. Il est mort à Paris en 1855.

Poète médiocre, il est connu surtout par ses pièces, originales ou adaptées du français: *Cristina, o el triunfo del talento, Los cuentos, o la boda del difunto, La muda, o los pescadores, Emilia, o la virtud sola*, parmi d'autres. Il a publié sous des initiales et en modifiant les titres deux pièces de Voltaire: *Hermenegilda, o el error funesto* (*Tancrède*) et *Telasco, o el triunfo de la fe* (*Alzire*).

Hickey, Margarita

Margarita Hickey y Pellizzoni est née probablement à Barcelone en 1753.[24] Son père, Domingo Hickey, d'origine irlandaise, était lieutenant-colonel dans l'armée espagnole, et sa mère, Ana Pellizzoni, était italienne. Elle est passée très jeune à Madrid et y est restée jusqu'à sa mort. Elle a été mariée à Antonio Aguirre, un gentilhomme très âgé du service de l'infant Luis Antonio, fils de Philippe V: elle était déjà veuve en 1779. On ne connaît pas la date exacte de sa mort, survenue sans doute au début du dix-neuvième siècle.

Margarita Hickey a utilisé dans ses ouvrages le pseudonyme Antonia Hernanda de la Oliva ou les initiales M. H. Sa valeur comme écrivain est inégale: une 'Descripción geográfica e histórica de todo el orbe conocido hasta ahora', composée en octosyllabes, n'a pas été publiée, après le rapport nettement défavorable d'Antonio de Capmany, secrétaire de l'Académie de l'histoire. En 1789 elle a donné une édition de ses ouvrages sous le titre *Poesías varias, sagradas, morales y profanas o amorosas*. L'ouvrage devait avoir deux volumes, mais le second, qui n'est pas mentionné dans les grandes bibliographies, n'a jamais vu le jour.[25] Le seul volume publié contient des poésies lyriques, des poèmes épiques et une traduction d'*Andromaque*. Les autres tragédies traduites et qui auraient sans doute occupé le second volume sont *Alzire* et *Zaïre*, d'après le rapport du censeur Casimiro Flórez Canseco, daté du 16 octobre 1787: 'De orden de V.A. se han remitido a mi censura tres tragedias, la *Andrómaca* de M. Racine, *Zayra* y *Alcira*, todas traducidas del francés al castellano.'[26] L'auteur elle-même affirme dans la préface avoir traduit *Zaïre*:

---

23. Voir Elías de Molins, *Diccionario*, i.661-62.
24. Voir Serrano Sanz, *Escritoras*, i.503-22.
25. A. Palau, *Manual del librero*, xiii.373-74. Le compte rendu paru dans le *Memorial literario* (xviii.341-42) ne fait allusion qu'au premier volume.
26. Cité par Serrano Sanz, *Escritoras*, i.509.

Hace algunos años que deseando ver cómo parecerían y si agradarían en España las tragedias compuestas en el gusto y método francés (tan celebradas en las demás naciones), emprendí traducir dos, de los dos más estimados autores trágicos de este tiempo: la *Andrómaca* de Racine y la *Zaira* de V....

Le manuscrit de 'Zaira' nous a été conservé, mais il n'existe aucune trace de la traduction d'*Alzire*.

La poésie de Margarita Hickey présente une grande variété de mètres: romances, rondeaux, sonnets, quatrains, dizains, huitains, etc. Elle est jugée par Leopoldo Augusto de Cueto en ces mots: 'Sectaria de la nueva escuela reformadora, esta señora no escribe en estilo conceptuoso, lo cual no es ya de suyo escaso mérito para la primera mitad del siglo XVIII. Su estilo es desigual y no siempre correcto, pero no le faltan desembarazo ni lozanía.'[27]

Iriarte, Bernardo de

Membre d'une famille très illustre dans les lettres espagnoles, Bernardo de Iriarte est né au Puerto de la Orotava (Canaries) le 18 février 1735.[28] Il s'est transféré très jeune à Madrid et en 1758 il a eu son premier emploi au ministère des Affaires étrangères (Secretaría de Estado). A l'âge de trente ans il a été élu à l'Académie espagnole. Il a exercé une grande influence à la cour et a été membre du Conseil du roi et du Conseil des Indes. A cause de certaines mésententes avec Godoy il a été exilé en 1804 en Andalousie et exonéré de toutes ses charges. Rappelé par Joseph Bonaparte, Iriarte a été nommé conseiller d'Etat, mais le retour de Ferdinand VII l'a obligé à quitter son pays. Il est mort à Bordeaux le 13 août 1814.

En 1774 on lui a intenté un procès à l'Inquisition après dénonciation de son frère, le dominicain Juan Tomás de Iriarte: il a été accusé d'avoir une correspondance avec Voltaire et d'avoir traduit sa tragédie *Tancrède*. Il s'en est tiré avec une peine relativement légère.[29]

En dehors de la traduction de *Tancrède*, qui a connu plusieurs éditions, Bernardo de Iriarte est l'auteur d'une *Profecía política, verificada en lo que está sucediendo a los portugueses por su ciega afición a los ingleses*, publiée en 1762 sans nom d'auteur, qu'il avait traduite du français en collaboration avec José Nicolás de Azara;[30] des 'Noticias de la vida literaria de D. Juan de Iriarte', mises en tête de la *Gramática latina* de son oncle (Madrid 1771), et d'un 'Juicio de la obra titulada *Observaciones del presbítero Cavanilles sobre el artículo "Espagne" de la "Nueva enciclopedia"* y reparos que ofrece aquel escrito', qui n'a pas été publié.

---

27. Cueto, 'Bosquejo', p.ccxxxiv.
28. Voir Cotarelo, *Iriarte, passim*; Millares, *Ensayo*, p.249-50.
29. Pinta, 'El sentido', p.79-114.
30. Iriarte avoue être l'auteur du pamphlet dans une lettre de 1808 à Francisco Angulo: voir Cotarelo, *Iriarte*, p.418-19.

En 1767 le comte d'Aranda a chargé Bernardo de Iriarte de choisir de l'ancien théâtre espagnol les pièces que l'on pourrait représenter dignement sur le Teatro de los Reales Sitios. Iriarte a dressé une liste d'une soixantaine de titres, accompagnée d'un rapport sur le théâtre espagnol où il trace une petite histoire du genre dramatique en Espagne et décrit la situation à l'époque.[31] Il insiste à nouveau sur la nécessité d'une réforme des théâtres dans un 'Papel que D. Bernardo de Iriarte extendió a instancias de D. Manuel de Ayala, comisario-corrector de dramas para el teatro de la Corte'.[32]

Iriarte, Tomás de

Tomás de Iriarte, frère de Bernardo, est né à Santa Cruz de Tenerife en septembre 1750.[33] Il avait quatorze ans lorsqu'il est allé à Madrid étudier sous la direction de son oncle, l'humaniste Juan de Iriarte. Il a été traducteur à la Secretaría de Estado (Affaires étrangères) et archiviste du Conseil suprême de la guerre. Habitué du café de la Fonda de San Sebastián, siège d'une *tertulia* ('réunion') célèbre, il a maintenu une vive polémique avec le fabuliste Samaniego et avec Forner. Il est mort en 1791, lorsqu'il était à l'apogée de sa vie littéraire.

Comme autant d'intellectuels de son temps, Iriarte a eu des démêlés avec l'Inquisition, à cause de certaines expressions dans ses ouvrages et de la lecture de livres interdits; il s'en est tiré à peu de frais, cependant: une abjuration et une courte pénitence.

Tomás de Iriarte est connu surtout comme poète. Grâce aux études de latin faites auprès de son oncle, il a pu traduire l'*Art poétique* d'Horace. Son poème didactique *La música*, ainsi que ses *Fábulas literarias en verso castellano* (1782), ont remporté un grand succès, même à l'étranger. La publication des *Fábulas* a déclenché la polémique avec Forner, qui s'est senti visé dans certains poèmes. Forner a lancé contre Iriarte *El asno erudito*, qui a eu comme réponse du fabuliste le pamphlet *Para casos tales suelen tener los maestros oficiales*. Une nouvelle attaque de Forner, *Los gramáticos*, concernant tous les Iriarte, n'a pas vu le jour à l'époque. Mais en dehors de la poésie, Iriarte a été auteur dramatique. Entre 1769 et 1772 il a traduit plusieurs pièces françaises pour le Teatro de los Reales Sitios: *Le Malade imaginaire* de Molière, *Le Méchant* de Gresset, *Le Philosophe*

31. 'Informe al conde de Aranda sobre el teatro', B.N., ms.9327.
32. Publié par Cotarelo, *Iriarte*, p.420-23.
33. En dehors de Cotarelo, *Iriarte*, et de Millares, *Ensayo*, p.249-318, on peut lire Clarke, 'On Iriarte's versification', *Publications of the Modern Language Association of America* 68 (1952); Rossi, 'La teorica del teatro in Juan Pablo Forner', *Filologia romanza* 5 (1958); Ruiz Alvarez, 'En torno a los Iriarte', *Revista bibliográfica y documental* 5 (1951); R. P. Sebold, 'Introducción' à l'édition de *El señorito mimado; La señorita malcriada* (Madrid 1978); Subirá, 'Estudios sobre el teatro madrileño: los melólogos de Rousseau, Iriarte y otros autores', *Revista de la biblioteca, archivo y museo* 5 (1928) et 'El filarmónico D. Tomás de Iriarte', *Anuario de estudios atlánticos* 9 (1963).

marié et *Le Dissipateur* de Destouches, *Le Marchand de Smyrne* de Chamfort, ainsi que *L'Ecossaise* et *L'Orphelin de la Chine* de Voltaire.[34] Par sa production originale, Iriarte est salué comme l'initiateur de la comédie de mœurs en Espagne, bien avant Moratín le jeune: *Hacer que hacemos, La señorita mal criada, El señorito mimado* et *El don de gentes* sont les titres de ses comédies. Il a donné aussi la petite pièce intitulée *La librería* et *Guzmán el Bueno*, monologue tragique avec des intermèdes en musique.

Marchena, José

José Marchena y Cueto, né à Utrera (Séville) en 1768, est un des personnages les plus curieux de son temps.[35] Il a reçu les ordres mineurs, d'où l'appelatif d'*abate* qu'on lui donne assez souvent. Sous la Révolution il est allé en France, où il a collaboré avec les services de propagande destinée à l'Espagne. Il a publié à cette époque plusieurs ouvrages, originaux et traduits, ainsi que des faux, tel un fragment du *Satiricon* de Pétrone. Revenu en Espagne avec les armées de Napoléon, il a été nommé par le roi Joseph directeur de la *Gaceta*. Il a donné alors plusieurs traductions dramatiques, notamment *Tartuffe* et *L'Ecole des femmes* de Molière. Rentré en France en 1814, il a continué à traduire pour gagner sa vie: c'est l'époque des *Lettres persanes*, de l'*Emile* et de *La Nouvelle Héloïse*, des romans et contes de Voltaire. Son plus grand ouvrage, cependant, ce sont les très sérieuses et classiques *Lecciones de filosofía moral y elocuencia*. Il est rentré définitivement en Espagne en 1820 et il est mort à Madrid au début de l'année suivante.

Montijo, comte du

Le comte du Montijo traducteur de Voltaire, de son vrai nom Eugenio Eulalio de Guzmán Portocarrero Palafox y Zúñiga, a été le fils d'une femme très célèbre dans l'Espagne du dix-huitième siècle, Francisca Portocarrero, comtesse du Montijo, et l'oncle d'Eugenia de Guzmán, future impératrice des Français.[36] Personnage d'esprit inquiet, le comte du Montijo, qui portait à l'époque le titre de comte de Teba, a été un ennemi acharné de Godoy et a pris part à l'émeute d'Aranjuez de mars 1808, déguisé en homme du peuple et sous le nom de 'tío

34. Voir Cotarelo, *Iriarte*, p.69.
35. Sur Marchena, on peut consulter Alarcos, 'El abate Marchena en Salamanca', dans *Homenaje ofrecido a Menéndez Pidal* (Madrid 1925); Lopez, 'Les premiers écrits'; Morel-Fatio, 'José Marchena et la propagande révolutionnaire en Espagne en 1792 et 1793', *Revue historique* 44 (1890); Schevill, 'The abate Marchena and French thought of the eighteenth century', *Revue de littérature comparée* 16 (1936); Menéndez Pelayo, introduction aux *Obras literarias* de Marchena (Sevilla 1892); F. Díaz-Plaja, *El abate Marchena* (León 1986).
36. Voir Corona, *Revolución y reacción en el reinado de Carlos IV* (Madrid 1957), p.345-47; P. de Demerson, 'Un personaje prerromántico: para la biografía del conde de Teba', *Cuadernos hispanoamericanos* 285 (1974).

Pedro'. Il a lutté contre les Français pendant la guerre d'Indépendance, mais avec peu de succès. Sous Ferdinand VII il a organisé à Grenade une société secrète d'inspiration libérale.[37] Entre 1830 et 1834, possible date de son décès, il a occupé un fauteuil à l'Académie espagnole.

En dehors de sa traduction du *Brutus* de Voltaire, il a publié plusieurs brochures de signe politique et historique.[38]

Olavide, Pablo de

Pablo de Olavide y Jáuregui est une figure très caractéristique de l'éclairé espagnol du dix-huitième siècle, homme politique, réformateur et écrivain.[39] Don Pablo est né à Lima en 1725. A vingt ans il était dans l'administration. Accusé de détournement de fonds, il a été appelé en 1752 à Madrid; le procès qu'on lui a intenté ne lui a pas empêché d'épouser une riche veuve et recevoir l'ordre de Santiago. Le comte d'Aranda, son protecteur, l'a fait nommer en 1765 *asistente* de Séville, intendant de l'Andalousie et, plus tard, surintendant des nouveaux établissements de Sierra Morena. L'œuvre d'Olavide en Andalousie a été remarquable: il a essayé la réforme de l'enseignement supérieur, fondé plusieurs villages et encouragé la faible économie de la région.

Olavide est l'auteur de plusieurs romans, en partie des adaptations du français,[40] mais il a porté particulièrement son attention au théâtre. En 1768, et malgré l'opposition des autorités locales, il a obtenu d'organiser à Séville des bals masqués – à l'instar de ce qu'Aranda avait fait à Madrid – et de faire cesser la prohibition des représentations dramatiques. Il a projeté même la construction d'un grand théâtre, qu'il n'a pu mener à bien. Par contre, il a eu beaucoup plus de chance dans l'organisation d'une espèce d'école dramatique pour la formation des comédiens, dirigée par le Français Louis Reynaud. La célébrité de ces acteurs a été si grande qu'en 1769 le marquis de Grimaldi, directeur du Teatro de los Reales Sitios, les a appelés à Madrid. C'est aussi par l'entremise d'Olavide qu'un théâtre français a pu être installé à Cadix en 1769, où il existait déjà une salle pour la comédie italienne.

Son esprit renovateur et entrepreneur a valu à Olavide une auréole d'homme éclairé et philosophe, d'autant plus qu'il avait même rendu visite à Voltaire en 1763, à son retour d'un voyage en Italie, ce qui n'était pas dans le goût de tous,

---

37. A. Alcalá Galiano, 'Recuerdos de un anciano', dans *Obras escogidas*, p.92-93.

38. Voir A. Palau, *Manual del librero*, xiv.24.

39. En dehors de Defourneaux, *Olavide*, voir Alcázar Molina, *Los hombres del reinado de Carlos III: D. Pablo de Olavide (el colonizador de Sierra Morena)* (Madrid 1927); Núñez, introduction aux *Obras dramáticas* d'Olavide.

40. María José Alonso Seoane a consacré plusieurs travaux aux romans d'Olavide: voir, notamment, 'La obra narrativa de Pablo de Olavide: nuevo planteamiento para su estudio', *Axerquia* 11 (1984), p.11-49.

et notamment d'un moine de La Carolina, frère Romualdo de Friburgo, qui l'a dénoncé à l'Inquisition. Le procès d'Olavide a eu un retentissement extraordinaire en Espagne et à l'étranger. Ses ennemis ont lancé au moment de sa chute une satire qui a circulé manuscrite en plusieurs copies sous le titre 'El siglo ilustrado, vida de D. Guindo Cerezo, nacido, educado, instruido y muerto según las luces del presente siglo, dado a luz para modelo de las costumbres por D. Justo Vera de la Ventosa'. Ont circulé aussi des couplets anonymes sur le procès de l'Inquisition, où il ne manque pas l'allusion à Voltaire:

> El discípulo mayor
> no ha de ser que su maestro;
> mas mi Pablo fue tan diestro
> que a su maestro excedió.
> Este fue, ¡Jesús, qué horror!,
> el pestífero Voltaire;
> de éste con gracia y donaire
> Pablo afirma que era hijo,
> y por su dicho colijo
> que no le enseñó algún fraile.[41]

Avant de terminer la peine imposée par l'Inquisition Olavide a pu passer en France, se fixant à Paris sous le nom de comte de Pilo. Il a fréquenté les encyclopédistes; Diderot, qui l'a connu, a écrit une notice biographique à son sujet;[42] plus tard, la Convention l'a nommé citoyen adoptif de la République. Cependant, il a été emprisonné sous la Terreur comme contre-révolutionnaire. Ayant obtenu en 1798 la permission de rentrer en Espagne, il a récupéré tous ses biens et une pension de 90.000 réaux, mais a refusé les postes officiels offerts par Godoy et Urquijo. Il s'est retiré à sa chère Andalousie, où il est mort en 1803, à Baeza.

L'œuvre d'Olavide présente un double aspect: littéraire et religieux. Du côté de la littérature il s'est penché surtout sur le théâtre. Il a ressenti les nécessités de la scène espagnole de son temps et il exprime sa pensée dans une lettre de 1773 à Tomás Sebastián y Latre:

Lo que la nación necesita son tragedias que la conmuevan y la instruyan, comedias que la diviertan y corrijan. Si se llega a este extremo, importa poco que nos presenten a griegos y romanos, mientras estén acomodados a nuestras costumbres, y es indiferente que sean obra de Calderón o Moreto. No es la gloria de estos autores, ni la de la nación, que no está ligada a la suya, lo que debemos buscar [...] Es necesario buscar el bien de

41. Cité par Castañeda, 'Relación del auto de fe en el que se condenó a don Pablo de Olavide, caballero del hábito de Santiago', *Revista de archivos, bibliotecas y museos* 35 (1916), p.93-111.
42. Diffusée par la *Correspondance littéraire* de Grimm en février 1780, et reproduite par Defourneaux, *Olavide*, p.472-75.

la nación, que quiere buenas piezas en todos los géneros, sea cual fuere su origen.[43]

A partir de 1768 Olavide se met à traduire des tragédies et des comédies, pour la plupart françaises, destinées au Teatro de los Reales Sitios. Avant la fin de 1770, d'après Cotarelo, ont été représentées les traductions du *Joueur* de Regnard, *Olympie* et *Mérope* de Voltaire, *Phèdre* de Racine, *Lina* de Lemierre et *Zelmire* de De Belloy.[44] Peu avant, à l'occasion du mariage de l'infante Marie-Louise, fille de Charles III, avec l'archiduc Léopold d'Autriche (1764), ont été représentées la tragédie *Hipermenestra*, traduction de Lemierre, et la *zarzuela*, ou opéra-comique, *El celoso burlado*, traduction de l'italien.[45] Outre les pièces citées Olavide a traduit *Mytridate* de Racine, *Zaïre* de Voltaire et le drame *Le Déserteur* de Mercier, ainsi que les opéras-comiques *Le Caprice amoureux, ou Ninette à la cour* de Favart et *Le Peintre amoureux de son modèle* d'Anseaume.

La partie la plus originale de l'œuvre d'Olavide répond à l'inspiration religieuse et elle est notamment le fruit de ses méditations pendant le temps qu'il est resté emprisonné en France. Il faut surtout signaler *El Evangelio en triunfo, o historia de un filósofo desengañado*, à sous-titre bien éloquent. L'ouvrage, publié pour la première fois en 1797, a connu plusieurs éditions en peu d'années; il a été traduit en français et en italien. Olavide a donné aussi en 1800 un *Salterio español, o versión parafrástica de los Salmos de David, de los Cánticos de Moisés, de otros cánticos y algunas oraciones de la Iglesia*. Etonnante fin, sans doute, pour un philosophe persécuté par l'Inquisition.

Pisón y Vargas, Juan

On ne connaît rien de la vie de Juan Pisón y Vargas. Quant à ses productions littéraires, en plus d'un poème héroï-comique, *La Perromaquia*, il a donné pour le théâtre *La Elmira*, traduction de Voltaire, et *El Rutzvanzcadt, o Quijote trágico*, qui se proposait de ridiculiser les mauvaises compositions tragiques.[46]

Porcel, José Antonio

José Antonio Porcel y Salablanca est né à Grenade en 1715.[47] Il a embrassé la carrière ecclésiastique et a été chanoine à l'église collégiale du Salvador et puis à la cathédrale de sa ville. Très connu comme orateur sacré, il a prêché plusieurs fois au palais royal de Madrid. Avant d'aller à la capitale il a fréquenté à Grenade

---

43. Cité par Defourneaux, *Olavide*, p.76-78.
44. Cotarelo, *Iriarte*, p.69.
45. Cotarelo, *Ramón de la Cruz*, p.55.
46. 'El estilo de este drama es burlesco y su fin el de hacer ridículas las malas composiciones trágicas' (*Memorial literario* de 1787, cité par Coe, *Catálogo*, p.199).
47. Voir Arco, 'El mejor ingenio granadino del siglo XVIII: don José Antonio Porcel y Salablanca', *Alhambra* 21 (1918); L. A. de Cueto, 'Noticia biográfica de Porcel', dans *Poetas líricos*, lxi.136-37; Orozco, *Porcel y el barroquismo literario del siglo XVIII* (Oviedo 1968).

l'académie littéraire du Trípode, animée par son ami et protecteur le comte de Torrepalma. A la cour il a assisté aux réunions de l'académie du Buen Gusto, chez la marquise de Sarria. En janvier 1752 il a été élu à l'Académie espagnole et son nom est inscrit dans le catalogue des Autorités. Il est rentré en 1760 à Grenade, où il est mort en 1794.

Par son œuvre poétique Porcel est considéré le dernier grand représentant du baroque. Dans ses fables, sonnets et chansons, et surtout dans son long poème *El Adonis*, on sent l'influence de Góngora, que Porcel tenait pour son maître. Les poèmes constituent la partie originale de l'œuvre de Porcel, le reste étant formé par des traductions. Il a traduit en vers la comédie écrite en prose par le jésuite Guillaume-Hyacinthe Bougeant sous le titre *La Dame docteur, ou la théologie tombée en quenouille*. La pièce, qui est une satire du jansénisme, a été traduite en 1753 sur commande du père Rávago, jésuite confesseur de Ferdinand VI; la comédie, qui n'a jamais été imprimée, est précédée d'une notice sur le jansénisme et sur ce qui est arrivé en France à l'occasion de la bulle *Unigenitus*. En dehors de *Mérope*, traduction de Voltaire publiée sous l'anagramme Lecorp, Porcel a écrit 'El amante estatua', comédie adaptée du français;[48] le *Facistol*, traduction en vers du *Lutrin* de Boileau, et un *Tratado de la educación pública*, traduit du français de Guiton de Morveau et condamné par l'Inquisition en mars 1776.

Comme tant d'autres écrivains de son temps, Porcel s'est senti attiré par le théâtre. Dans cette approche à l'art dramatique, E. Orozco voit encore un point de contact entre Porcel et son maître Góngora: 'Y para que este paralelismo sea más completo, también nos deja el granadino algunas obras teatrales que [...] quedan en más modesto lugar. Así, la adaptación de la tragedia *Mérope*, *El amante estatua* y la traducción de *La dama doctor*.'[49]

Postigo, Juan Francisco del

On ne connaît rien de ce personnage de Cadix qui a donné une traduction de *Zaïre* sous le titre *Combates de amor y ley*, avec l'anagramme Fernando Jugaccís Pilotos; il est plus que probable qu'il n'ait jamais existé. Grâce à une surprenante interprétation de l'anagramme, F. Aguilar y a vu le nom de José Cadalso,[50] l'un des grands auteurs espagnols du dix-huitième siècle. On aimerait pouvoir souscrire à cette interprétation, qui ferait entrer dans le club des traducteurs de Voltaire l'un des grands écrivains de l'époque.

---

48. Cette pièce, de même que 'La dama doctor', n'a pas été publiée.
49. Orozco, *Porcel*, p.43.
50. Aguilar, '*Solaya*', p.14.

Rodríguez de Ledesma, Francisco

On possède très peu de renseignements sur la vie de Francisco Rodríguez de Ledesma; il a été militaire et député de la province d'Estrémadure, d'après la page de titre d'une pièce manuscrite conservée à la Biblioteca nacional,[51] et en 1800 il a exercé le rôle de secrétaire de la Junta de réforme des théâtres.[52]

Dans son catalogue Moratín fait mention des pièces imprimées: *Mahoma*, traduction de Voltaire, *El petardista adulador*, *El vicioso celibato*, *Lucrecia Pazzi*, *La moda*, *Virginia romana*, traduction d'Alfieri, *Leonido, o el amor desgraciado* et *La clemencia de Tito*, traduite de Metastasio. On lui a attribué aussi une traduction non localisée du *Père de famille* de Diderot.[53] La Biblioteca nacional conserve les manuscrits de la tragédie 'Asdrúbal' et de la comédie 'El muerto aparecido, o los aturdidos', traduction d'Andrieux. En dehors des pièces citées, Rodríguez de Ledesma a publié en 1805 un *Discurso sobre el voto de Santiago, o sea demostración de la falsedad en que se funda*, le poème *Los animales hablando*, traduit en 1813 de l'italien, de Giovanni Casti, et la même année un *Catecismo de la moral civil*.

Solís, Dionisio

Dionisio Villanueva y Ochoa, plus connu comme Dionisio Solís, est né à Cordoue en 1774.[54] En 1799 il est parti pour Madrid, où il a travaillé comme musicien et, plus tard, souffleur du théâtre de la Cruz; il est resté presque toute sa vie dans le monde théâtral. Après avoir combattu comme volontaire dans la guerre d'Indépendance, il a réagi violemment à l'envoi de l'expédition française de 1823 qui a rétabli le pouvoir absolu de Ferdinand VII. Son idéologie libérale lui a valu la repression de la censure absolutiste, qui a empêché la représentation de ces pièces. Il est mort assez obscurement à Madrid en 1834.

L'œuvre de Solís comprend deux grands genres: la poésie et le théâtre. Son œuvre poétique, très variée, contient des sonnets, des fables, des romances, etc., assez souvent d'inspiration patriotique.[55] Mais Solís est connu surtout de nos jours comme auteur et traducteur dramatique. Le théâtre original, qui reste encore inédit, se compose des tragédies 'Tello de Neira' et 'Blanca de Borbón' et des comédies 'La pupila', 'Las literatas' et 'La comparsa de repente'. Plusieurs de ces pièces ont été cependant jouées.

La plus grande partie de sa production dramatique est composée de traductions ou adaptations. Une des premières versions a été *Misantropía y arrepenti-*

---

51. 'Asdrúbal': voir Paz, *Catálogo*, no.256.
52. Cotarelo, *Máiquez*, p.78, n.1.
53. Fernández de Moratín, 'Catálogo', p.329, n.7.
54. Voir J. E. Hartzenbusch, 'Noticias de Solís', dans *Ensayos*, p.173-214, et 'Dionisio Solís'.
55. On peut lire les poésies de Solís dans *Poetas líricos*, lxvii.237-68.

miento, de Kotzebue, par l'intermédiaire d'une traduction française, jouée pour la première fois en 1800, avec un grand succès. Ce drame a été imprimé, ainsi que *Virginia* et *Orestes*, traductions d'Alfieri, *Camila*, inspirée de l'*Horace* cornélien, et *Juan de Calas*, traduction de Chénier. N'ont pas été publiés 'Zeidar, o la familia árabe', traduction d'*Abufar* de Ducis, 'El enredador', c'est-à-dire, le *Méchant* de Gresset, et 'La sevillana' et 'Mohammed', traductions de Voltaire. Solís s'est fait aussi une spécialité dans l'adaptation (*refundición*) de comédies espagnoles du dix-septième siècle au goût de l'époque: à signaler, notamment, *La villana de Vallecas*, *El mejor alcalde, el rey*, *El pastelero de Madrigal*, *La dama boba* et *El alcalde de Zalamea*.[56]

Trigueros, Cándido María

Cándido María Trigueros est né à Orgaz (Tolède) en 1736.[57] Il s'est fait ordonner prêtre et a passé la plupart de sa vie en Andalousie. Il a joui d'un bénéfice ecclésiastique à Carmona et il a été membre de l'académie de Buenas Letras et de la Société économique de Séville. Son activité littéraire et historique a été intense et variée. Il est mort en 1798.

Dans ses publications il a utilisé les pseudonymes Saturio Iguren et Crispín Caramillo. Ses poésies, qu'il a intitulées 'philosophiques', ont paru dans plusieurs brochures entre 1774 et 1778. Trigueros est connu de nos jours surtout par son poème *La riada*, de 1784, composé sur commande de la municipalité de Séville pour commémorer une crue du Guadalquivir, et qui a été violemment attaqué et satirisé par plusieurs de ses contemporains, et par sa comédie bourgeoise et sentimentale *Los menestrales*, qui a obtenu le premier prix d'un concours de la mairie de Madrid, mais qui a échoué à la représentation.

En dehors des *Menestrales*, Trigueros a donné pour le théâtre les tragédies *Buena esposa y mejor hija: la Necepsis* et *Egilona*, et les comédies *Duendes hay, señor don Gil* et *El precipitado*, toutes imprimées.[58] D'autres pièces sont restées manuscrites, notamment 'Los bacanales, o Ciane de Siracusa', 'Los ilustres salteadores' et 'Don Amador, o el indiscreto', traduction de Voltaire. Il a adapté plusieurs pièces de l'ancien théâtre espagnol: la meilleure réussite est la version de *La estrella de Sevilla* de Lope, qu'il a converti en tragédie sous le titre *Sancho Ortiz de la Roelas*.

---

56. Voir Stoudemire, 'Dionisio Solís'.
57. Sur Trigueros, voir Sempere, *Ensayo*, vi.61-108. Après avoir donné plusieurs articles sur cet auteur, F. Aguilar Piñal a publié récemment *Un escritor ilustrado: Cándido María Trigueras* (Madrid 1987); voir, pour les articles, les références données dans la bibliographie.
58. Fernández de Moratín, 'Catálogo', p.330.

Uría y Urueta, Leonardo

On ne connaît de Leonardo de Uría que ce qui est dit sur la page de titre de sa traduction de l'*Histoire de Charles XII*: qu'il était licencié en théologie et se portait candidat à une chaire à l'université de Valladolid.

Urquijo, Mariano Luis de

Mariano Luis de Urquijo est né à Bilbao en 1768.[59] Après avoir terminé ses études de droit il a séjourné en Angleterre. La publication, en 1791, de sa traduction de *La Mort de César* de Voltaire avec un 'Discurso sobre el estado actual de nuestros teatros y necesidad de su reforma' a fait qu'Urquijo soit soumis à un procès à l'Inquisition, mais il s'en est bien tiré, grâce à la protection du comte d'Aranda. A partir de ce moment son avancement dans la carrière politique a été fulgurant: en six ans, de 1792 à 1798, il a été successivement officier a la Secretaría de Estado (Affaires étrangères), secrétaire d'ambassade à Londres, ambassadeur près la République batave et ministre d'Etat.

Urquijo est l'exemple du politique éclairé et progressiste: il a protégé les lettres, l'agriculture et l'industrie, il a lutté avec force contre les prérogatives de l'Inquisition et de la papauté,[60] il a introduit le vaccin en Espagne, il a aboli l'esclavage. Mais il n'est resté au ministère que deux ans: renvoyé en décembre 1800 sous la pression de Napoléon, le pape et Godoy, il est rentré à sa ville et, accusé encore une fois à l'Inquisition, il a passé un an et demi en prison. Sous Joseph Bonaparte il a accepté le ministère d'Etat, ce qui lui a valu le bannissement en 1814. Passé en France, il a adopté la nationalité française. Il est mort à Paris en mai 1817. La municipalité lui a érigé un mausolée avec une inscription en français et en espagnol dans lequel on peut lire: 'vrai philosophe chrétien, modeste dans la prospérité, fort dans l'adversité, politique éclairé, savant, protecteur des sciences et des arts'.[61] Menéndez Pelayo ne peut cacher l'antipathie qu'il ressent pour Urquijo, qu'il qualifie de 'Personaje ligero, petulante e insípido, de alguna instrucción pero somera y bebida por lo general en las peores fuentes; lleno de proyectos filantrópicos y de utopías de regeneración y mejoras; [...] perverso y galicista escritor, con alardes de incrédulo y aun de republicano.'[62]

59. Voir, sur Urquijo, Corona, 'La cuestión entre el ministro Urquijo y el embajador francés Guillemardet', *Hispania* 7 (1947); Lamarque, 'Nota'; Sierra, 'La caída del primer ministro Urquijo', *Hispania* 23 (1963).

60. A la demande d'Urquijo, Charles IV avait signé un décret qui, pendant la vacance du saint-siège (Pie VI venait de mourir et les conditions politiques de l'Europe semblaient aller différer l'élection du nouveau pape), rendait aux évêques la plénitude de leurs facultés et attribuait au souverain le droit de consacrer les prélats. Le décret a été accepté par la plupart de l'épiscopat espagnol. (Voir Defourneaux, *Inquisición*, p.99-100.)

61. Llorente, *Inquisición*, ii.359-60.

62. Menéndez Pelayo, *Heterodoxos*, v.204-205.

5. Les traducteurs

Valladares, Antonio

Antonio Valladares de Sotomayor est né au milieu du dix-huitième siècle.[63] Son existence nous est mal connue. Entre 1787 et 1791 il a publié le périodique *Semanario erudito*, qu'il a repris en 1816 sous le titre *Nuevo semanario erudito*.

Il est l'auteur d'ouvrages de signe historique (*Vida interior de Felipe II, Historia de la isla de Puerto Rico*) et de romans (*La Leandra*), mais il est connu surtout comme auteur dramatique. Dans son 'Catálogo' Moratín signale 113 pièces imprimées[64] et à la Biblioteca nacional se trouvent d'autres comédies manuscrites. Sa production est assez variée: s'il a donné des pièces à spectacle, assez traditionnelles d'ailleurs (*El mágico de Astracán*), ses plus grands succès sont des comédies sentimentales: *El vinatero de Madrid, El carbonero de Londres, Las vivanderas ilustres*. Il a traduit ou adapté du français *La Brouette du vinaigrier* de Mercier (*El trapero de Madrid*), *Albert Ier* de Leblanc de Guillet (*El emperador Alberto I, o la Adelina*) et *Alzire* de Voltaire (*La Elmira*).

Viera y Clavijo, José de

José de Viera y Clavijo est né à Realejo Alto (Ténérife) en 1731. Il a suivi la carrière ecclésiastique et est devenu célèbre à La Laguna comme prêcheur; à la même époque il a fréquenté le salon du marquis de Villanueva del Prado, où se tenaient des réunions littéraires. En 1770 il s'est rendu à Madrid, où il est resté quatorze ans au service du marquis de Santa Cruz, qu'il a accompagné dans plusieurs voyages. Rentré aux Canaries, il a été nommé chanoine de Las Palmas. Il est mort dans cette ville en 1813.[65]

L'œuvre de Viera est assez variée. Il est connu surtout par des *Noticias de la historia general de las Islas Canarias*; mais il a cultivé aussi la littérature de création, notamment la poésie scientifique et didactique: *Los aires fijos, La elocuencia*. Une partie de sa production est occupée par les traductions: des poèmes de Delille (*Les Jardins, L'Homme des champs*), de Roucher (*Les Mois*), de Pope (*The Rape of the lock*), de Voltaire (*La Henriade*); ainsi que plusieurs pièces de Chamfort (*Mustapha et Zéangir*), de La Harpe (*Le Comte de Warwick, Les Barmécides*), ou de Voltaire (*Brutus*).

---

63. Voir, sur Valladares, Alcayde, *D. Antonio Valladares de Sotomayor (autor dramático del siglo XVIII) y la comedia 'El vinatero de Madrid'* (Madrid 1915); Herrera, 'Fuentes manuscritas e impresas de la obra literaria de D. Antonio Valladares de Sotomayor', *Cuadernos para la investigación de la literatura hispánica* 6 (1984); Del Monaco, *Introduzione alla bibliografia critica di Antonio Valladares de Sotomayor* (Bari 1979), et, de la même, 'Appunti su Antonio Valladares de Sotomayor', *Annali della Facoltà di lettere e filosofia dell'Università di Napoli* 22 (1979-1980).
64. Fernández de Moratín, 'Catálogo', p.331-32.
65. Voir Millares, *Ensayo*, p.515-69; A. Cioranescu, 'Viera y Clavijo', dans *Estudios*, p.205-48.

Villarroel, Lorenzo María de

La vie de Lorenzo María de Villarroel nous est inconnue. Il a porté les titres de marquis de Palacios et de vicomte de la Frontera et de Santarem.

Il a donné surtout des pièces. Moratín signale *Ana Bolena, El duque de Alburquerque, El conde de Garcisánchez, Hernán Cortés, El conde de Soré, Ana de Clèves, Abdolomino, El duque de Somerset, Semíramis*, parmi d'autres.[66] Il a traduit en vers *Le Père de famille*. Des poèmes de circonstances ont été publiés dans le *Correo de Madrid*, et le *Semanario erudito* a donné une 'Disertación critico-histórica sobre la causa de la alevosa muerte del joven D. Garci-Sánchez, último conde Castilla', qui est le sujet d'une de ses tragédies.[67]

Virués, José Joaquín de

José Joaquín de Virués y Espínola est né à Jerez de la Frontera en 1770.[68] Il a suivi la carrière militaire et s'est distingué au moment de la guerre du Portugal en 1801. En 1808 il a obtenu le grade de maréchal de camp. Pendant la guerre d'Indépendance il est tombé prisonnier des Français et a été transféré à Madrid. Les services prêtés par la suite à Joseph Bonaparte lui ont valu à la fin de la guerre la perte de ses charges et honneurs. Réhabilité plus tard, il a joué un certain rôle public pendant la période libérale, en particulier le commandement militaire de la province de Séville (1821). Les dernières années de sa vie ont été consacrées à l'activité littéraire et musicale. Il est mort à Madrid en 1840. Il a été chevalier des ordres de Calatrava et de San Juan, et membre de la Real Academia de nobles artes de San Fernando et de l'Accademia filarmonica de Bologne.

La production littéraire de Virués comprend les poèmes *La compasión* (1822) et *El cerco de Zamora* (1832) et plusieurs traductions: *La Henriade* de Voltaire, *Nueva traducción y paráfrasis genuina en romances españoles de los Salmos de David* (1825) et *Nueva traducción y paráfrasis genuina de los cánticos del Antiguo y del Nuevo Testamento y de los himnos de la santa Iglesia* (1837). Virués a été un des plus grands musicologues de son temps; sa production dans ce domaine comprend une *Cartilla armónica, o el contrapunto explicado en seis lecciones* (1825) et *La geneuphonía, o generación de la biensonancia música* (1831).[69]

Zacagnini, Antonio

Jésuite né à Cadix en 1724 et mort à Gênes en 1810, Antonio Zacagnini a été professeur de physique au Séminaire de nobles de Madrid et traducteur du

---

66. Fernández de Moratín, 'Catálogo', p.331.
67. *Semanario erudito*, vi.98-110; dans cet article on peut lire qu'il était membre d'une Academia historigeográfica à Valladolid.
68. Voir *Enciclopedia universal ilustrada*, s.v. 'Virués'.
69. Voir Cejador, *Historia*, vi.390; A. Palau, *Manual del librero*, vii.211.

Cours de physique expérimentale de l'abbé Nollet, ainsi que de *La Mort de César* de Voltaire.[70]

Zavala, Gaspar

Les renseignements sur Gaspar Zavala y Zamora sont peu abondants; par contre, ses nombreux ouvrages ont été répertoriés et ils nous sont bien connus. Zavala (ou Zabala) est né à Valence vers 1760.[71] Il s'est rendu très jeune à Madrid, où il a occupé plusieurs postes dans l'administration. En 1802, lorsque la *Junta de Reforma* des théâtres a pris fin, Zavala a proposé plusieurs plans de réforme, notamment la création de trois salles, consacrées à l'opéra, à la tragédie et à la comédie classique espagnole respectivement.

Au début de l'invasion française il a écrit et fait représenter des pièces d'exaltation patriotique qui ont obtenu beaucoup de succès: *Los patriotas de Aragón*, *La sombra de Pelayo, o el día feliz de España*. La consolidation de la domination napoléonienne l'a fait changer d'attitude, et il a même dédié à Joseph Bonaparte sa comédie *La clemencia de Tito, o el templo de la gloria*; mais après la prise de Madrid par le duc de Wellington, Zavala a donné à la scène *La alianza de España*, où il exaltait l'amitié anglo-espagnole. Il est mort à Madrid en 1816 ou en 1817.

En dehors de la traduction des *Novelas nuevas* de Florian (Madrid 1799) et d'une *Descripción de las fiestas con que celebró Madrid el nacimiento de los Serenísimos Infantes gemelos en romance heroico* (Madrid 1784) la production de Zavala est consacrée au théâtre. L'œuvre dramatique de Zavala est abondante et variée.[72] D'un côté, comme il est habituel chez les dramaturges espagnols de l'époque, il existe des traductions ou adaptations du français: *Semíramis* de Voltaire, *El imperio de las costumbres* de Lemierre, *Cenobia y Radamisto* de Crébillon, qui a eu un grand succès. Il a composé aussi des comédies à sujet historique, qu'on appréciait beaucoup à l'époque, soit sur des personnages de l'Antiquité (*Belerofonte en Licia*, *El Adriano en Siria*), soit sur des épisodes de l'histoire contemporaine, notamment le cycle consacré à Charles XII: *Triunfos de amor y ardid: Carlos XII, rey de Suecia*, *El sitio de Pultowa por Carlos XII* et *El sitiador sitiado y conquista de Stralsundo*.[73] Zavala a été tenté aussi par la comédie sentimentale à but moralisateur, et il a donné dans ce genre des titres bien connus à l'époque: *El amante honrado*, *Las víctimas del amor*, *Ana y Sindham*, *El premio de la humanidad*, *El triunfo del amor y la amistad: Jenwal y Faustina*. Bon

---

70. Je remercie Francisco Aguilar Piñal des renseignements sur ce personnage.
71. Voir Díaz de Escovar et Francisco Lasso de la Vega, *Historia del teatro español* (Barcelona 1924), p.327-30.
72. Fernández de Moratín, 'Catálogo', p.332-33.
73. Ces comédies héroïques ont contribué sans doute à faire connaître en Espagne la figure de ce roi, dont l'histoire par Voltaire a été imprimée en espagnol à plusieurs reprises au long du siècle.

connaisseur de l'ancien théâtre espagnol – il avait, comme il a été dit, proposé la création d'une salle consacrée exclusivement à l'ancien répertoire – Zavala a donné plusieurs pièces sous l'influence de ce théâtre, notamment *El calderero de San Germán*, qui est sans doute son chef-d'œuvre.

Conclusion

Nous pouvons dégager plusieurs considérations des pages qui précèdent. En premier lieu, au sujet de la diffusion de Voltaire en Espagne, on peut affirmer que Voltaire n'était pas inconnu au lecteur moyen du dix-huitième siècle; bien au contraire, il a été diffusé avec une certaine étendue, même si ce rayonnement a été assez souvent couvert, souterrain. Sa personnalité et son œuvre étaient connues, mais on évitait de prononcer son nom si c'était pour le louer. N'oublions pas qu'il était totalement défendu par l'Inquisition depuis 1762.

Les ouvrages de Voltaire avaient joui d'un bon accueil même parmi l'état ecclésiastique, et parfois d'une façon assez voyante: exemple le père visiteur d'un diocèse 'que daba él mismo a leer las obras de Voltaire y Rousseau a aquellos párrocos que habían adquirido alguna tintura de la lengua francesa, ponderándoles la importancia de tales escritos'.[1] Mais c'était presque toujours en sourdine, comme chez le jeune chartreux qui a montré à Blanco White – toutes précautions prises – un exemplaire des *Pièces fugitives* de Voltaire, 'del que habló apasionadamente'.[2] La seconde attitude était sans doute la plus répandue – non seulement parmi le clergé – et celui qui possédait un ouvrage de Voltaire ne le communiquait qu'à ses amis les plus intimes.

Une fois admis le fait de la diffusion clandestine, dont les références repérées ne seraient qu'un pâle reflet, il reste à évaluer leur nombre et leur qualité. Une première remarque à faire est le petit nombre d'allusions négatives relevées dans les ouvrages de l'époque, en dehors évidemment des livres des apologistes de la religion, dont les nombreuses attaques à Voltaire et à son œuvre viennent contre-carrer les éloges plus ou moins voilés que l'on rencontre chez les laïcs. Dans une analyse qualitative on apprécie l'absence presque totale d'ouvrages purement philosophiques. En effet, la plupart des allusions, favorables ou défavorables, portent sur des ouvrages strictement littéraires – s'il en existe chez Voltaire: *La Henriade*, les poésies, le théâtre, *Le Siècle de Louis XIV*. L'absence de critiques à des ouvrages philosophiques pourrait s'expliquer, comme dans l'aspect quantitatif, par les traités d'apologétique, dont le but était justement de réfuter les idées contenues dans ces ouvrages. Une constatation semblable a été établie par Lucienne Domergue après l'analyse des dossiers de l'Inquisition: les ouvrages littéraires et historiques sont plus lus que les productions purement philosophiques.[3]

1. Muriel, *Historia*, p.270a.
2. Blanco White, *Cartas de España* (Madrid 1972), p.188-89.
3. Domergue, *Tres calas en la censura dieciochesca* (Toulouse 1982), p.53.

Si la qualité des allusions répondait à la réalité, on pourrait affirmer nettement que le lecteur espagnol de l'époque s'intéressait très peu ou pas du tout aux ouvrages non littéraires. Richard Herr accorde une valeur idéologique à ce manque d'intérêt et il affirme que 'sus ataques contra las instituciones que se oponían a la libertad humana, especialmente en lo tocante a la religión y a la libertad de palabra, y las demostraciones de sus amigos sobre las inconsistencias de los dogmas sagrados no se leían porque no gustaban'.[4] Cependant, on pourrait ajouter à cette explication idéologique une explication littéraire. En général, les ouvrages à plus dense contenu idéologique ou philosophique sont les plus faibles du point de vue littéraire; il y a des exceptions – certains récits et pièces – qui viennent confirmer la règle. D'autre part, tous les ouvrages de Voltaire avaient été condamnés par l'Inquisition, sans faire distinction entre productions littéraires et philosophiques, et les prohibitions particulières frappent presque également les deux espèces d'ouvrages. Et même si quelques-uns ont essayé de les distinguer, celui qui lisait une comédie, toute inoffensive qu'elle pouvait lui sembler, commettait théoriquement la même faute que celui qui se délectait du plus irreligieux des pamphlets. Par conséquent, le contenu idéologique ne me semble pas déterminant dans l'acceptation ou le refus d'un ouvrage; au contraire, ces attitudes sont motivées, à mon avis, par des facteurs strictement littéraires. Mais il arrive que les deux hypothèses mènent au même résultat.

De son côté, l'analyse des rapports entre Voltaire et la censure espagnole – notamment la censure ecclésiastique – entraîne plusieurs considérations. Parmi les ouvrages français du dix-huitième siècle, ceux de Voltaire sont, et de beaucoup, les plus cités dans les édits de l'Inquisition, même si son nom y est souvent absent. Ce fait nous mène à une autre considération, celle du manque présumé d'information bibliographique chez les inquisiteurs. J'écris 'présumé' parce que certains auteurs – dont Menéndez Pelayo – en ont parlé avec méfiance, en voyant dans l'attitude des inquisiteurs une conscience large à l'égard des ouvrages de Voltaire. Je crois, nonobstant, à l'ignorance des inquisiteurs, même s'il existe des points obscurs, par exemple celui de *Candide*, qui n'a pas été interdit, malgré les qualifications négatives des censeurs. A vrai dire, l'Inquisition hésitait, étant soumise à de fortes pressions: d'une part le roi, toujours jaloux de ses régales, qui regardait le Saint-Office comme un organisme trop attaché à Rome; d'autre, l'élite éclairée, qui comptait avec des hommes très haut placés dans l'administration. L'Inquisition, médiatisée, n'agissait sévèrement que dans les cas où il lui était permis de le faire. C'est pourquoi le mot de Menéndez Pelayo semble peu juste lorsqu'il affirme que 'los inquisidores de Madrid eran

4. Herr, *España y la revolución*, p.71.

en su mayor parte tan jansenistas o, digámoslo mejor, tan volterianos como sus reos'.[5]

Le nombre des réfutations de la personnalité et l'œuvre de Voltaire en particulier, et des philosophes en général, pourrait être considéré, à la limite, comme un des aspects de la censure. Bien qu'on ne puisse pas parler de campagne organisée, car les adversaires de Voltaire ont agi en toute indépendance, ils ont eu en commun le fait d'être animés du même sentiment: la réfutation des opinions de Voltaire, notamment dans la domaine philosophique et religieux.

Plusieurs réfutations ont été traduites d'ouvrages publiés en France, pays où l'apologétique catholique – en tant que défense aux attaques des philosophes – a atteint un grand essor. Le nombre élevé des traductions montrerait l'intérêt qui existait en Espagne pour ce type d'ouvrages et, en même temps, la nécessité ressentie par les traducteurs de faire connaître ces traités en Espagne. Ce besoin serait la preuve évidente de la diffusion des idées auxquelles ils s'opposaient et du degré croissant de 'philosophisme' et d'impiété qu'ils décelaient dans certains secteurs de la société espagnole. La labeur des Espagnols dans ce domaine ne s'est pas limitée à servir de véhicule aux traités écrits en France, mais elle a produit ses propres ouvrages, avec des traits particuliers. Ainsi, à côté des noms des grands apologistes français – Nonnotte, Guyon, Barruel, Bergier – il faut citer ceux de plusieurs Espagnols, tels le père Cevallos et frère Rafael de Vélez parmi les ecclésiastiques. Des laïcs ont pris aussi la plume contre les philosophes, par exemple Juan Pablo Forner et Pablo de Olavide. Si la grande diffusion de cette espèce d'ouvrages paraît incontestable, il est plus difficile de connaître sa véritable portée. On peut bien supposer que ceux qui les lisaient le plus étaient ceux qui en avaient le moins besoin.

Le vaste panorama des traductions et adaptations d'ouvrages de Voltaire vient compléter, en l'enrichissant, l'image de cet auteur en Espagne. A la lumière de cette réalité on dégage plusieurs considérations. Tout d'abord la suprématie des ouvrages littéraires sur les productions philosophiques devient évidente. Dans ce sens, on doit signaler l'absence de traductions d'exemples très significatifs de l'activité philosophique de Voltaire, tels le *Dictionnaire philosophique*, les *Lettres philosophiques* ou *La Bible enfin expliquée*. Quant aux ouvrages littéraires à proprement parler, on remarque l'existence d'un grand nombre de traductions de pièces de théâtre, qui font de Voltaire l'auteur dramatique français le plus traduit à l'époque (en chiffres absolus). La célébrité immense dont il jouissait en France comme auteur dramatique n'a pas été absente, sans doute, à l'origine de ce phénomène. Les traductions des ouvrages poétiques sont rares: à l'excep-

5. Menéndez Pelayo, *Heterodoxos*, v.215.

tion des poèmes longs – *La Henriade, La Pucelle,* traduits tardivement – on connaît très peu de versions. Les ouvrages historiques, qui ont beaucoup contribué à la renommée de Voltaire, ont une faible présence parmi les traductions. On n'a traduit en espagnol que l'*Histoire de Charles XII,* qui est, à vrai dire, un ouvrage à mi-chemin entre le traité d'histoire et le récit romanesque, et l'*Essai sur les mœurs,* assez tard d'ailleurs. Par contre, *Le Siècle de Louis XIV,* que l'on connaissait assez bien, n'a jamais été traduit. Les romans et contes, à quelques exceptions près, ont connu un éveil tardif en langue espagnole.

Les différences évidentes entre le nombre et la nature des diverses traductions relevées nous conduisent à faire une remarque pareille à celle qu'on a faite au sujet des allusions à Voltaire dans des ouvrages de l'époque. D'une manière générale on pourrait établir une grande division entre ouvrages philosophiques et non philosophiques, et en raison de cette division on verrait nettement l'énorme différence existant entre les deux types d'ouvrages. Cette différence peut être motivée, à mon avis, par deux causes: la censure et le goût des traducteurs. En ce qui concerne la censure il faut avancer que les traductions publiées sous le nom de Voltaire sont plutôt rares et que celles-ci – à l'exception du *Bruto* imprimé à Amsterdam et de *La muerte de César* d'Urquijo – ont vu le jour à l'époque libérale (1820-1823). Etant donné que la censure inquisitoriale était postérieure à l'impression, le rôle du Saint-Office est nul dans ce domaine, la responsabilité étant du ressort du Conseil de Castille. Le problème ainsi posé, on doit considérer la question de l'information bibliographique des censeurs du Conseil: pouvaient-ils vraiment ignorer qui était l'auteur de *Mahomet* ou de *Zaïre?* Jovellanos savait très bien qui avait écrit *Alzire* et il l'a consigné dans son rapport, mais le Conseil a accordé à Calzada la licence pour faire imprimer sa traduction. On pourrait parler, donc, de tolérance, surtout à l'égard d'ouvrages peu compromettants, c'est-à-dire, faiblement philosophiques.

Mais j'ajouterai une seconde cause, non moins effective à mon avis: le rôle des traducteurs. En définitive, ce sont eux qui, en opérant un choix parmi les textes qu'ils voulaient traduire, ont produit la grande différence entre les ouvrages philosophiques et non philosophiques. Et en abordant le sujet des traducteurs, il faut signaler d'abord les différences existant entre eux: nous y rencontrons une dame avec des aspirations d'écrivain, Margarita Hickey; plusieurs membres du clergé, José Antonio Porcel, Cándido María Trigueros, Antonio Zacagnini; des professionnels de la littérature, tels García de la Huerta, Moratín, Marchena, Ramón de la Cruz, Tomás de Iriarte, Solís, Zavala, Valladares; et finalement des amateurs qui exercent des activités dans l'armée ou l'administration, comme Olavide, Bernardo de Iriarte, le comte du Montijo, Urquijo, Bazán ou Virués.

Si l'on y regarde de près, sous l'apparente hétérogénéité on trouve une donnée commune à plusieurs traducteurs, non en raison de leur activité ou état, mais de leur mentalité, leur but au moment de traduire et les conséquences qui s'en sont dégagées. En effet, plusieurs traducteurs sont des éclairés ou des progressistes – au dix-huitième siècle – des *afrancesados*, comme conséquence de la guerre d'Indépendance, ou des libéraux, dans le premier tiers du dix-neuvième siècle; d'autre part, il y en a qui ont été jugés et condamnés par l'Inquisition, ce qui met assez en évidence leur position. Pablo de Olavide et le premier ministre Urquijo sont l'exemple du politique éclairé, progressiste et réformateur, et ils ont été jugés, les deux, par le Saint-Office. Marchena, Moratín, Bazán sont le modèle de l'intellectuel *afrancesado* et les trois ont dû quitter leur patrie. Le comte du Montijo, organisateur d'une société secrète sous Ferdinand VII, Francisco Altés, membre de la municipalité constitutionnelle de Barcelone, et Dionisio Solís, auteur de poèmes contre l'intervention française de 1823 et attaché au gouvernement constitutionnel, sont l'exemple d'esprits libéraux et anti-absolutistes, et les deux derniers ont été persécutés à cause de cela.

Malheureusement, les traducteurs qui ont exprimé leur intention au moment de traduire ne sont pas nombreux. Les uns, comme García de la Huerta – s'il faut le croire – ou Juan Francisco del Postigo, affichent leur désir de contribuer à la réforme du goût théâtral. Les autres ont fait un choix idéologique. On n'est point surpris de voir le comte du Montijo traduire *Brutus* et Altés donner *La Mort de César* avec une intéressante modification, deux tragédies qui sont, dans le fond, une critique de la tyrannie et de l'absolutisme et une apologie de la liberté et de la démocratie.

Comme il est annoncé dans le titre lui-même, ce travail est limité dans le temps. Il est certain que la période étudiée est la plus riche en allusions, traductions, critiques et persécutions, et en tout cas la plus intéressante puisqu'elle coïncide avec l'époque de Voltaire – bien que notablement allongée vers la fin. Mais il est vrai aussi que les traductions ont continué à être publiées par la suite, comme Christopher Todd l'a si bien montré, et que la présence de Voltaire – on a des bases pour le supposer – a été constante, avec des fluctuations sans doute, dans la vie intellectuelle de l'Espagne du dix-neuvième siècle et des débuts du vingtième.

Les différents chemins pour l'estimation de la fortune de Voltaire en Espagne, que les lecteurs de ce livre ont pu parcourir jusqu'en 1835, restent donc ouverts. Un siècle et demi s'est écoulé: il est permis de croire que pendant ces années la renommée de Voltaire n'a pas faibli et que son influence sur les penseurs et les écrivains espagnols continue aussi agissante qu'elle l'était à son époque.

Appendices

Appendice A:
Catalogue des traductions et adaptations[1]

Adélaïde Du Guesclin

Floresinda, tragedia en cinco actos, imitada del francés por D. Juan Eugenio Hartzenbusch. Madrid, Imprenta de D. José Repullés, octubre de 1844. 52 pp. 18,5 cm.

Alzire

El triunfo de la moral cristiana o los americanos. Tragedia francesa. Por Don Bernardo María de Calzada. Madrid, Imprenta Real, MDCCLXXXVIII. 120 pp. 20,5 cm.

La Elmira. Tragedia en cinco actos. Por Juan Pisón y Vargas. México 1788. xx + 97 pp. 20 cm.

[Pisón y Vargas, Juan,] 'Tragedia en cinco actos. La Elmira'. Biblioteca municipal (Madrid), ms.108-16 bis. 20,5 cm.

[Pisón y Vargas, Juan,] 'Tragedia en cinco actos. La Elmira. De V.' Biblioteca Menéndez Pelayo (Santander), ms.218. 57 ff. 21 cm.

[Sumalde, Manuel de,] 'La Alcira'. Biblioteca del Instituto del teatro (Barcelona), ms.82.969 [1791]. 50 ff. 20,5 cm.

La Alzira. Baile heroico pantomimo, para representarse en el Teatro de los Caños del Peral de Madrid en el año de 1796. Compuesto por Don Domingo Rossi, impresario, director y maestro de bailes de dicho Teatro. Madrid, Blas Román, s.d. [1796?]. 16 pp. 14,5 cm.

[Valladares, Antonio?] *Elmira o la Americana. Tragedia en cinco actos.* Valencia, Imprenta de Domingo y Mompié, 1820. 79 pp. 15 cm.

[Valladares, Antonio?] *Elmira o la Americana. Tragedia en cinco actos.* Valencia, Imprenta y Librería de Mompié, 1820. 71 pp. 14 cm.

[Valladares, Antonio?] 'La Elmira americana'. Biblioteca municipal (Madrid), ms.108-16. 20 cm.

[Bertrán y Soler, Tomás?] *Alzira, tragedia en cinco actos en verso; escrita en francés por Voltaire, traducida en español por el ciudadano T. Bertrán.* Barcelona, José Torner, 1822. 83 pp. 15 cm.

'Los Americanos. Tragedia traducida del francés al español'. Biblioteca nacional (Madrid), ms.18.079. 6 ff. 20 cm.

---

1. On trouvera une plus complète description des traductions imprimées mentionnées dans ce catalogue dans la bibliographie de Christopher Todd.

[Gironella, Antonio,] *Telasco o el triunfo de la fe. Tragedia en cinco actos.* Barcelona, Juan Francisco Piferrer, 1833. xv + 60 pp. 14,5 cm.

Brutus

Bruto. Tragedia de Mr de Voltaire. Traducida del francés en español por B. García. Amsterdam, Oficina de G. y J. de Broen, MDCCLVIII. viii + 39 pp. 18 cm.

Viera y Clavijo, José, 'Junio Bruto. Tragedia, representada por la primera vez en París año de 1731'. Biblioteca municipal (Santa Cruz de Tenerife), ms.10-3-34 [1800]. 58 ff.

Bruto. Tragedia en cinco actos, traducida por el Excmo. Sr. Conde de Teba, en el año de 1805, y corregida por D.B.F.C. su amigo. Murcia, Imprenta de Mariano Bellido, 1820. 101 pp. 19 cm.

Bruto. Tragedia en cinco actos, traducida por el Excmo. Sr. Conde del Montijo, el año de 1805. Segunda edición. Madrid, imprenta Calle de la Greda, 1822. 95 pp. 19 cm.

Candide

Fernández de Moratín, Leandro, 'Cándido o el optimismo'. Biblioteca nacional (Madrid), ms.6982.

Fernández de Moratín, Leandro, *Cándido y la baronesita, o el optimismo de Voltaire; traducción inédita de Moratín.* Valencia, Cabrerizo, 1838.

Fernández de Moratín, Leandro, *Cándido o el optimismo, traducido por Moratín.* Cádiz, Imprenta de Santiponce, 1838. 358 pp. 14 cm.

Commentaire sur le livre des délits et des peines

Comentario sobre el libro de los delitos y de las penas, dans *Tratado de los delitos y de las penas, escrito en italiano por el marqués de Beccaria y traducido al castellano por Don Juan Rivera.* Madrid, Imprenta de D. Fermín Villalpando, 1821. xvi + 288 pp. 17 cm (p.231-86).

Comentario sobre el libro de los delitos y de las penas, por Voltaire, dans *Tratado de los delitos y de las penas, por Beccaria. Nueva traducción con el comentario.* Madrid, Imprenta de Albán; hállase también en casa de Rosa en París, 1822. xxiv + 408 pp. 17 cm (p.241-335).

Comentario sobre el libro de los delitos y de las penas, por Voltaire, dans *Tratado de los delitos y de las penas, por Beccaria. Nueva traducción con el comentario. Segunda edición, revista y corregida.* París, en casa de Rosa, 1828. xxiv + 408 pp. 17 cm (p.241-335).

Appendices

Charlot, ou la Comtesse de Guivry

'Carlos o la condesa de Guiri. Comedia en prosa traducida al castellano'. Biblioteca nacional (Madrid), ms.15.903. 23 ff. 21,5 cm.

Le Dépositaire

'El Depositario'. Biblioteca nacional (Madrid), ms.16.450 [1821]. 40 ff. 21 cm.

L'Ecossaise

[Iriarte, Tomás de,] *La escocesa. Comedia en prosa y en cinco actos. Traducida de francés en castellano.* Madrid, Imprenta Real de la Gaceta, MDCCLXIX. 94 pp. 19 cm.

[Cruz, Ramón de la,] 'La escocesa en verso, traducida del francés al castellano. En cinco actos'. Biblioteca municipal (Madrid), ms.111-13 [1775]. 20,5 cm.

[Cruz, Ramón de la,] *Comedia nueva La escocesa, en cinco actos. Traducida del inglés al castellano. Corregida y enmendada en esta segunda impresión.* [A la fin:] Barcelona, Imprenta de Carlos Gibert y Tutó, s.d. 35 pp. 21 cm.

[Cruz, Ramón de la,] *Comedia nueva La escocesa en cinco actos. Traducida del inglés al castellano. Corregida y enmendada en esta segunda impresión.* [A la fin:] Barcelona, Viuda Piferrer, s.d. 35 pp. 21 cm.

Epître à Uranie

'Carta de Voltaire a Urania. Traducida por D. G. A.' Biblioteca nacional (Madrid), ms.18.135, f.126-134.

Essai sur les mœurs

Ensayo sobre las costumbres y el espíritu de las naciones y sobre los principales hechos de la historia; por Voltaire, traducido al castellano por D. J. J. París, Librería Americana, 1827. 10 vols. 14 cm.

La Henriade

Viera y Clavijo, José de, 'La Enriada'. Biblioteca municipal (Santa Cruz de Tenerife), ms.10-3-50 [1800]. 103 ff.

Viera y Clavijo, José de, 'La Enriada', dans 'Poesías de D. José de Viera y Clavijo'. Museo canario (Las Palmas), ms.I.F.3, vol.iii.

La Henriada, poema épico francés traducido en verso español por el refugiado D. Pedro Bazán de Mendoza, antiguo señor de Torrecores y Vigo, etc. Catedrático perpetuo de Derecho y Director de la Real Universidad de Santiago de Galicia; de su Real

Sociedad Económica; de la Real Academia de Santa Bárbara de Madrid; de la Lis de Francia; antes, caballero de la Orden Real de España; Intendente general de ejército y de la provincia de Soria y consejero de Gobierno general. Alais, imprenta de Martin, 1816. cxii + 318 pp. 22 cm.

[Bazán de Mendoza, Pedro,] *La Henriada. Poema épico por M. de Voltaire. Traducido en verso español por D. B.M.* Barcelona, Librería de Ignacio Oliveres, 1836. x + 289 pp. 19 cm.

La Enriada en verso castellano. Por D. José Joaquín de Virués y Espínola. Madrid, Imprenta de D. Miguel de Burgos, 1821. xx + 234 pp. 19 cm.

[Virués y Espínola, José Joaquín de,] *La Enriada de Voltaire. Puesta en verso castellano por D. J. de V. y E. y D. A. L. y J.* Perpiñán, Librería de A. Lasserre, 1826. xx + 191 pp. 16,5 cm.

Histoire de Charles XII

Historia de Carlos XII, rey de Suecia. Traducida del idioma francés al español por Don Leonardo de Uría y Urueta, opositor a cátedras en la Universidad de Valladolid y licenciado en Sagrada Teología. Dedicada al señor Abad de Vivanco. Madrid, en el Convento de la Merced, 1734. 2 vols. 15 cm. (Le vol.ii porte cette mention: Madrid, Oficina de Manuel Martínez, 1734.)

Historia de Carlos XII, rey de Suecia, traducida del idioma francés al español por Don Leonardo de Uría y Urueta, opositor à cátedras en la Universidad de Valladolid y licenciado en Sagrada Teología. Corregida y añadida con las Reflexiones históricas y críticas de M. de la Motraye, en esta segunda impresión. Dedicada al Excelentísimo Señor Don Pedro Zoilo Téllez Girón Claros Pérez de Guzmán el Bueno, duque de Osuna, etc. Madrid, Imprenta de Lorenzo Francisco Mojados, 1740. 2 vols. 15 cm. (Le vol.ii porte cette mention: Madrid, 1741, se hallará en la Librería de Juan de Buitrago.)

Historia de Carlos XII, rey de Suecia, traducida del idioma francés al español por Don Leonardo de Uría y Urueta, opositor a cátedras en la Universidad de Valladolid y licenciado en Sagrada Teología. Corregida y añadida con las Reflexiones históricas y críticas de M. de la Motraye en esta última impresión. Madrid, Joaquín Ibarra, 1763. 2 vols. 15 cm.

Historia de Carlos XII, rey de Suecia, traducida del francés al español. Por Don Leonardo de Uría y Urueta, opositor a cátedras en la Universidad de Valladolid y licenciado en Sagrada Teología. Corregida y añadida con las Reflexiones históricas y críticas de M. de la Motraye en esta última impresión. Madrid, Imprenta de José Doblado, 1771. 2 vols. 15 cm.

Historia de Carlos XII, rey de Suecia, traducida del francés al español. Por Don Leonardo de Uría y Urueta, opositor a cátedras en la universidad de Valladolid y licenciado en Sagrada Teología. Corregida y añadida con las Reflexiones históricas y críticas de M. de la Motraye en esta última impresión. Madrid, Imprenta de Pedro Marín, 1781. 2 vols. 15 cm.

Historia de Carlos XII, rey de Suecia, traducida del idioma francés al español por Don Leonardo de Uría y Urueta, opositor a cátedras en la Universidad de Valladolid y licenciado en Sagrada Teología. Corregida y añadida con las Reflexiones históricas y críticas de M. de la Motraye en esta última impresión. Madrid, José de Urrutia, MDCCLXXXIX. 2 vols. 15 cm.

Historia de Carlos XII, rey de Suecia, traducida del francés al español por Don Leonardo de Uría y Urueta, licenciado en Sagrada Teología. Van añadidas las Reflexiones históricas y críticas de M. de la Motraye. Octava impresión, en la que van corregidos innumerables yerros que tenían las anteriores. Madrid, Imprenta de Aznar, 1794. 2 vols. 15 cm.

L'Indiscret

'Don Amador o el indiscreto. Comedia de Don Cándido María Trigueros'. Biblioteca nacional (Madrid), ms.18.072, f.86-91.

'D. Amador. Comedia de Don Cándido María Trigueros. De la Real Academia de Buenas Letras de la ciudad de Sevilla'. Biblioteca colombina (Sevilla), ms.84-4-35, f.90-142.

Jeannot et Colin

'Rafael y Carlitos, o vanidad y modestia', *La Minerva, o el revisor general* du 28 mars 1806, ii.113-23.

Le Fanatisme, ou Mahomet le prophète

[Iriarte, Tomás de,] 'Mahoma'. Biblioteca nacional (Madrid), ms.7922. (Publié par E. Cotarelo, *Iriarte y su época* (Madrid 1897), p.515-16.)

[Rodríguez de Ledesma, Francisco,] *El falso profeta Mahoma. Tragedia en cinco actos, traducida del francés en verso castellano por el L. D. F. R. de L. y V.* Madrid, Viuda de Joaquín Ibarra, 1794. viii + 155 pp. 19 cm.

[Rodríguez de Ledesma, Francisco,] *Tragedia heroica El falso profeta Mahoma. En cinco actos, traducida del francés en verso castellano. Por el L. D. F. R. de L. y V.* [A la fin:] Barcelona, Juan Francisco Piferrer, s.d. 32 pp. 20 cm.

[Rodríguez de Ledesma, Francisco,] 'El falso profeta Mahoma'. Biblioteca municipal (Madrid), ms.1-113-8 [1795]. 20,5 cm.

[Bertrán y Soler, Tomás?] *El Fanatismo. Tragedia en cinco actos, escrita en francés por Voltaire, traducida en castellano por D. T. B. y S.* [A la fin:] Barcelona,

Imprenta de José Torner, 1821. 30 pp. 21 cm.

[Solís, Dionisio,] 'Mohanmed. Tragedia en cinco actos'. Biblioteca nacional (Madrid), ms.16.186 [1826]. 52 ff. 20,5 cm.

Mérope

[Olavide, Pablo de,] 'Tragedia de la Merope'. Biblioteca municipal (Madrid), ms.1-78-1 [1765/1766?]. 71 ff. 20 cm.

'Merope castellana sobre la francesa de la italiana del marqués de Maffei. Tragedia. Al muy ilustre señor marqués de Navahermosa. Por Don José Antonio Porcel y Salablanca'. Biblioteca nacional (Madrid), ms.18.330. 94 ff. 20 cm.

[Porcel, José Antonio,] *Merope. Tragedia puesta en verso castellano por Don Antonio Lecorp*. Madrid, Oficina de Don Blas Román, 1786. xii + 117 pp. 18 cm.

[Burgos, Miguel de,] *Merope. Tragedia francesa puesta en español por D. M. de B.* Madrid, Imprenta de Burgos, 1815. 100 pp. 19 cm.

Micromégas

El Micromegas. Traducido del francés al castellano por Don Blas Corchos, profesor de Jurisprudencia. Madrid, Imprenta de José Herrera, 1786. vi + 60 pp. 14 cm.

La Mort de César

[Zacagnini, Antonio,] 'La muerte de César. Tragedia escrita en francés por Monsieur Bolter; traducida al castellano por el Padre Çacanini y representada en el teatro de casa del Excmo. Sr. duque de Híjar en las Carnestolendas del año de 1785'. Biblioteca Menéndez Pelayo (Santander), ms.42. 67 ff. 20,5 cm.

La muerte de César. Tragedia francesa de Mr. de Voltaire, traducida en verso castellano y acompañada de un Discurso del traductor sobre el estado actual de nuestros teatros y necesidad de su reforma. Por Don Mariano Luis de Urquijo. Madrid, Blas Román, 1791. 10 + 87 + 150 pp. 15,5 cm.

La muerte de César. Tragedia de Voltaire en tres actos, traducida por el ciudadano Don Francisco Altés, socio de la Academia de Buenas Letras de la ciudad de Barcelona y secretario de su Excmo. Ayuntamiento constitucional. Barcelona, Imprenta de la Viuda Roca, 1823. 54 pp. 15 cm.

'La muerte de César. Tragedia en tres actos por Mr. de Voltaire. Traducida del francés al español por el ciudadano Francisco Altés'. Biblioteca de Catalunya (Barcelona), ms.840. 71 ff. 19,5 cm.

Olympie

[Olavide, Pablo de,] 'Casandro y Olimpia'. Biblioteca municipal (Madrid), ms.1-99-13 [1781]. 20,5 cm.

[Olavide, Pablo de,] 'Tragedia de la Olimpia, en cinco actos por escenas'. Biblioteca nacional (Madrid), ms.15.909 [1782]. 52 ff. 21 cm.

L'Orphelin de la Chine

'El huérfano de la China. Tragedia en cinco actos. Traducida de verso francés en verso – libre – castellano. Por D. Tomás de Iriarte'. Biblioteca nacional (Madrid), ms.14.653. 51 ff. 31 cm. (Manuscrit autographe.)

El huérfano de la China. Tragedia en cinco actos, traducida de verso francés en verso libre castellano, dans *Colección de obras en verso y prosa de D. Tomás de Iriarte* (Madrid 1787), v.195-298.

El huérfano de la China. Tragedia en cinco actos, traducida de verso francés en verso libre castellano, dans *Colección de obras en verso y prosa de don Tomás de Iriarte* (Madrid 1805), v.183-280.

Panégyrique de Louis XV

'Traduction espagnole du *Panégyrique de Louis XV*', dans *Panégyrique de Louis XV. Sixième édition. Avec les traductions latine, italienne, espagnole et anglaise*. [Paris] 1749. 39 pp. 18 cm.

Philosophie

Filosofía de Voltaire. Traducida al español. Madrid, Imprenta del Censor, 1822. iv + 345 pp. 14,5 cm.

Philosophie de l'histoire

La Filosofía de la Historia. Por Voltaire, traducida al castellano. París, Imprenta de David, 1825. 2 vols.

La Prude

'La Sevillana. Comedia en cinco actos por Don Dionisio Solís'. Biblioteca nacional (Madrid), ms.16.140 [1816]. 63 ff. 20,5 cm.

La Pucelle d'Orléans

La Doncella de Orleans. Poema en veinte y un cantos, y la Corisandra. Con las notas. Por Voltaire. En las Batuecas, Imprenta de la Libertad, en el año presente. x + 302 pp. 18 cm.

La Doncella de Orleans. Poema en veinte y un cantos, y la Corisandra. Con las notas por Voltaire. Segunda edición, revista y corregida. Londres, Imprenta de Davidson, 1824. xii + 322 pp. 13 cm.

La Doncella de Orleans. Poema en xxi cantos, y la Corisandra. Con las notas. Por Voltaire. Cádiz, Imprenta Nacional, 1836. xii + 341 pp.

Rescrit de l'empereur de la Chine

'*Rescrito del emperador de la China* con motivo de la obra *Paz perpetua de la Europa* de J.J.R.', *Correo de Madrid*, no.272 (1er juillet 1789), p.2190-92.

Romans et contes

Novelas de Voltaire traducidas por J. Marchena. Burdeos, Imprenta de Pedro Beaume, 1819. 3 vols. 18 cm.

Novelas de Voltaire traducidas por Don José Marchena. Segunda edición. Burdeos, Imprenta de Pedro Beaume, 1822. 3 vols. 18 cm.

Novelas de Voltaire traducidas por J. Marchena. Sevilla, Imprenta Nacional, 1836. 3 vols. 16 cm.

Sémiramis

'Tragedia la Semíramis. En cinco actos'. Biblioteca municipal (Madrid), ms.1-146-5 [1783]. 20,5 cm.

'Tragedia la Semíramis. En cinco actos'. Biblioteca del Instituto del teatro (Barcelona), ms.82.971. 50 ff. 21 cm.

'Semíramis. Tragedia traducida del francés al castellano. Por Don Lorenzo María de Villarroel, marqués de Palacios, vizconde de la Frontera y Santarem'. Biblioteca Menéndez Pelayo (Santander), ms.15. 50 ff. 21 cm.

[Zavala, Gaspar,] 'Semíramis'. Biblioteca municipal (Madrid), ms.146-6 [1793]. 20,5 cm.

Semíramis. Tragedia en un acto. Su autor Don Gaspar de Zavala y Zamora. [A la fin:] [Madrid,] Librería del Cerro, s.d. [1793?]. 16 pp. 11 cm.

Semíramis. Opera seria en dos actos, que se ha de representar en el Teatro del Príncipe de esta Corte. Madrid, Imprenta de I. Sancha, 1827. 73 pp. 14 cm.

Semíramis. Opera seria en dos actos, que se ha de representar en el Teatro del Príncipe de esta Corte. Madrid, Imprenta de I. Sancha, 1829. 81 pp. 14 cm.

Semíramis. Melodrama trágico. Traducido del original escrito en italiano y puesto en música por el célebre Rossini. Barcelona, Imprenta de J. Mayol y Cía., 1828. 51 pp. 14 cm.

Appendices

Sophonisbe

'Sofonisba. Tragedia en cinco actos, traducida del francés por D. A. D. S.' Biblioteca nacional (Madrid), ms.17.448-16. 53 ff. 21,5 cm.

Tancrède

[Iriarte, Bernardo de,] *Tancredo, tragedia traducida de francés en castellano*, dans *Fiesta con que el Excmo. Sr. marqués de Ossun, embajador extraordinario y plenipotenciario del rey cristianísimo, celebra el feliz matrimonio del Serenísimo Príncipe de Asturias don Carlos y la Serenísima Princesa de Parma doña Luisa* (Madrid 1765), p.1-118.

[Iriarte, Bernardo de,] *Tragedia. El Tancredo. En cinco actos.* [A la fin:] Pamplona 1778. 28 pp. 21 cm.

[Iriarte, Bernardo de,] *Tragedia. El Tancredo. En cinco actos.* [A la fin:] Barcelona, Imprenta de Carlos Gibert y Tutó, s.d. 28 pp. 21 cm.

[Iriarte, Bernardo de,] *Tragedia. El Tancredo. En cinco actos.* [A la fin:] Barcelona, Oficina de Pablo Nadal, 1798. 24 pp. 21 cm.

El Tancredo. Opera seria en dos actos, que se ha de representar por la Compañía Italiana en el Teatro del Príncipe de esta Corte. Madrid, Imprenta de la Minerva Española, 1822. 79 pp. 13,5 cm.

El Tancredo. Opera seria en dos actos, traducida al español para representarse en el teatro de la M.I. ciudad de Valencia por su compañía de ópera. Año 1826. [Valencia,] Oficina de Benito Monfort, s.d. [1826]. 45 pp. 17,5 cm.

El Tancredo. Drama serio en dos actos, que ha de cantarse en el Teatro Principal de Cádiz en 1826. Para beneficio de la Señora Josefina Julien. Traducido por D. J. C. [Cádiz,] Imprenta de Ramón Howe, s.d. [1827?]. 91 pp. 13,5 cm.

Il Tancredi, dramma serio in due atti. El Tancredo, ópera seria en dos actos. Que se ha de representar en los teatros de esta Corte. Madrid, Imprenta de I. Sancha, 1829. 67 pp. 16,5 cm.

[Gironella, Antonio?] *Hermenegilda o el error funesto, tragedia en cinco actos. Por A.G.* Barcelona, Imprenta de A. Bergnes y Cía., 1832. 120 pp. 11 cm.

Zadig

'Instrucción para un joven que desea conducirse bien', *Diario noticioso, curioso-erudito y comercial, público y económico*, nos.20-40 (22 juin-17 juillet 1759).

*Zadig o el destino, historia oriental publicada en francés por M. de Vadé y traducida al español por Don ***.* Salamanca, Francisco de Tóxar, 1804. xvi + 283 pp. 20,5 cm.

Zaïre

[Hickey, Margarita,] 'Zayra, tragedia de Mr. de Voltaire, traducida por Doña Margarita Ichy'. Biblioteca nacional (Madrid), ms.18.549-5. 51 ff. 30 cm.

[Postigo, Juan Francisco del,] *Combates de amor y ley, tragedia según el más moderno estilo de los mejores teatros de la Europa. Que da a luz y dedica a la erudita nación española Don Fernando Jugaccís Pilotos, vecino de Cádiz. Año de 1765.* [Cádiz,] Manuel Espinosa de los Monteros, s.d. [1765]. 106 pp. 19 cm.

[Olavide, Pablo de,] *Tragedia. La Zayda. En cinco actos. Traducida del francés al español.* [A la fin:] Barcelona, Imprenta de Carlos Gibert y Tutó, s.d. 27 pp. 21 cm.

[Olavide, Pablo de,] *Tragedia. La Zayda. Traducida del francés al castellano. Corregida y enmendada en esta segunda impresión. En el año de 1782.* [A la fin:] Barcelona, Imprenta de Carlos Gibert y Tutó, s.d. [1782]. 27 pp. 21 cm.

[Olavide, Pablo de,] *Tragedia. La Zayda. En cinco actos. Traducida del francés al español.* [A la fin:] Barcelona, Viuda Piferrer, s.d. 27 pp. 21 cm.

[Olavide, Pablo de,] *Tragedia. La Zayda. En cinco actos. Traducida del francés al español.* [A la fin:] Salamanca, Imprenta de Francisco de Tóxar, s.d. 27 pp. 21 cm.

[Olavide, Pablo de,] 'Zayda, Tragedia en cinco actos escrita en francés por Monsieur de Voltaire y puesta en verso castellano'. Biblioteca nacional (Madrid), ms. 17.448-17. 66 ff. 20,5 cm.

[Olavide, Pablo de,] *La Zayda.* Biblioteca municipal (Madrid), ms.151-13 [1790]. 20,5 cm.

Zaíra. Tragedia, traducida del francés y puesta en verso castellano por Don Fulgencio Labrancha; quien la dedica al Sr. D. Antonio Lucas, Zeldrán, Carrillo de Albornoz, etc. Murcia, por Phelipe Teruel, 1768. (8) + 64 pp. 20 cm.

La fe triunfante del amor y cetro. Tragedia en que se ofrece a los aficionados la justa idea de una traducción poética. Por Don Vicente García de la Huerta. Entre los Fuertes de Roma Antioro, entre los Arcades Aletophilo Deliade, etc. Madrid, Oficina de Pantaleón Aznar, 1784. 117 pp. 15 cm.

La fe triunfante del amor y cetro, o Xayra: tragedia francesa, dans V. García de la Huerta, *Theatro hespañol,* t.xvi: *Tragedias de don Vicente García de la Huerta: suplemento al Theatro hespañol* (Madrid 1786), 108 pp. 15,5 cm.

La fe triunfante del amor y cetro o Xayra. Tragedia francesa. Traducida al español por Don Vicente García de la Huerta, de la Academia Española. Cuarta edición. Segovia, Imprenta de Antonio Espinosa, s.d. 20 + 108 pp. 17 cm.

La fe triunfante del amor y cetro o Xayra. Tragedia francesa. Traducida al español por Don Vicente García de la Huerta, de la Academia Española. Cuarta edición. Madrid, Imprenta de García, s.d. 112 pp. 15 cm.

La fe triunfante del amor y cetro o Xayra. Tragedia francesa. Traducida al español por Don Vicente García de la Huerta, de la Academia Española. Quinta edición. [A la fin:] Barcelona, Imprenta de José Torner, 1821. 26 pp. 21 cm.

[García de la Huerta, Vicente,] 'La Xayra. Tragedia en cinco actos'. Biblioteca nacional (Madrid), ms.14.709. 62 ff. 28,5 cm.

[García de la Huerta, Vicente,] 'Xaira'. Biblioteca municipal (Madrid), ms.1-78-6. 60 ff. 20,5 cm.

[García de la Huerta, Vicente,] 'Jaira'. Biblioteca nacional (Madrid), ms.14.509-21. 2 ff. 21,5 cm.

Appendice B: Epitaphe de Voltaire
Biblioteca nacional (Madrid), ms.10.943, f.194-95

Habiendo muerto Voltaire en París a 30 de mayo de 1779 trataron sus alumnos de erigirle estatua. Sabido esto en Londres y que se erigía a costa de todos los filósofos epicureanos (de que abunda tanto aquella capital de Francia), Londres, capital y corte tan favorecida de Voltaire, que la prefería a todas las del mundo y aun a la corte celestial, envió uno de los sabios de Inglaterra para que se grabase al pie de la estatua el siguiente

Epitafio

In tibi lapide dignum
Voltairum.
Qui
In Poesi magnus
In Philosophia parvus
In Historia minimus
In Religione nullus.
Cuius
Ingenium acre
Iudicium preceps
Improvitas suma.
Cui
Arridere muliercula
Plausere scioli
Favere profani.
Quem
Dei Hominumquem irrisorem,
Senatus Phisico-Atheus,
Corroso ere, hac Estatua
Donavit.

Appendice C: 'Idea de las obras de Voltaire'

Biblioteca feijoniana (Universidad de Oviedo), manuscrit non coté, f.196-209

Idea sumaria de la obras y espíritu de Francisco María Aruet Voltaire para servir de precaución a la noble juventud española que se da al estudio de la lengua francesa. Año 1759.

Acabo de leer, florida y noble juventud española, todas las obras de Mr. Voltaire, y son las que se siguen.

1. Primeramente diez tomos en 8° de Misceláneas. Lo segundo: siete tomos también en 8° con titulo de *Ensayo sobre la historia universal*; estos 17 tomos andan juntos en un juego impreso en Ginebra por los hermanos Cramer, el año de 1757, reconocidos por el dicho Voltaire y de su consentimiento.

2. Lo tercero: dos tomos en 16° con título de *Anales del imperio de Occidente, desde Carlos Magno hasta nuestros tiempos*, impresos también en Ginebra y por los mismos hermanos Cramer; no tengo presente si en el mismo año o poco antes. Lo cuarto: el *Siglo de Luis XIV*, que se imprimió varias veces en diferentes lugares y encuadernaciones.

3. Todas estas obras son originalmente francesas y las más traducidas en inglés. La *Vida de Carlos XII, rey de Suecia* se tradujo en nuestro castellano y algún tiempo después fue prohibida por edicto público del Santo Oficio. Un poema del mismo autor que viene con la *Vida de Carlos XII* en esta nueva colección, con título de la *Henriada* está también justamente prohibido en estos Reinos. Y yo no sé que el Santo Oficio haya prohibido más de este escritor verdaderamente infeliz.

4. Llámolo infeliz porque habiendo nacido de prosapia distinguida y padres católicos en Francia, que lo pusieron temprano en el colegio de Luis el Grande, seminario ilustrísimo de virtudes y letras en París, al cargo de los VV. PP. Jesuitas, descubrió desde luego en aquella menor edad un genio, no sólo libertino, sino apóstata; y con excesos tan escandalosos de impiedad y libertinaje, que no pocas veces sacaron lágrimas amargas a los ojos de sus padres y obligaron a su profesor de Retórica, el Padre Lejai a cogerlo un día de la botonadura de la casaca en plena clase, a vista de todos los demás jóvenes, y a decirle en voz alta y terrible: *¡Oh rapaz infeliz! Algún día serás tú el alférez de los incrédulos y de los impíos*. Este anuncio, más que conminación fue profecía, cuyo cumplimiento son los escritos detestables de este, no ya rapaz, sino viejo endurecido, bufón, impío, sacrílego y blasfemo.

5. Perdonad noble juventud española lo acre de este estilo y lo terrible de los epítetos, que aun no adecuan al demérito del presente asunto, que a mí me tiene llagado el corazón y vertiendo sangre; porque si encarnara el archidemonio

de la malignidad más refinada y astuta no escribiera con más pernicioso artificio para la seducción y ruina de las almas incautas.

6. Escritor copioso por el gran número de sus escritos en otras materias, cuya pluma corre con tal denuedo y desembarazo que parece volar. Su estilo es en todo pintoresco y ameno, pero al mismo tiempo conciso, perspicuo y enérgico; la dicción pura y elegante, los períodos admirablemente bien vueltos, pulidos y armoniosos, sus pinturas animadas, sus imágenes proporcionadas, medidas y aun agraciadas en su género, y sus descripciones risueñas y amenas hasta el encanto.

7. Estos son los engastes y esmaltes de la dorada capa en que este viejo bufón de cauterizada conciencia y abandonado de Dios por sus altos juicios a réprobo sentido, brinda a sus lectores indiferentemente las blasfemias más horribles.

8. Abogado decidido y acérrimo defensor de un tolerantismo general de todas las religiones, habla algunas veces como buen católico, pero le dura poco este lucido intervalo, y así lo regular es verlo Proteo, acomodarse a turnos todos los trajes del Protestantismo; de aquí pasa a sociniano, maniqueo, mahometano, deísta, materialista, fatalista, y por consiguiente, ateísta, porque todas estas pestes no son otra cosa en el fondo que el ateísmo en disfraz. Otras veces se burla abiertamente de todas las religiones, salvo la que él llama la de los filósofos, o la religión natural, y que explicada por él y por los demás cerdos de la inmundísima piara de Epicuro, no es otra cosa que un desenfreno total de las pasiones más brutales y torpes.

9. Noté algunas veces con horror y espanto mío que llora la memoria de las torpezas y desórdenes de su pasada vida, no con espíritu de penitencia, sino con un género de despecho, porque su presente caduca, y cascada vejez le tiene en una imposibilidad absoluta de revolcarse de nuevo en las mismas torpezas. Así nos representan los teólogos el despecho endurecido de las almas condenadas, que cada instante prueban y apetecen los desórdenes que les acarrearon su eterna condenación y de que no volverán a gustar más en toda la eternidad.

10. Gran censurador y satírico del pueblo hebreo en sus mejores y más luminosos tiempos sin exceptuar sus jefes y reyes más insignes y heroicos, ni a sus profetas, a quienes trata sin distinción de visionarios y fanáticos, en una palabra: un pueblo tosco, grosero, bárbaro, sin conocimiento ni gusto en las ciencias y bellas artes. Al contrario, gran panegirista de los antiguos griegos y romanos.

11. Estos sí que para Voltaire fueron los pueblos grandes e ilustrados, fecundos en héroes y maestros consumados en todas las artes y ciencias, imitadores fieles y copiadores de la bella naturaleza, y sobre todo verdaderamente humanos y religiosos, que nunca se persiguieron ni ensangrentaron unos con otros en guerra de religión como los cristianos, y que adoraban todos

pacíficamente al solo Dios vivo y verdadero aunque bajo de los diversos nombres y apelaciones de Uranos, Saturno, Júpiter, Plutón, Cibeles, Vesta, Juno, Venus, etc.

12. Admira y celebra con afectos casi extáticos las grandes virtudes de Marco Aurelio, Diocleciano y Juliano el Apóstata, censurando a los Santos Padres y apologistas antiguos de la religión cristiana, que nos dan muy otras ideas de éstos y demás perseguidores de la Iglesia. Reprehende y censura severamente a San Basilio Magno y a San Gregorio Niseno Nacianceno por los informes y carácter que nos da del infeliz apóstata Juliano.

13. Afirma sin más autoridad que la suya que ninguno de los emperadores paganos levantó persecución alguna contra la Iglesia sin haber sido antes provocada por los alborotos amotinados y sediciosos de los fieles sus hijos, y que el haber éstos sin razón alguna pegado fuego al palacio imperial de Diocleciano en Nicomedia fue la única causa de la persecución que suscitó el mismo Diocleciano, quien por otra parte fue un príncipe naturalmente piadoso, manso, clemente y humano.

14. Que el número de los mártires en todas estas persecuciones se ponderó por nuestros Padres antiguos con demasiado exceso, especialmente en la de Diocleciano, la más general y sangrienta de todas y que si los que murieron por la fe católica en todas las persecuciones generales y parciales se examinaran a la luz de una crítica imparcial y juiciosa, hallaríamos quizá que de diez mil, v.gª, que ponderamos nos faltarían nueve mil novecientos y noventa.

15. Superfluo me parece calificar estos anticristianos y blasfemos delirios, porque a primera vista su calificación salta a los ojos del católico lector menos advertido. Voltaire, en estos desvaríos, no tuvo a otro a quien copiar que a un fanático inglés llamado Dodwell; el que fue severamente censurado y reprehendido aun de los mismos protestantes, indignados de ver que un escritor cristiano se arrojase con tanta temeridad y sin fundamento alguno a aminorar y deprimir el número de los testigos más calificados y fieles del cristianismo, pero Voltaire le gana.

16. Es también gran censurador y crítico severo de Constantino Magno, a quien retrata como hombre lleno de todos los vicios y vacío de todas las virtudes. Yo creo firmemente que Voltaire despedaza al gran Constantino de un modo tan indigno y calumnioso, porque fue el primer emperador cristiano, que allanando los estorbos de la predicación del Evangelio, puso a la Iglesia en libertad.

17. Del mismo indecoroso modo trata a Carlos Magno y a su padre Pipino el Pequeño. A este trata de traidor infame y alevoso, que usurpó el trono de su natural señor y rey Childerico III, callando mañosamente el que éste fue un príncipe inerte y vicioso, depuesto por San Zacarías papa, a las instancias

unánimes y súplicas repetidas de todos los tres estados del reino de Francia: clero, nobleza y plebe.

18. A su hijo Carlos Magno trata de un príncipe sanguinario, ambicioso, inicuo, incontinente, que encubriendo sus ambiciosos designios con capa de celo por la religión, redujo a la esclavitud a los inocentes pueblos idólatras de Frisia, Wesfalia, Sajonia, etc. Por abreviar, se nota una transcendental falta de decoro en el modo con que Voltaire habla, aun de aquellos príncipes que la Santa Iglesia canonizó y propone por sus heroicas virtudes y eminente santidad como modelos para la imitación de los príncipes católicos sus hijos.

19. A las más augustas asambleas de la Iglesia católica, los concilios nacionales, generales y provinciales, trata de unas congregaciones de fanáticos ignorantes, que se juntaban para maldecirse y anatematizarse unos a otros como herejes, por unas cuestiones abstractas de una greguesca jerigonza en que ni los unos ni los otros entendían palabra.

20. Del mismo modo trata a los Padres de la Iglesia, sin perder ocasión alguna, como a los príncipes y doctores de las escuelas católicas, que según este nuevo alférez de la incredulidad fueron unos fanáticos ignorantes, más aplicados a explicar algunas paradojas absurdas de Aristóteles y de algunos delirantes árabes comentadores suyos, que el Evangelio, como si el Evangelio se hubiera quedado hasta ahora esperando las ilustraciones y comentarios de Voltaire.

21. A las sagradas religiones, como a sus respectivos fundadores y alumnos trata de gente ociosa, zánganos de la República, campeones de la Iglesia romana y satélites de los Papas, que todos se aborrecen unos a otros como capitales enemigos. Regalones llenos de ambición por mandar, llenos también de orgullo y fasto, vanagloriosos charlatanes y pedantes.

22. El viejo endurecido y abandonado se burlaría de quien en defensa de las religiones le respondiera que todas y cada una de ellas son almázigas de santidad y doctrina por su vocación y profesión, que sus alumnos son maestros, doctores, predicadores, confesores, médicos espirituales (y aun corporales algunos) de los fieles, que no caben en guarismo los alumnos que cada una destacó a las partes más remotas y bárbaras del mundo para desmontar la maleza de la idolatría y plantar la fe católica a costa del sudor de sus frentes y sangre de sus venas. Este ejercicio es muy diverso del de capitanear tropas irregulares de comediantes y danzarines lascivos, de Amiens a Berlín y de Berlín a los abismos.

23. Afecta un carácter de sabio universal en todo género de literatura, ciencias y artes, hasta las más mecánicas, y así no hay dificultad alguna, divina ni humana, en que no mete la hoz con tanta confianza como si la mies fuera toda suya. Admiración causa el ver que haga todo esto con un espíritu constante de contradicción, que nunca se desmiente, y así es regular verle afirmar en una parte y negar en otra cuanto había afirmado sin más razón que su capricho.

24. Unas veces eleva hasta las nubes, otras veces deprime hasta los abismos la vasta enciclopedia de las artes y ciencias una por una. Del mismo modo elogia y censura a turnos a los más eminentes maestros de ellas, antiguos y modernos, sagrados y profanos. *Nihil fuit unquam tam dispar sibi* como Voltaire, que parece un paradoja animado, o un encarnado paralogismo.

25. Pero si los respectivos profesores de las demás artes y ciencias lo hallan tan superficial, tan ignorante, tan temerario y tan atrevido cada uno en la suya, ¿cómo lo hallarán los profesores de la historia eclesiástica y sagrada teología en estas dos facultades? Dirán que Voltaire fue siempre un delirante charlatán, como es al presente un viejo loco, que más bien merece el más alto y soberano desprecio que la atención de hombres cuerdos.

26. No por eso se puede negar que leyó muchísimo, pero es absolutamente imposible que haya leído la milésima parte de lo que ostenta. Su arte, pues, consiste en saber suplir con una tenaz memoria de las especies que leyó dispersas en los índices de los libros que leyó, y con una imaginación amena, fecunda y brillante, que sabe formar montes de los átomos, la falta de una lectura más extensa, unida, sólida y consiguiente. Por lo que mira a las cosas de la Iglesia, es muy fácil de conocer que leyó más en autores protestantes y condenados que en los ortodoxos, porque hallaría a cada paso en estos últimos el contraveneno de toda la ponzoña infernal que bebió tan a boca llena en aquellos arquitectos de mentiras y calumnias.

27. Las actas más depuradas y más bien testificadas de las vidas de los santos, los anales y crónicas más correctas de las sagradas religiones y la historia eclesiástica toda, no es otra cosa para Voltaire que un cuerpo hinchado de leyendas extravagantes y fabulosas, llenas de increíbles quimeras y embustes. Del mismo modo califica los milagros más auténticos y más bien probados en Roma para las beatificaciones y canonizaciones de los santos, con un estilo irrisorio y de chanzoneta, y aún los mismos santos, el trato más modesto que les da es de visionarios y fanáticos inútiles a la sociedad humana.

28. Para hacer irrisible y, por consiguiente, despreciable a la religión Voltaire es un artífice tan insigne que el espíritu de la malignidad parece haber formado en él *virum justa cor suum*, para secretario y amanuense de toda su satisfacción y confianza. Hace a su modo un *Precis* esto es un extracto del Eclesiastés y otro del poema divino de los Cantares: ambos extractos dignos sólo de ser leídos en los conventículos nocturnos de los antiguos maniqueos y gnósticos modernos, quiero decir los molinistas más abandonados o los cofrades de la inmundísima cofradía del fuego infernal de Londres, cuyas nocturnas asambleas llenas de abominaciones y escándalos insufribles persiguió el gobierno político de aquella ciudad, hasta exterminar la dicha infernal cofradía.

29. Tiene también Voltaire otro infernal artificio, que transciende a todos sus

escritos pero que reluce principalmente en donde quiera que trata de religión. Este artificio consiste en jugar con singularísima destreza la máquina delicada y picante de las insinuaciones y de la ironía en todas sus especies, especialmente el micterismo, que es el más eficaz para mover la risa y se puede llamar la más delicada flor o quinta esencia de la ironía, que es por naturaleza un tropo ludiero y bufón. Tal cual ejemplo ilustrará el pensamiento, advirtiendo que el índole majestuoso, grave y serio de nuestro castellano no se presta tan fácilmente a estas ridiculeces como el genio espirituoso y volátil de la lengua francesa especialmente en manos tan hábiles como las de Voltaire.

30. Sea el primer ejemplo. El símbolo constantinopolitano comenzó a cantarse en las iglesias de Alemania y Francia primero que en las iglesias de Roma; rogó Carlos Magno al Papa de introducirlo allá y Su Santidad respondió que por cuanto la Iglesia romana nunca padeció mengua ni la más leve sospecha en la pureza de su fe, no necesitaba ni le parecía conveniente por entonces introducir esta novedad. Con efecto no se introdujo hasta el tiempo de Benedicto VIII a instancias del emperador San Enrique. Oigase ahora cómo viste Voltaire la respuesta del Papa a Carlos Magno: Respondió el Papa que ni él ni sus romanos querían admitir ni rezar el credo.

31. Otro ejemplo. Hablando de la última cruzada del glorioso San Luis rey de Francia, refiere la oposición que algunos de sus consejos y de los señores del reino le hicieron para disuadirlo de su piadoso intento. Concluye con este micterismo o bufonada en tono de epifonema: pero el santo rey fue nimiamente virtuoso para escuchar o atender a la razón. Que es un modo sutil y delicado de degradar al santo rey de todas las virtudes, porque ¿cómo es posible, ni quién puede entender o concebir que un príncipe tan irracional y testarudo, que ni quiere oír ni atender a la razón, sea virtuoso?

32. Otro ejemplo y acabo. Historiando los principios del jansenismo, dice: 'Que cuando llegó a Lovaina la bula que condenaba las cinco famosas proposiciones, se juntaron a toda priesa en claustro todos los doctores. Leída la bula, se dividieron inmediatamente en dos bandos sobre una virgula o coma, afirmando unos que dicha virgula estaría mejor en otra parte, y el otro bando, al contrario, que no, si no adonde estaba. Pues, ¿qué remedio? A Roma de nuevo por todo. En efecto, se despacharon allá nuevos agentes, nuevas cartas de creencia y de empeño, y nuevos caudales de uno y otro bando. Los romanos, que no querían mejor juego y que celebraban con risadas estas locuras, les enviaron una nueva bula que apagó el incendio, porque no traía ni punto ni coma de la cruz a la fecha.' Insinuando con estas malignas bufonadas que todas las disputas dogmáticas son del mismo jaez, esto es, de *lana caprina* como ésta que es de su propia invención y cerebro. Es muy ordinario en Voltaire el cerrar la anticristiana retaguardia de sus impiedades con estas insinuaciones bufonescas, dándoles el aire brillante

de un sentencioso epifonema para dejar más bien clavado el aguijón.

33. Esta es una idea muy diminuta pero muy verdadera de las obras del genio y del espíritu de Voltaire, que se hizo tanto lugar no sólo en los sabios de su tiempo, sino también con los príncipes del primer orden, en uno y otro estado. Pero vos, juventud ilustre, esperanza florida de esta católica monarquía, no os dejéis sorprehender ni de la gran variedad de las materias que trata ni de la brillantez de sus pinturas, ni de los encantos lisonjeros de su estilo, porque todo esto no es más que confección de beleño y mortífero veneno.

34. Aunque las obras de este viejo infeliz no están todavía condenadas *in glovo* por algún tribunal humano, no son por eso ni deben parecer menos detestables y vitandas a cualquier católico: condenadas y prohibidas están por derecho natural y divino, por las reglas del Indice y por el consentimiento uniforme de todos los doctores católicos, que afirman pecar mortalmente el que a sabiendas lee o retiene libro alguno, cuaderno o papel por cuya lectura recela que peligrara la fe o las buenas costumbres, aunque no haya pragmática, edicto o ley alguna humana que los prohiba expresamente o por sus nombres.

35. Otras muchas obras hay en lengua francesa que reemplazarán con inmensas ventajas y sin riesgo las faltas de las obras de Voltaire: en lo histórico, la historia antigua de Rollin, con su continuación hasta Constantino Magno. En lo teológico, dogmático-histórico las obras del inmortal Bossuet, Fenelon, Laffitau en lo predicable. Estos mismos, como también el P. Bordalou, Massillon y el Diccionario moral. Para formar el gusto en las bellas artes Batteux y el abate De Bos. También servirá para conocer más a fondo, con más extensión y mejor orden quién es Voltaire, leer el *Oráculo de los nuevos filósofos* escrito únicamente contra Voltaire por el abate de Guyon. Esta obra mereció el aprecio y la aprobación de Nuestro Santísimo Papa reinante y sola esta circunstancia es su mayor elogio. Pudiera recomendar otros muchísimos dignos de toda alabanza, pero no quiero ser más molesto.

F.J.H.

Appendice D: 'Crítica sobre el *Tartufle*'

Biblioteca del Instituto del teatro (Barcelona), ms.31.540, f.14-22

Cuanto he dicho no es mi ánimo extenderlo al Teatro Francés; sé que las tragedias son piezas sólidas, llenas de decoro y gravedad arregladas al arte y de sana moral; quiero sólo manifestar que hay también defectos en estas piezas dramáticas hechas de la parte de allá de los Pirineos, bien que en las más no sean de lo más grosero con todo suelen faltarles algunas cosas: en lo moral las encuentro muy parecidas, pues el principal asunto suele ser amoroso, y ya que hablo con imparcialidad, que confieso lo bueno de sus piezas, no quisiera que sólo publicasen de las nuestras los defectos e ignoren y callen sus perfecciones.

Yo seré el primero que confiesa que el teatro nuestro abunda de muchísimas piezas defectuosas, pero tenemos innumerables que si se dedicase un hombre de numen y buen gusto a enmendarlas, con poco trabajo que tuviera podría dar una colección de comedias perfectas; Calderón y Vega, tan despreciados de Voltaire y otros críticos franceses, no tuvieron otro defecto que sobrarles el numen poético y el entendimiento; esta abundancia les hizo caer en muchos defectos, que ningún español juicioso podrá negar, pero esto mismo los elevó [a] algunas perfecciones tan admirables que cualquier francés de juicio debe confesar, la pureza de la locución, la elegancia y nobleza en las frases y estilo, la sutileza e ingenio en la ficción, la naturalidad en el metro y la fluidez, junta con la nerviosidad y solidez forman el carácter de Calderón y Vega; las que ellos pintan en los héroes están llenas de majestad y decoro, las que figuran en los particulares de naturalidad y verosimilitud, y estos son los poetas que con tanto desprecio miran Voltaire y otros después de haberlos disfrutado: buena recompensa, pero efecto preciso de no conocerlo y no estar en estado de ser sus jueces.

Me admira lo que leo en el *Discurso sobre la poesía épica* de Mr. Voltaire: dice hablando del célebre poeta inglés Shakespeare, afirma que sus tragedias son monstruosas y algunas duran tantos años que el héroe se bautiza en el primer acto y muere viejo en el último; hay brujas, hechiceros, que juegan con cabezas de muertos; en fin, dice Voltaire, imagínese cuanto se quiera de más monstruoso y absurdo, y todo se encuentra en Shakespeare. Sin embargo, concede que justamente tiene el nombre de divino; dice que antes que tuviese un total conocimiento de la lengua inglesa juzgaba que injustamente lo tenía; pero desde que yo tuve más conocimiento de la lengua vi que los ingleses tenían razón, y que es imposible que una nación entera se engañe en sus sentimientos y modo de pensar, ellos conocían como yo los defectos de Shakespeare, pero conocían mejor que yo sus singulares bellezas.

Hasta aquí Voltaire, y ahora yo, si él tuviera el conocimiento de nuestro idioma que tiene del inglés, confesaría que Calderón no tiene los monstruosos defectos de Shakespeare, y que le sobran mil bellezas, quizás superiores a las que supone en el inglés, y ya que ignora nuestro idioma o lo entiende poco, por qué al ver que toda nuestra nación alaba a Calderón y Lope no se hace el cargo que es imposible que una nación entera se engañe en el juicio que hace de un autor patricio, y que nosotros hallaremos muchas bellezas cuando a él le oculta la falta de su conocimiento los autos de Calderón; no hay hombre de buen gusto entre nosotros que no conozca sus defectos, pero esos mismos se deleitan aun en los mismos pasajes defectuosos, hallando unas bellezas que no sólo deleitan sino arrastran a leerlas una y muchas veces.

No quiero concluir esta carta sin pasar del teatro y poesía dramática a la épica y lírica. Nuestro Mr. Voltaire en el discurso que cito sobre la poesía épica habla de los principales y mayores poemas épicos de cada nación, y al llegar a la nuestra no encuentra otro que citar que la *Araucana* de D. Alonso de Ercilla; naturalmente es el único que había leído, y qué sé yo si lo ha entendido. Entre nosotros ya sabe Vmd. no se [le] tiene por el principal poeta épico; sin embargo Mr. Voltaire, que no habría leído otro, se empeña en hacer una crítica severísima e increíble a cualquiera que reflexione no ser posible que quien es superior a Homero en un pasaje, como dice Voltaire, sea en lo demás más salvaje que los indios bárbaros de que habla, como añade después. Qué diría Voltaire si un escritor español, hablando de los poetas épicos de todas las naciones, no citase por los franceses otro que Chapelain autor de la *Puzella* o Desmaret del *Clodoveo*, y que sin haber leído más que estos dos poetas franceses y no hablara hasta después. Esto mismo digo yo a Voltaire; qué culpa tenemos nosotros que él no tenga noticia de otro poeta que la *Araucana*. La *Austriada* de Juan Rufo, la *Nápoles recuperada* del príncipe de Esquilaze, el *Pelayo* de Solís, y otros varios son unos poetas no comparables a la *Ilíada*, pero sí superiores a la *Araucana* y mucho más arreglados al arte, léalos Voltaire y no se precipite a hacer juicio de todos los poetas de una nación por sólo haber leído uno y no el mejor, si no se acreditará de poco juicioso. Culpa la desigualdad de Ercilla y en esto es él infinitamente más culpable en su *Enriada*; si es malo en Ercilla después de haber elevado el estilo descender a otro muy distante, ¿cuánto peor será después de haber hablado como santo y religioso pasar a hablar como impío y sin religión? Qué cosa más extraña que después de haber puesto en el primer canto en boca de aquel viejo que encuentra Enrique IV en la isla a que arriba un discurso lleno de edificación, pone en la venerable boca de San Luis unas expresiones que sólo estarían bien colocadas en la de un ateísta; lea Vmd. el canto séptimo y oirá decir a San Luis que Dios no castiga los placeres pasajeros y los delitos de nuestra flaqueza con tormentos eternos. Yo admiro el gran talento de Voltaire, celebro su *Enriada* pero abomino muchos pasajes de ella.

Aun menos conocimiento tiene de los poetas líricos, y en este género creo hemos excedido los españoles a todos. Los franceses pueden presentarnos a Boileau, Rousseau y al mismo Voltaire: a todos estos puede oponerse un solo Garcilaso, un solo Fray Luis de León, un Boscán, los Argensolas, un príncipe de Esquilaze, un Esteban Manuel de Villegas, quien particularmente en su *Anacreonte* es comparable a los griegos y latinos. Garcilaso y León son comparables a Virgilio en sus églogas. Vmd. lo sabe mejor que yo. Vmd. no ignora que en el siglo XVI estuvieron las musas de asiento entre nosotros y siempre nos han preferido, y que en el siglo XVII y XVIII hemos tenido poetas grandes si no comparables a los arriba dichos, no inferiores a los que nos quieren oponer.

He molestado demasiado a Vmd. de quien quedo etc.

Appendice E: Qualifications de *Candide*
Archivo histórico nacional (Madrid), section Inquisición, liasse 4474-42

Ilmo. Señor

Señor.

He visto el libro intitulado *Candide ou l'optimisme* que V.I. se ha servido remitirme por D. Mariano Blancas, secretario del Santo Oficio en 18 del presente mes, para que mirándolo con reflexión note los lugares que halle dignos de censura teológica, expresando la que corresponde según la calidad de las proposiciones. Y aunque siendo este libro de Voltaire, como se colige de las letras que están en la portada, del estilo y de la ortografía propia del autor, no necesitaba más censura, por ser bien conocida su impiedad; con todo, cumpliendo con lo que se me manda, digo.

Que esta obra se reduce a una sátira contra Leibniz. Queriendo este autor en su *Theodicea* probar la existencia de Dios entre otras cosas hace en substancia este discurso: todo lo que existe tiene en sí o en otro la razón suficiente de su existencia; el mundo es una colección de cosas contingentes, luego no puede ser aquel ente que tenga en sí la razón suficiente de su existencia; el mundo es contingente, luego son posibles otros infinitos mundos, luego el mundo no es Dios; luego Dios, que tiene en sí la razón suficiente de su existencia, ha creado el mundo. Si Dios ha creado el mundo, estando junta su sabiduría suprema con su infinita bondad, no pudo dejar de elegir lo mejor, porque así como el menor mal es cierta especie de bien, así el menor bien es cierta especie de mal, luego entre todos los mundos posibles este es el *óptimo*. Este argumento de Leibniz y su famoso sistema de la *armonia prestabilita* para explicar la unión del alma con el cuerpo, es lo que parece querer ridiculizar Voltaire en la presente obra, a la que por eso intitula el *Optimismo*.

Digo lo que parece, porque bajo el velo de una sátira contra esas máximas de Leibniz, de cuya verdad o falsedad prescindo por ahora, oculta este impío autor el designio formal y seguido de establecer el deísmo, y no como quiera, sino un deísmo epicúreo, que presenta un Dios sin Providencia, y que dejando al acaso todos los acontecimientos de este mundo, liberta a los hombres de la esperanza y del temor de los castigos y de los premios de la otra vida, arruinando por consiguiente todos los principios de la religión, de la sociedad y de la moralidad de las acciones humanas.

Para conseguir este fin y pervertir a los incautos, forja una novela, a cuyo héroe o sea personaje principal Cándido, le lleva viajando por las cuatro partes del mundo, siempre infeliz, siempre experimentando ingratitudes, traiciones, robos y falsedades de cuantos hombres trata, para tener motivo de exclamar continuamente ¡Y con todo dirán que este mundo es el mejor de los mundos! ¡Que todo va bien! Y mezclando con habilidad algunas circunstancias cómicas en todos los desastres que acaecen lleva divertidos a los lectores, para que no noten el veneno que insensiblemente les va insinuando, de que Dios no hace caso ni atiende a lo que pasa sobre la tierra.

Todo el libro conspira a persuadir estas máximas; mas en algunos pasajes muestra claramente su intento y su impiedad. En la región de El Dorado, a donde trasplanta a su héroe huyendo de los Jesuitas del Paraguay, pone una conversación que tuvo con un anciano, que fielmente traducida dice así.

'En fin Cándido, que siempre gustaba de metafísica, le hizo preguntar por Cacambo (éste era su criado) si en el país había alguna religión. El anciano se sonrojó un poco y dijo: ¿Cómo es eso, acaso podéis dudarlo? ¿Nos tenéis por algunos ingratos? Preguntó Cacambo con sumisión cuál era la religión de El Dorado; sonrojóse por segunda vez el anciano y respondió: ¿Acaso puede haber dos religiones? Nosotros tenemos, a lo que yo creo, la religión de todo el mundo, porque nosotros adoramos a Dios de la mañana a la tarde. ¿Y adoráis a un solo Dios?, dijo Cacambo, que servía siempre de intérprete a las dudas de Cándido. Según parece, dijo el anciano, no hay dos, ni tres, ni cuatro; yo os confieso que las gentes de vuestro mundo hacen unas preguntas bien singulares. No se cansaba Cándido de preguntar a este buen viejo: él quiso saber cómo se oraba a Dios en El Dorado. Nosotros no oramos, dijo el bueno y respetable sabio, nosotros no tenemos nada que pedirle, él nos ha dado todo lo que necesitamos, nosotros le damos gracias sin cesar. Cándido tuvo la curiosidad de ver los sacerdotes y le hizo preguntar dónde estaban. El buen viejo sonrióse: Amigos míos, les dijo, nosotros somos todos sacerdotes, el Rey y todos los padres de familia cantan cánticos de acciones de gracias solemnemente todas las mañanas y les acompañan cinco o seis mil músicos. ¿Qué? ¿Vosotros no tenéis frailes que enseñan, que disputan, que gobiernan, que enredan y que hacen quemar a las gentes que no son de su parecer? Eso sería estar locos, dijo el anciano, aquí todos somos de un mismo parecer y no entendemos lo que queréis decir con vuestros frailes. Cándido a todos esos discursos se quedaba en éxtasis y decía en sí mismo: esto es bien diferente, etc.'

Este razonamiento es impío y lleno de proposiciones formalmente heréticas, establece claramente el deísmo y hace consistir la religión puramente en la acción de gracias, negando los más santos deberes de la ley de Dios.

Negar la necesidad de la oración y afirmar que no necesita nada, ni tiene nada que pedir a Dios es proposición formalmente herética e impía.

Que todos son sacerdotes es proposición formalmente herética.

Lo que dice de los frailes es una proposición escandalosa, calumniosa y que *sapit heresim.*

Estando Cándido en las inmediaciones de Constantinopla pone una conversación de un derviche, que es cierta especie de monjes musulmanes, con Pangloss, que es el preceptor de Cándido, y que le acompañaba, la que refiere de este modo.

'Había en las inmediaciones un derviche muy famoso, que pasaba por el mejor filósofo de la Turquía; fueron a consultarle, hablóle Pangloss y díjole: Maestro, venimos a suplicaros que nos digáis a qué fin ha sido formado un animal tan extraño como el hombre. ¿Quién te mete a ti en eso?, dijo el derviche, ¿es esto negocio tuyo? Pero mi Reverendo Padre, horriblemente hay mal sobre la tierra. ¿Qué importa, dijo el derviche, que haya mal o bien? Cuando Su Alteza envía un navío a Egipto, ¿cuida él que los ratones del navío vayan bien o mal? Pues, ¿qué debemos hacer?, dijo Pangloss. Callarse, dijo el derviche. Yo me lisonjeaba, dijo Pangloss, de discurrir un poco contigo de los efectos y de las causas, del mejor de los mundos posibles, del origen del mal y de la armonía prestabilita, como de la naturaleza del alma. El derviche a estas razones le dio con la puerta en los ojos.'

La proposición que pone en boca del derviche es una blasfemia herética, niega la Providencia de Dios sobre las criaturas y establece un Dios como Epicuro, Lucrecio, etc.

La proposición con que concluye es una ironía herética, por la que se burla igualmente de la armonía y optimismo de Leibniz, que de los efectos y las causas de las cosas, del origen del mal y de la naturaleza del alma, que son dogmas católicos, y poniendo estas impiedades y herejías en este tono, son más perniciosas y horribles que si formalmente las afirmase e intentase probarlas.

Prosiguiendo en los viajes de Cándido, lo lleva a Dinamarca y en una hostería le pone en conversación con unos filósofos, donde uno de ellos le dice así. '¿Has leído las verdades que el Dr. Clark ha respondido a los sueños de Leibniz? ¿Sabes lo que es la fuerza centrífuga y centrípeta? ¿Sabes que los colores dependen de la espesura de los cuerpos? ¿Tienes alguna noción de la teoría de la luz y de la gravitación? ¿Conoces el período de 25.920 años que por desgracia no concuerda con la cronología? No, sin duda, tú no tienes sino ideas falsas de todas estas cosas, calla pues miserable mónada y guárdate de insultar a los gigantes comparándolos con los Pigmeos.'

Para dar a entender el veneno y la malicia infernal que se encierra en estas palabras, me ha de permitir V.I. que, aunque moleste algún tanto su atención, manifieste este misterio de iniquidad, lo que procuraré hacer lo más concisamente que pueda.

Hemos de suponer que, dirigiéndose todos los esfuerzos de este infeliz autor y de los demás impíos de nuestro siglo a destruir la religión, para quitar el freno a sus pasiones, y conociendo que el mayor estorbo que tienen para salir con su proyecto son las Santas Escrituras, pues mientras subsista este libro divino no pueden tener lugar sus sofismas, no hay medio de que no se hayan valido para procurar enervar su autoridad.

Unas veces han renovado los argumentos que contra los libros sagrados pusieron los antiguos impugnadores de la religión, como Porfirio, Juliano, Luciano, etc., mil veces destruidos por los antiguos Padres. Otras han añadido calumnias a las calumnias de los judíos y talmudistas. Otras falsificando pasajes y por no saber las lenguas originales han querido hallar contradicciones donde no las hay. Pero entre todos estos medios de que se han intentado valer, los argumentos que sustentan con más énfasis son los que combaten los libros de Moisés, particularmente el Génesis, en donde se refiere la Creación del mundo y por donde sabemos que tiene más que como unos 6.000 años de antigüedad según la Vulgata.

Alegaron primero contra esta cronología los anales de la China, tomando nuestros filósofos este argumento de un tal Isaac Peireris, autor del famoso sistema de los Preadamitas, que publicó en un libro que imprimió en Holanda a mediados del siglo pasado: plagio que callan con cuidado y que no se les ha dado en rostro por ninguno de sus impugnadores, a lo menos de los que yo he leído; pero este argumento ya está desvanecido, pues está demostrado que la historia de la China nada tiene de cierto antes del reinado de Fo-Hi y aun antes de los reinos de Yao- y de Xun-, lo que desvanece su enorme antigüedad descendiendo a lo más a los tiempos de Josué.

Viendo destruido el argumento de las antigüedades chinas, opusieron las tablas presentadas por los astrónomos de Babilonia a Alejandro el Grande cuando este conquistador entró en aquella ciudad, en las cuales se contaban 430.000 años después de sus primeras observaciones astronómicas. Estas observaciones se han convencido también apócrifas y se han mirado estas tablas por todos los sabios como un monumento de la vanidad de una nación vencida.

Inventaron después el período de cerca de dos millones de años. Quisieron persuadirnos que en el día era menos la oblicuidad de la eclíptica que en tiempo de Piteas, esto es, que el ángulo formado por el eje del ecuador y por el eje de la eclíptica era veinte minutos más pequeño que en tiempo de las observaciones de aquel astrónomo, que vivió hace dos mil años; si esto fuera cierto se seguiría que elevándose el eje de la tierra sobre el plano de la eclíptica, se acercaría en seis mil años un grado entero, y procediendo por este cálculo se encontraba formado el tal período; pero se ha demostrado la falsedad de la disminución de la oblicuidad y ha caído el período, quedando el mundo en la misma antigüedad que la de Moisés.

Viendo inutilizados estos esfuerzos han inventado por último su famoso período de 25.920 años que es del que se hace mención en este pasaje y del que hablan con tanta arrogancia que se atreven a decir que es tan seguro como la revolución del día y de la noche como consecuencia evidente de la atracción.

Si aquí se tratara de impugnar este desvarío, me parece que no sería difícil hacer una demostración de que era un error, no sólo contra la religión, sino contra las reglas más comunes de la astronomía, pues no habiendo variado ni un minuto los puntos cardinales en más de dos mil años, como se evidencia de las observaciones hechas sobre las pirámides, y siendo un delirio la precesión de los equinoccios es imposible el tal período, y por consiguiente la pretendida antigüedad del mundo, a pesar de la atracción de Newton, que no tiene más certidumbre que la que permiten los límites de su sistema, pues no es más.

La alta comprensión de V.I. puede conocer en vista de estos antecedentes que la tal proposición es una herejía formal, que tira a destruir la cronología de la Escritura, y no como quiera, sino una herejía perniciosísima, extremamente seductiva y capaz de pervertir a los incautos que no estén radicados en la fe.

Quien piensa de este modo en materia de religión es muy regular que no perdiese ocasión de blasfemar contra un tribunal santo que no entiende sino en mantener su pureza. En efecto en el capítulo cinco lleva su héroe a Lisboa, le hace que se halle en el terremoto que asoló esta ciudad y al cap. 6 le pone este epígrafe: *Cómo hicieron un bello auto de fe para impedir los temblores de tierra* y *Cómo Cándido fue azotado*. Y es tanto su furor que gasta cinco capítulos en hacer una sátira sangrienta, llena de imposturas, blasfemias, falsedades, torpezas, calumnias y chocarrerías contra el Santo Tribunal de Portugal, hasta poner al Inquisidor general amancebado con la querida de Cándido y no como quiera, sino a medias con un judío, con quien dice que había hecho una contrata, que la mitad de la semana entraría el Inquisidor y la otra mitad el judío.

En un episodio en que cuenta la historia de una vieja la hace hija del Papa Urbano X y de la princesa de Palestrina, y aunque entre los papas los Urbanos no pasaron del octavo, no lo pone él porque no lo sepa, sino para burlarse impíamente de los Sumos Pontífices.

De los religiosos de todas las órdenes se burla sacrílegamente y en todos los países cristianos jamás encontró un solo hombre de bien, sino un solo anabaptista, de quien dice que era hombre de bien, aunque no estaba bautizado, mofándose del bautismo.

Todo el libro está sembrado de obscenidades monstruosas, las que no refiero para no manchar las castas orejas de V.I.

Defiende el suicidio. Se ríe del libre albedrío. Y en fin es un libro tan detestable que lo tengo por uno de los más malos, más impíos y más seductivos que han salido de la pluma de este infeliz autor: por lo que soy de parecer que es digno de que V.I. lo mande condenar, anatematizar y prohibir con la prohibición más severa que acostumbra el Santo Tribunal. Así lo siento, salvo, etc.

Real Oratorio del Salvador de Madrid, a 30 de septiembre de 1779.

Pedro Josef Portillo.

Ilmo. Sr.

He leído atentamente el libro francés que se intitula *Cándido o el Optimismo* y la censura que le acompaña y devuelvo. Nadie ignora que es obra del hereje Voltaire porque demuestra el carácter y genio de este abominable autor. Su invención, sus ideas, su colocación, su crítica maldiciente y contínuo libertinaje, todo dice que salió de aquella mano. Yo me detendría gustosamente en confutar los errores de este libro si merecieran tal empeño. El muy docto y justo censor ha manifestado que es una sátira contra el célebre Leibniz en lo exterior y que en el fondo es un pernicioso sistema de deísmo, cuyas pruebas tiran a ridiculizar nuestra santa religión. Las dos graves reflexiones que el censor ofrece a la culta comprensión de V.I. descubren la impiedad de Voltaire y la iniquidad de su libro. Porque hace ver la extravagancia del pretendido optimismo o de otro mundo mejor que el que Dios ha criado, y la falsedad de los cómputos cronológicos atribuidos a los chinos e inventados por los herejes para destruir las verdades de la Sagrada Escritura. Trabajo que excusa el mío y que no me permite añadir a él la más leve reflexión.

Diré solamente que además de las herejías formales, blasfemias heréticas, proposiciones sapientes heresim, escandalosas, obscenas, denigrativas y demasiadamente perniciosas que ha notado el censor en las páginas 6, 14, 17, 20, 37, 40, 42, 50, 62, 70, 99, 111, 137, 145, 175, 189, 199 y 214, he advertido otras muchas proposiciones que contienen los mismos errores, impiedades y escándalos arriba dichos.

Por ejemplo, en la pág. 3 que es al principio de la obra refiere que la naturaleza había dado a Cándido las costumbres más dulces. Proposición obscura y enfática de deístas que atribuyen a la naturaleza la creación de las almas.

En la 5 hace burla de la teología, llamándola metafisico-teologo-cosmolonigología, que quiere decir ciencia pueril y despreciable.

En la 7 hace alusión irónica a la salida de Adán del paraíso, y con esta idea pinta la salida de Cándido de una casa de campo.

En la 10 ridiculiza la idea que tenemos del libre albedrío.

En la 11 se burla de la acción de gracias que se debe a Dios en las batallas.

En la 13 pondera los excesos del celo de la religión.

En la 14 alaba a un anabaptista, como reparó bien el censor, y añade la descripción del hombre a quien llama ente que tiene dos pies y no tiene plumas.

En la 16 encarece el amor humano demasiadamente.

En la 17 cuenta un suceso abominable, que el censor tuvo la prudencia de pasarlo en silencio.

En la 22 introduce un marinero audaz e inhumano que decía haber navegado cuatro veces al Japón sobre un crucifijo, lo cual es una burla de los prodigios de S. Francisco Javier y de otros santos en aquel país.

Desde la 23 hasta la 37 todo es una sátira sangrienta contra el Santo Tribunal de la Inquisición con motivo de hablar del que reside en Portugal; y asimismo ridiculiza a los Sumos Pontífices y toca puntos en que ofende gravemente a la religión.

En la pág. 47 dice que una potencia cristiana hizo tratado de paz con el rey de Marruecos ofreciéndole todo lo necesario para destruir el comercio de otras potencias cristianas. Esto zahiere a nuestro augusto monarca y así se decía en las gacetas de Londres del año de 1769.

En la 53 refiere un caso supuesto para ridiculizar al patriarca Abraham cuando rogó a Sara su mujer en Egipto que dijese a Faraón que era su hermana y cuando él mismo lo dijo a Abimelec, rey de Geraris, y abomina la conducta de Abraham posponiéndole a Cándido, de quien dice que tenía un alma muy pura para usar de las mentiras oficiosas aunque le fuese muy útil.

En la 66 y 67 sostiene que los monos son parte de la especie humana.

En la 86, aunque declara justamente contra el mal tratamiento que dan a los miserables negros en América, satiriza a la religión que lo tolera.

Acerca de lo contenido en la pág. 111 ya dijo el censor lo que juzgaba, pero como es una historieta muy obscena y que se extiende hasta la pág. 116 añado que la tengo por escandalosa y satírica.

En la 117 trata de torpezas cometidas por Cándido en Venecia en casa de su huésped.

En la 122 desprecia los libros de sermones y de teología y los pospone a una página de Séneca.

En la 140 se burla de la unión del alma y cuerpo en nombre de la armonía de Leibniz.

Desde la pág. 156 hasta la 158 hay un razonamiento de un filósofo que es capaz de seducir a entendimientos poco instruidos en la religión.

Desde la 161 hasta la 162 cuenta las torpezas sodomíticas de un persa y añade que así se ejecuta no sólo en Oriente sino en muchos colegios de Europa.

En la 163 introduce una cuestión entre doctores persianos sobre el Corán de Mahoma y toda es alusiva a nuestros puntos de controversia y al modo de disputar acerca de ellos.

En la 164 dice así en boca de un persa que quería llevar a Cándido a la Corte de Ispahán: *teme atraer sobre ti la venganza del Cielo y, lo que es más, la de los frailes.*

Desde la 166 hasta la 168 refiere lo que pasó Cándido con el sufí de Persia para entrar en su gracia y amistad. Esta idea parece cómica, pero en el fondo es herética, porque en ella denota que nuestra religión engaña a los hombres persuadiéndoles a que crean que Dios oprime y castiga a los que ama y elige para su gloria, y que se complace en ver padecer al inocente y que así lo permite para mayor mérito de la criatura. Esto lo encubre con el hecho del sufí, a quien llama rey de reyes para que conozcamos que habla de la divinidad, y este modo de decir es muy común en las obras de Voltaire, como se puede ver en cualquiera de ellas cuando ridiculiza nuestras ideas que nos da la religión acerca de la divina providencia.

En la 171 hace una pintura horrible del Santo Oficio y aunque le representa en ministros de la religión de los persas usa de expresiones de nuestra teología canónica para que no se dude de quién habla y a quién satiriza.

En la 172 profiere doctrina herética ponderando el bien de la filosofía en cuanto al amor de los prójimos, como si éste no procediese de la ley de Dios. Y más abajo habla de la misión evangélica con desprecio, llamando *missi dominici* a los gobernadores que envía el sufí de la Persia a sus dominios.

En la 173 vuelve a hacer mención de muchos pasajes satíricos, escandalosos y obscenos que están esparcidos en la obra.

En la 174 se dibuja a sí mismo en la persona de Cándido, y aunque en el todo de la historia se conoce que fue a manifestar cuanto le aconteció en París, en Inglaterra, Holanda y Prusia, sin embargo ahora pinta con vivos colores su retiro a Ginebra, su vida privada, su casa de campo y demás diversiones que convidan a deleites impuros, en que sostiene que se halla el mejor mundo.

La narración de lo que a esto sigue ya la notó el censor sobre la pág. 175, pero en las 176 y 177 adelanta el autor obscenidades sin número.

Desde la pág. 179 hasta la 182 cuenta la fabulosa historia de Zirza, la cual es una sátira contra la vida religiosa y separada del siglo. Si no me engaño parece que hace alusión a cierto caso que aconteció en Lisboa en el año del terremoto con una monja que huyó a Ginebra, según se dijo en aquel tiempo, y las señas que da la historia son idénticas con el suceso para sospecharlo así.

En la 183 hace descripciones lúbricas de Zirza.

En la 184 dice que el fastidio del deleite carnal era en Cándido efecto de pensamientos cristianos, no porque suponga en éste religión ni virtud, sino por burlarse de lo que nosotros llamamos pensamientos cristianos que siendo tales causan odio y fastidio de las culpas.

En la 185 propone a un jesuita expulso con mujer e hijos a quienes cría y educa en santo temor de Dios, y así lo dice por burla, no porque fuese así.

En la 186 ridiculiza la devoción y verdadera piedad, y añade que el gobierno se detiene en averiguar locuras de gentes que dicen renegaron de Dios e hicieron pacto con el demonio.

En la 193 suelta esta proposición escandalosa y que respira irreligión: *los filósofos no se embarazan con los hombres con quienes sus mujeres tienen hijos, como los tengan,* y luego exclama a favor de la populación sea del modo que fuere.

En la 196 cuenta lo que aconteció a Cándido entre los lapones de la Noruega y todo es alusivo a la proposición anterior.

En la 200 propone la función de un entierro y dice claramente su sentir en orden al materialismo. Desprecia las oraciones por los muertos y hace burla de los sacerdotes y clérigos que van cantando los salmos.

Desde la pág. 202 hasta la 206 refiere el caso de Zenoida, el cual es una ironía contra la sacra escritura especialmente acerca del pecado de Adán. Usa de palabras del Evangelio en boca de bárbaros gentiles, y todo cuanto dice es herético, impío y de sistema ateísta.

Ultimamente desde la 207 hasta la 238, en que acaba el libro, se desata el autor en obscenidades, en calumnias y proposiciones heréticas. Por lo cual soy de sentir que este libro merece ser prohibido con toda la severidad de las leyes. Salvo siempre el juicio de V.I. a que me someto.

Madrid y diciembre 22 de 1779.
Fr. Francisco de Guzmán.

Appendice F: Qualifications de *Zadig*
Archivo histórico nacional (Madrid), section Inquisición, liasse 4465-5

Ilmo. Sr. – He obedecido con el más gustoso rendimiento el orden de V.I. leyendo el libro francés del *Zadig o Destino*, y después de su lectura y de una atenta reflexión sobre ella, la hallo más bien digna de la crítica censura de la *República de Letras* del Sr. Saavedra Fajardo que de la seria circunspección de este Santo Apostólico tribunal. El libro, ciertamente, es tan despreciable, su asunto tan ridículo y los pasajes todos de él tan insulsos y desabridos, que es necesario abultar algunas de sus cláusulas y darles cuerpo para que no quede sin ejercicio la vara censoria. Una de las cláusulas que pudieran dar motivo a la censura es la que se lee al fol. 105, donde queriendo Zadig (que es héroe de aquella historia o novela) apaciguar las ánimas encolerizadas de ciertos hombres, originarios de diversas provincias y sectarios de diversas religiones, que casualmente habían concurrido a un mismo mesón y habían empeñádose en defender respectivamente la antigüedad, las costumbres y el ídolo que adoraban en su región o provincia; queriendo (digo) Zadig apaciguar los ánimos encendidos, no menos con la bebida que con la disputa, los interrumpió y dijo: 'Vosotros, amigos míos, estáis altercando sobre nada: porque todos sois de un mismo dictamen. A esta proposición se regocijaron todos, y Zadig prosiguió diciendo al celta (uno de los concurrentes) ¿no es verdad que vosotros no adoráis el encino a su corteza, sino a aquel que crió el encino? Seguramente, respondió el celta. Y vos, Monsieur Egipcio, ¿no reverenciáis en ese buey al que os ha dado los bueyes? Sí, dijo el egipcio. El pez Oanes, dijo Zadig al caldeo, ¿no debe ceder al que hizo el mar y los peces? Lo concedo, dijo el caldeo. El indio y el catayense (añadió Zadig) reconocen, como vosotros, un primer principio y aunque no he comprendido lo que dice el griego, estoy cierto de que admite también un Ser Supremo. Admirado el griego dijo que había entendido muy bien Zadig su modo de pensar. Pues ved aquí (concluyó Zadig) como todos estáis de acuerdo.'

Esta última cláusula llamaría, puede ser, la atención a algún escrupuloso y lo persuadiría a que en ella se aprobaba implícitamente la idolatría, porque no se reprende el culto exterior dado por aquellos hombres a las criaturas, lo que es realmente idolatría y digno de que se los advirtiese y reprendiese el que se finge director o árbitro de las disputas y contiendas de aquellos paganos. Pero a mí no me parece haber en dicha cláusula cosa que pida la censura teológica, porque a más de que el Zadig se supone un hombre lego, sin letras y, por tanto, incapaz de razonar con aquella delicadeza que pudiera un teólogo, se da a entender que él no estaba impresionado de algún error contra la fe. Lo que se hace patente, lo primero porque confiesa un Ser Supremo, Criador de todo; lo segundo, porque conoce y quiere instruir a los demás, en que sólo aquel Supremo Ser es acreedor a las adoraciones y cultos de los hombres: confesión y dictamen que hizo ver no sólo en aquel lance, sino en otro anterior en que para redargüir a su amo y sacarlo del error en que estaba de tributar adoración al sol, luna y estrellas, 'porque estos son (decía el amo a Zadig, que era egipcio) porque estos astros son unos entes eternos, de quienes recibimos innumerables beneficios'. Para sacarlo de este error le dijo que muchas y mayores ventajas sacaban del mar Rojo, pues por él conducían sus efectos a las Indias y sin embargo no por esto tributaban adoración al mar Bermejo, ni la antigüedad de los astros los hacía dignos de aquella adoración, pues tan antiguo era el mar Rojo como las estrellas, y aun le dijo con toda claridad que no merecían más las estrellas el homenaje que les daba que un árbol o un peñasco.

Que no fuese culpable la omisión de reprender y detestar la externa adoración que tributaban los concurrentes del mesón, que se dijo arriba, lo fundo yo en que, suponiendo que Zadig no trataba sino de sosegar los ánimos de aquellos hombres y reducirlos a la concordia, sería inútil su trabajo y obraría imprudentemente si de un golpe quisiese arrancar de sus corazones las erróneas costumbres en que estaban nutridos y educados; por eso, satisfecho con hacerlos que confesasen el principal artículo de nuestra fe, de ser sólo uno el verdadero Dios, Criador de todo y de ser sólo éste a quien se deben todos nuestros respetos y homenajes, se hizo desentendido o se olvidó de condenarlas la externa adoración y el culto material, que por costumbre envejecida (y, por tanto, dificultosísima de borrarse) tributaban a aquellas diferentes criaturas que ya vimos.

Estilo es éste que se observa por los hombres más cristianos, más católicos y más cuerdos en nuestros tiempos, pues cuando éstos concurren en los cantones y provincias en que hay libertad de conciencia o donde, por razón del comercio, es permitido el trato y comunicación con los sectarios de diversas religiones, jamás se juzgan obligados a instruir en las verdades de nuestra religión a los que no la profesan; antes callan prudentemente y cierran sus labios en llegando algún imprudente a suscitar puntos dogmáticos y de teología. Ultimamente, todo escrúpulo se debe sosegar con las cláusulas que concluyen el pasaje, pues dice que, advertido el amo de Zadig con sus sabias instrucciones, 'no prodiga en adelante su incienso a las criaturas y adora al Ser Eterno que las hizo'.

Otra proposición se lee al fol. 69 que pudiera asustar los oídos delicados, la cual se concibe en estos términos: '¡Qué es esto, qué sucede en la vida humana! ¿Virtud, de qué me has servido?' Pero si no me engaño la misma proposición se halla canonizada en el libro canónico de Job, al cap. 9: 'Si lotus fuero quasi aquis nivis, et fulserint velut mundissimae manus meae: tamen sordibus intinges me et abominabuntur me vestimenta mea.' Lo que interpreta el doctísimo Pineda y la perifrasea de este modo: 'Scio, enim satis, quam vis omni cura et studio vitae candorem et morum puritatem comparare studeam, fore, ut non ideo poenarum, atque dolorum expers sim ... recte, et rite ad peragendas preces et omne pietatis officium perficiendum me nunquam non comparavi. Reputor nihilominus pollutus, et sordidus peccati facibus, etc.' Bien conozco (decía Job a Dios) que aunque yo me haya empeñado con todas las fuerzas de mi espíritu a conservar el candor de mi alma y la pureza de mis costumbres, no por eso me he de ver libre de las penas y castigos que se hacen a los reos y delincuentes. Palabras que equivalen a estas: Bien veo que las virtudes que he procurado practicar de nada han de servirme para no experimentar las incomodidades y reveses de la suerte adversa. O más bien equivalen a estas otras: Ya sé que el plan de mi conducta, por más que lo haya regulado yo por el sabio nivel de las virtudes, no me ha de libertar de los rigores de una fortuna adversa en esta vida. ¿Y esto no es lo mismo que dice Zadig en la novela del librito? Virtud, ¿de qué me has servido? No hay duda que es así, porque no habla del premio eterno, que corresponde en la otra vida a las virtudes, ni del eterno galardón que tiene prometido y que ha de dar el Juez supremo a los que obraran bien, sino de la correspondencia con que el mundo parece que debía pagar al que obra bien. Puntualmente, esta fue la disputa que tuvo Job con sus amigos, y a la que hace alusión en las palabras ya citadas. Ni Job ni sus amigos dudan que la divina Providencia obre con tal arreglo a la justicia que niegue el galardón futuro de la gloria a los que hicieron mérito para él con sus virtudes; lo que sólo altercaban y lo que era de objeto sólo de sus dudas o de su disputa, era si este cuidado y providencia con que gobierna Dios el mundo se ajustaba de suerte a los sucesos de esta vida y a la conducta de los hombres, que a los que obrasen bien les debía conceder no sólo el premio merecido de la gloria, sino también el premio temporal de una fortuna próspera; o si en virtud de su incomprehensible rectitud e investigable justicia confundía o mezclaba indiferentemente y repartía los bienes y los males a los justos y pecadores. Esto último sentía Job, esto defendía y esto trataba persuadir a sus amigos, los cuales, engañados con el falso dictamen de que no atormentaba ni afligía la divina Providencia en este mundo sino a los delincuentes, se empeñaban en aconsejarle que mudase de conducta y reformase su vida para que Dios cesase de afligirlo y mejorase su fortuna. Así lo escribe el gran Pineda: 'Videtur disputationis materia, an supposita divina Providentia, sic Deus cum fustis agat, ut non solum futura proemia illis constituat, sed etiam temporalia conferat; an, verso, quae temporalia sunt bona et mala, sine discrimina, nunc probis, nunc improbis imitat? Sic censet Job et tuetur ... e contra amici contendunt malis avenire mala, etc.'. Luego, no siendo otro el sentido de la proposición del Zadig, sino el de Job, no vi en ella cosa en qué tropezar.

Como tampoco le vi en otra cláusula o proposición que se lee al fol. 124:

'¡Oh fortuna, oh destino! ¡Un ladrón es feliz y venturoso y lo que la naturaleza ha hecho de más amable, una hembra hermosa, virtuosa, ha perecido!' No hay (digo) cosa en esta proposición que sea digna de censura, porque tiene el mismo sentido, y porque todo cuanto se cuenta en esta fabulosa y ridícula narración se endereza precisamente a divertir y entretener el ánimo de los lectores por el mismo camino que lo entretienen las demás novelas y comedias, poniendo casi siempre al héroe de ellas adornado por una parte de mil prendas y honrosas cualidades, y por otra ultrajado y perseguido del destino o de la fortuna. Pero que este destino o fortuna sea algún numen o alguna fuerza omnipotente, superior a la Providencia divina, ni lo dice ni lo insinúa ni lo da a entender el libro denunciado, de que se habla; antes, cerca del fin y en el fol. 194, dice: La reina y él adoraron la divina Providencia, etc. y por último, las cláusulas con que se cierra el libro son de este tenor: 'El reino desde entonces gozó de paz, de gloria, de abundancia; éste fue el más bello siglo de la tierra, porque ella fue gobernada por la justicia y el amor; se le daban mil bendiciones a Zadig y Zadig se las daba al cielo.' Cláusulas, a la verdad, cristianas y piadosas, y que purgan de toda sospecha el libro, cuando por otra parte hubiera algo que le hiciera sospechoso.

Lo único que juzgo digno de borrarse es la indecorosa o ridícula conferencia que supone hubo entre no sé qué mujer y un ángel, a quien da el nombre de Asrael, fol. 17; y en el fol. 193, en donde se hace mención de otro ángel y lo llama con el nombre propio de Jesrad, uno y otro comenticios, apócrifos y opuestos expresamente al mandato de este Santo Tribunal, quien prohibió, por su edicto, que se diesen nombres propios a otros ángeles que no fuesen los tres que constan en la Escritura, Miguel, Rafael y Gabriel. Mandato justísimo que renovó la prohibición que de lo mismo se hizo en el concilio romano, celebrado el año de 745 en el pontificado de Zacarías, quien al oír la oración deprecatoria que había hecho Aldeberto a los santos ángeles, invocando a ocho de ellos, se levantó de su silla el Sumo Pontífice y dijo: Todos, todos esos nombres, a excepción del de Miguel, todos son nombres de demonios. No sabemos puntualmente de otros sino de los que la Escritura nos señala: Miguel, Gabriel y Rafael. 'Qua lecta oratione, in qua erant octo nomina angelorum, dixit Zacharias: Haec nomina, praeter Michaelis, omnia sunt demoniorum. Non plus quam trium angelorum nomina agnoscimus, id est: Michael, Gabriel, Raphael.' Por indecorosa e indecente (digo) parece digna de borrarse esta colocación del ángel con las personas de la novela, porque nada más indecente que mezclar a aquellos espíritus celestiales y bienaventurados (que están siempre gozando de la vista de la verdad eterna e incomprensible) en fábulas y patrañas, y nada más indecoroso a unos ministros del altísimo, que no se ocupan sino en negocios graves de la honra de Dios y de la salud de los hombres, que fingirlos o suponerlos ocupados en frívolos asuntos de este mundo. Desdice, pues, semejante conferencia, ridícula a la reverencia y respeto con que debemos mirar a los santos ángeles y a la veneración que les debemos: 'Simus, ergo, devoti, simus grati tantos custodibus, redamemus eos, honremus eos quantum possumus, quantum debemus', escribe San Bernardo en el sermón 12. De todo lo cual infiero que estas solas proposiciones que respectan al ángel son acreedoras de *miscens sacra profanis*; pero no de modo que pueda equivocarse con la otra nota o censura de *subsanativa nostrae religionis*, pues ésta no puede verificarse sin error contra la fe, y la de *miscens sacra profanis* muchas veces se encuentra (como en nuestro libro) sin sospecha de error en la fe, como se ha visto. Ni aun se puede acusar de desobediencia a este Santo Tribunal, que manda, arreglado a los concilios, que no se llame con nombres propios a los ángeles, porque siendo el autor francés, no está bajo la jurisdicción de este tribunal; a más de que el libro se imprimió, si no me engaño, antes de publicarse este edicto, que digo arriba, prohibitivo de estos nombres. Ni tampoco el concilio romano que he citado es ecuménico y general para que de su transgresión se arguya herejía o sospecha de ella, y más cuanto le falta aquella circunstancia que señala el Ilmo. Melchor Cano para que sus decretos se regulen como dogmas de fe: esto es, que en los decretos del concilio se pongan estas cláusulas: Contrarium afferentes pro hereticis judicentur. Pues, como dice el mismo Cano: 'Multa siquidem ad sanam Eclesiae disciplinam pertinent, quae fidei decreta non sunt.'

Tengo ejecutado el orden de V.I. y no dudo haber cometido muchas y graves faltas en la ejecución, pero ellas serán originadas de mi ignorancia, no de mi deseo de acertar ni de la eficacia y actividad en buscar el acierto; por lo que suplico a V.I. me disculpe y me mande cuanto gustare para manifestar mi rendida obediencia a sus órdenes.

San Diego de México y diciembre 16 de 1783.

Ilmo. Sr., se pone a los pies de S.I. su más atento capellán,

Fr. José Francisco Valdés.

Ilmo. Sr.

El Inquisidor que hace de fiscal ha visto el dictamen del Padre calificador Valdés sobre la obra francesa intitulada el *Zadig* y halla que no le aplica censura teológica; pero aunque ella no contenga cosa que la haga digna de prohibición y aunque no fuesen dignos de expurgación los nombres extravagantes de ángeles que nota el calificador en los folios 17 y 193, en que procede con demasiada indulgencia, comprende el Inquisidor fiscal que dicha obra debe recogerse como prohibida in odium autoris. Este no consta quién sea expresamente, pero no faltan escritores que la atribuyen al infeliz hereje Francisco María Arouet de Wolter, cuyas obras todas están enteramente prohibidas por la Inquisición de España. La *Pintura del espíritu de los escritores franceses desde Francisco I hasta el año de 1774* indica ser parto de Volter la dicha obra, y aunque el comisario de Xalapa en su carta de remisión la insinúa con alguna duda.

Por tanto, para salir de la que queda acerca del autor de dicha obra y formar el necesario concepto de su mérito, evitando al mismo tiempo el trabajo inútil o superfluo a los demás útiles y dignos calificadores que tiene el tribunal, parece conveniente que se remita a uno de ellos, cual es el Padre Gandarias, para que informe solamente si dicha obra es la misma que con título igual de *Zadig* escribió Wolter; con orden de que en caso de tener dicho calificador la misma duda, revea y califique los folios 17, 69, 105, 124 y 193, en que parece haber mayor tropiezo, extendiendo su censura a toda la obra en el caso de hallar en dichos folios alguna cosa digna de expurgación o prohibición. Y en vista de su dictamen protesto pedir lo que a mi oficio fiscal convenga.

Secreto de la Inquisición de México a 19 de abril de 1784.

Dr. Bergosa.

Ilmo. Sr.

Aunque no he podido certificarme si el *Zadig* es una de las piezas fugitivas de Voltaire, pues ninguno de los impugnadores que he leído la cita o reconviene sobre dicha novela y yo no tengo tampoco la lista de todas sus obras; pero sea o no producción suya, tiene resabios a su modo de pensar y escribir, difundiendo la sátira y el veneno bajo las personas y profesión de los interlocutores que introduce, como hizo en su *Epístola a Urania*, en su tragedia de *Mahoma*, etc., en las que vomitó los más horrendos dicterios y blasfemias bajo los personajes supuestos de su fábula. Así en esta novela de *Zadig* produce máximas contrarias a la religión católica y otras proposiciones peligrosas, haciendo hablar ya al persa, ya al árabe, al chino, al celta, etc., preocupados de su falsa religión e imbuídos en los errores de sus países, como consta de las páginas denunciadas, en las que insinúa ya la transmigración de las almas de uno a otro mundo, ya el fatalismo y encadenamiento inevitable de las causas, que destruye la libertad, ya el deísmo y otros horribles dogmas, aunque solapados y disimulados con arte, como en la página 169, donde dice 'las ciencias, las buenas costumbres y el valor no me han servido más que para mi desgracia; se deslizó en fin (Zadig) en murmurar contra la Providencia y le faltó poco para creer que todo se gobernaba en este mundo por un hado cruel, que oprimía a los buenos y hacía prosperar a los caballeros verdes'.

Además de los pasajes anotados en la denuncia, el cap. 12 intitulado *Rendez-vous* es inductivo a torpeza y está escrito con una salacidad de un autor de la *Pucelle de Orléans*, a quien imita, si no es un mismo escritor. En la pág. 189 da por cierto la creación de millones de mundos, quita la contingencia de las causas; aunque en este punto habla con afectada religiosidad y parece querer ser entendido respecto a la causa primera, cuya providencia ni quita la contingencia de las segundas ni la libertad de las criaturas racionales; y en fin toda la peroración del falso ángel Jesrad, que es el éxito y desempeño o salida del romance o novela, y al que como centro se encaminan todos los pasajes y lances del *Zadig*, está sembrada de cláusulas sapientes el fatalismo, si bien menciona el Ente supremo, órdenes eternas, Providencia y otras bellas voces, con que solapar el blanco propuesto en la novela, que quiso significar hasta en el nombre de *Zadig ou Destinée*: suerte, hado, destino.

No puedo dejar de exponer a la reflexión de V.I. otro rasgo con que se significa el autor del *Zadig*, estar tocado del tizne de los modernos libertinos, y es el elogio que hace en la pág. 119 del placer o delectación, que es un presente divino, pues aunque es verdad la celebrada sentencia del Dr. Angélico: 'Deus apposuit rebus delectationes propter operationes', y en este sentido puede llamarse dádiva de Dios; pero justamente me temo que la mente del autor esté antes bien imbuída en la perversa sentencia de los modernos epicúreos, que establecen el dolor y el placer por los dos móviles de las humanas operaciones aun en el orden moral, que en la sana doctrina arriba traída del Dr. Angélico de que sazonó el Autor de la naturaleza las acciones necesarias a la conservación de las especies e individuos con el aliciente de la delectación para el fin de la operación; de donde legítimamente se deduce que la delectación por sí misma no debe ser ni buscada ni ejercitada, que es contradictoria doctrina de los epicúreos antiguos y modernos, que constituyen su felicidad en el deleite y cuyo lenguaje parece adoptar el autor cuando califica de presente divino por antonomasia el placer, debiendo darla a la razón, entendimiento y libre albedrío, pero habla como materialista, epicúreo y discípulo de Helvetius, en no conocer más que las sensaciones físicas del dolor y el placer.

En vista de lo expuesto soy de sentir se proscriba *in totum* el libro intitulado *Zadig ou Destinée*.

En el Convento de N. P. Santo Domingo de México a 25 de mayo de 1784.

Fr. Domingo de Gandarias, maestro calificador.

Appendice G: Qualification de l'*Evangile du jour*
Archivo historico nacional (Madrid), section Inquisición, liasse 4522-29

Ilmo. Sr.

Con nuestra posible atención hemos leído el libro adjunto, que V.S. se ha dignado confiar a nuestra censura, cuyo título: *Evangelio del día* escrito en idioma francés, impreso en Ginebra, año de mil setecientos sesenta y nueve. El cual nos parece estar enteramente comprendido en la regla dieciséis del Indice expurgatorio de España. No es esta obra más que un encadenamiento de proposiciones formalmente heréticas, blasfemas, cismáticas, sediciosas, piarum aurium ofensivas, simplicium seductivas, impías, escandalosas. Niega la autoridad, legitimidad y veracidad de las Santas Escrituras del antiguo y nuevo testamento, lo que bajo de anatema condena el santo Concilio de Trento en la sesión cuarta de Canonicis Scripturis. Y también niega la autoridad de algunos Concilios generales legítimos, como el Niceno, el Efesino, pues absolutamente niega la divinidad de Nuestro Señor Jesucristo, diciendo ser solamente hombre, sino también expresamente niega la maternidad de Dios en María Santísima y la precesión del Espíritu Santo a Patre et Filio. Y en particular en la primera pieza, título: *Profession de foi des théistes* se contienen proposiciones contra el Santísimo Sacramento de la Eucaristía, contra las cruzadas; es muy injuriosa y satírica al catolicismo y a sus leyes civiles.

2° título: *Los derechos de los hombres y usurpaciones de lo ageno.* Vehemente injurioso a los Papas y a la religión católica; irrisorio de las indulgencias, purgatorio, misas, reliquias.

3° título: *Epístolas a los romanos*, injurioso a San Pablo en su *Epistola ad Romanos*; injurioso a San Lucas como autor del *Actus Apostolorum* y por consiguiente en el artículo nº 1 herético; en el 2° cismático y sedicioso contra el gobierno eclesiástico y civil de los Papas; en el 3° herético denigrativo de muchos hechos de la Sagrada Escritura y realmente irrisorio de toda ella, y nada menos de los santos que celebra nuestra Santa Madre Iglesia, y específicamente del Sr. San Antonio de Padua y de nuestro Padre San Francisco de Asís. En el 4° artículo cismático, sedicioso. En el 5° herético, falso. En el 6° insano, malicioso: equipara el culto de Cristo, de sus santos, de sus milagros a la idolatría y supersticiones de los gentiles y en cierto modo prefiere éstos a aquél. 7° artículo: herético contra los dogmas de la Sagrada Escritura sobre el infierno, gloria, fin de este mundo. 8° artículo: las nueve imposturas que cita el autor no ha sido más que una fe humana y no divina, y aun a algunas de ellas ni fe humana, y por consiguiente: muy injuriosas a nuestra Santa Madre Iglesia, impías, falsas, escandalosas. Artículo 9°: cismático, sedicioso.

4° artículo: *Homilías del Pastor Bourn.* Herético contra la Sagrada Escritura y con sabor al teísmo en las dudas que siembra sobre los misterios fundamentales en los escándalos que halla en la Sagrada Escritura, en odio a las riquezas de la Iglesia y doctrinas de los teólogos católicos.

5° título: *Consejos racionales a Monsieur Bergier*. Herético contra la legitimidad de los libros de la Sagrada Escritura, contra la verdad de muchos hechos, contra las religiones franciscana, capuchina, etc. Contra algunos dogmas de la religión católica, contra leyes y hechos justos de algunos reyes católicos. Equipara irónicamente la divinidad y milagros de Nuestro Señor Jesucristo con la de los ídolos gentílicos y con los milagros supuestos de éstos.

6° título: *Remonstrances du Corps, etc.* Persuasivo del teísmo y tolerantismo con desprecio de la religión cristiana. Al mismo Jesucristo lo califica de teísta. Niega la legitimidad de los cuatro santos Evangelios y Concilios generales legítimos de Nuestra Santa Romana Iglesia.

7° título: *Fragment d'une lettre, etc.* Persuasivo del deísmo y con blasfemia de Nuestro Señor Jesucristo nacido en Belén.

8° título: *Discours aux Confédérés.* Cismático, herético, blasfemo.

9° título: *Les Colimaçons del Reverendo Padre, etc.* En la carta primera es obsceno en la materia y en el modo bufón de que usa. En su cuerpo no es más que una disertación de materias físicas, aunque en su principio tiene una expresión que haciendo relación a algunas propuestas de las piezas precedentes, parece algo injuriosa y persuasiva a la extinción de las religiones regulares, como es decir que si le cortaran la cabeza a todos los carmelitas y capuchinos no podrían recibir más novicios, etc., como a las babosas cortada la cabeza les vuelve a nacer otra.

10° título: *Dissertation du Physicien, etc.* Parece suponer en el principio la existencia de muchos mundos, que es opinión temeraria. En lo demás parece de santa doctrina.

Este es nuestro parecer acerca del adjunto libro, salvo meliori.

Sevilla, Convento de San Antonio, diciembre 20 de 1798.

Fr. Juan Ramón González   Fr. Juan Ramos Aguilera.

Appendice H: Qualification des *Œuvres de P. et de Th. Corneille*

Archivo histórico nacional (Madrid), section Inquisición, liasse 4492-40

De orden de los señores del Tribunal de la Inquisición de Corte habemos leído y examinado con todo reflexión una obra cuyo título traducido del francés dice: *Obras maestras de Pedro y Thomas Corneille: nueva edición aumentada con notas y comentarios de Voltaire, impresa en París año 1788: cuatro tomos en 8°.* Es bien notoria la impiedad de Voltaire y cualquiera obra suya debe ser bien sospechosa, pues cuando trata de materias de pura literatura y que no tienen concernencia con nuestra sagrada religión y sus sagrados dogmas o respectables ceremonias no deja de manifestar sus impíos sentimientos y esparcir las semillas de su incredulidad.

1° En el tomo I de dicha obra no habemos hallado cosa digna de censura teológica. Pero en el segundo comienza a manifestarse su mala inclinación y costumbres. En la pág. 74 de dicho tomo uno de los interlocutores del drama intitulado *Polyeucto mártir* (que es el único de asunto sagrado que hay en los cuatro tomos) dice esta proposición impía, blasfema y escandalosa: Yo apruebo que cada uno tenga sus dioses y que los sirva a su modo y sin miedo. Es cierto que el interlocutor que la dice es un pagano, llamado Severo, y no es de extrañar que hable conforme y consiguiente a las tinieblas de su gentilidad; y no hay culpa ninguna en el poeta Corneille en hacerle hablar así. Mas un autor que fuera buen católico y que quisiera anotar y comentar tales piezas, debiera hacer esta misma prevención a fin de que semejantes expresiones no escandalizasen a los oyentes o lectores menos cautos, y más en unos tiempos en que los filósofos libertinos están empeñados en propagar por fas y por nefas estas máximas infernales. Por el contrario Voltaire, lejos de hacer ninguna prevención, sólo puso la nota que está en la pág. 103 de dicho tomo II, advirtiendo que la expresión de que cada uno tenga sus dioses y los sirva a su modo es baja y cómica, y que estaría mejor dicho a su elección, como que parece quiere dar todavía mayor eficacia y energía a la impía proposición de Severo.

2° Todavía Voltaire da mayor fundamento para sospechar de su poca o ninguna fe, con la nota que pone en la pág. 109 de dicho II tomo, señalada con el número 9. Recae esta nota sobre lo que en la pág. 64 alega un tal Albino al gobernador gentil Félix para persuadirle a que no quite la vida a Polyeucto, diciéndole que el pueblo va a alborotarse en su defensa. Voltaire encuentra en esta razón no sé qué inconsecuencia poética, que a nosotros nada importa. Pero lo que no podemos dejar de censurar y reprobar es el nombre que da Voltaire a la constancia del santo mártir. Es difícil (dice) que el pueblo que había mostrado tanto horror al criminal fanatismo de Polyeucto se alborotase repentinamente en su favor. Fanatismo es en boca de Voltaire y sus semejantes la sobrenatural fortaleza de los mártires de Jesucristo.

3º Los mismos resabios o, por mejor decir, claras muestras de impiedad se ven en la nota que pone en la pág. 101 del mismo tomo II. Recae sobre una expresión que Corneille (pág. 42) pone en boca de S. Polyeucto, cuando el tirano quería a fuerza de tormentos obligarle a ofrecer incienso a los falsos dioses. ¿Qué (dice el santo mártir) adoráis vosotros dioses de piedra o de madera? Y pone Voltaire en otra pág. una nota señalada con el núm. 82 diciendo: Yo no responderé a esta falsa opinión en que se está de que los romanos adoraban leños y piedras. Pues, preguntemos a Voltaire, ¿qué es lo que adoraban los romanos? ¿Qué cosa era aquel Júpiter, por más que los paganos lo llamaron Deum Opt. Max., sino madera, mármol o metal? ¿Dirá Voltaire que en aquellas estatuas había algún espíritu que las animara o vivificara? Es cierto que, según historias fidedignas, alguna vez hablaron aquellos ídolos o estatuas. Pero se ha de entender que para castigo de la voluntaria ceguedad y abominables torpezas de los idólatras permitió en aquellas ocasiones Dios que los espíritus infernales articulasen palabras por medio de aquellos simulacros; y también fue muchas veces ficción y artificio de los infames sacerdotes de los ídolos. ¿Querrá Voltaire que aquel Deus Opt. Max. deum sator atque hominum Rex fuera el solo verdadero Dios que adoramos los cristianos? Lo más que se podrá conceder es que algunos pocos sabios filósofos con solas las luces de la razón natural llegaran a conocer y aun demonstrar la necesaria existencia y unidad de Dios, pero como no tuvieron las luces sobrenaturales de la fe, non sit Deum glorificaverunt, como dice S. Pablo. En cuanto a la innumerable multitud de los paganos, sus innumerables Dioses nunca tuvieron otro ser más que el que les había dado su loca fantasía; y aunque ellos los figuraban de varios modos y los adoraban bajo de varias formas, nunca fueron más que barro, piedra, mármol, bronce, plata u oro. Y así no hizo muy mal S. Polyeucto (como sacrílegamente dice Voltaire) sino muy bien como decimos los cristianos católicos en echar en cara a los paganos esta necedad; ni lo que dice el santo mártir es un error u opinión comunes (como dice el impío anotador), sino una verdad de fe, que nos enseña nuestra sagrada escritura, llamando a los Dioses de los gentiles Deos lapideos, aureos, argenteos. Y si no díganos Voltaire con toda su filosofía y erudición, ¿el cocodrilo y las cebollas que adoraban los egipcios, qué otra cosa eran más que cebollas y cocodrilos?

4º En el tomo III pág. 83 manifiesta del mismo modo su impiedad e irreligión, haciendo burla del libro de Ester, que la Iglesia católica en el Concilio de Trento tiene declarado solemnemente por auténtico y canónico contra otros herejes tan desvergonzados como él. Este impío y devergonzado filósofo, que en sus obras quiere hacer creer sobre sola su palabra mil cuentos absurdos y mentiras ridículas, se burla de lo que el autor sagrado cuenta en otro libro. ¡Qué rey (dice con sacrílega bufonada), qué rey Asuero deja pasar seis meses después de su casamiento sin saber de qué país era su mujer!, que manda degollar a toda una nación, porque uno de ella no ha hecho cortesía a su visir, que después manda a este mismo visir que lleve de la brida el caballo en que iba montado aquel otro. Y nosotros añadiremos: ¡Qué descaro y atrevimiento heretical el de este vano filosofastro!

5° La misma desvergüenza muestra en la pág. 89 del mismo tomo en una nota que señala con el núm. 34. Recae sobre el tono altivo con que la emperatriz Pulqueria había hablado al emperador Focas, y dice el atrevido anotador: No será inútil advertir aquí que S. Gregorio Magno escribió a este mismo Focas: Benignitatem pietatis tua ad imperiale fastigium pervenisse gaudemus; y luego añade: No pretendemos que Pulqueria hubiera debido imitar esta vil adulación de este Papa. Así habla de uno de los más sabios y santos pontífices de la Iglesia católica un filósofo que dicen había sido bautizado y que alguna vez quiso dar a entender que era cristiano.

6° En el tomo IV, ponderando en la pág. 135 un razonamiento que Geronte hace a su hijo Dorante en la pág. 125 y 126 sobre las obligaciones de un caballero, pone Voltaire una nota señalada con el número 2, y dice: Si se dijese a los feroces enemigos del teatro, a los perseguidores de lo más bello de las artes: ¿os atreveríais a negar que esta escena bien representada hacer mayor y más dichosa impresión en el ánimo de un joven que todos los sermones que sobre esta materia se están cacareando todos los días? Yo querría saber qué tendrían que responder. Se deja bien entender a quiénes llama feroces enemigos de los teatros y perseguidores de las bellezas de las artes. Así trata a los oradores sagrados y predicadores del Evangelio, los cuales no persiguen ciertamente las bellezas de las artes, ni reprueban las diversiones honestas aun en los teatros, sino que encargan y deben encargar que se guarde aun en los teatros la moderación, el decoro y la decencia que Voltaire no guardó no sólo en sus dramas y obras poéticas, sino ni en su conducta.

Por todo lo cual somos de sentir que, además de que todas las obras de este hereje o heresiarca se deben entender prohibidas en justa detestación de su autor, la que censuramos debe en particular entenderse por prohibida y condenada a causa de las desvergüenzas, escándalos, blasfemias, errores y herejías que dejamos anotadas.

Madrid y Real Colegio de Escuelas Pías de San Antonio Abad a 19 de noviembre de 1801.

Hipólito Lerén de la Purificación.
Manuel Torres de Jesús y María.

Appendice J: 'Carta de M. de Voltaire a los parisienses'
Biblioteca feijoniana (Universidad de Oviedo), manuscrit non coté, f.211-19

Amables habitantes de las orillas del Sena, dignaos de leer estos versos, último fruto de mi numen. ¡Ojalá volaran ellos desde la morada de nuestros bellos espíritus a otros lugares por mis escritos encantados! Yo acabaré en paz mi carrera demasiado larga.

¡Qué mudanza siente el hombre en su última hora! ¡Qué aislado se halla! Placeres, tesoros, grandezas, todo huye de su vista menos los locos errores. Ellos han huido lejos de la mía. Esto es hecho: el velo cae; los ojos levantados a los cielos y el pie en la losa, yo veo en este momento la augusta verdad derramar su más viva claridad a el rededor de mí; ella está acompañada de la razón severa; esta razón por mí despreciada tan largo tiempo, más poderosa hoy, truena en el fondo de mi corazón, el remordimiento y la eternidad lo hielan de terror.

Pueblos a quienes yo he engañado con amables quimeras, apresuraos a entrar en la ley de nuestros Padres. Llevado violentamente por el delirio y embriagado de orgullo yo me atreví a despreciar el Dios que es adorado en la tierra. Se me vio producir monstruosos sistemas y contra su culto santo vomitar blasfemias asombrosas. Demasiado hábil en el arte de los cobardes impostores, me atreví a calumniar sus celosos defensores, y sobre nadas especiosas, forjando cuentos insulsos, ridiculizarlos por bufonadas.

Honor, talento, virtud, nada me fue sagrado. Yo quería mudarlo todo y que a mi voluntad la verdad en los espíritus se hiciera problemática y la Religión un ser quimérico. Yo quería, forzando al género humano a pensar como yo, agobiarlo bajo el yugo de mi ley. Yo pinté los horrores del cruel fanatismo y mis más vivos esfuerzos iban al despotismo. Fingiendo iluminarlo yo engañé al universo, y gritando libertad presenté las cadenas, pero cubrí de flores estos lazos funestos con que supe oprimir algunos débiles esclavos en un cerco de errores; y yo era menos libre que ellos y seguía a tiento una senda tenebrosa. Mortal, ves aquí tu suerte cuando tu orgullo extremo desdeña por antorcha la verdad suprema.

Yo lo he dicho (¡ah, quién puede aún dudar de ello!): si Dios no existe era preciso inventarlo. Este Dios cuya voz produce los milagros, ¿quién reveló sus oráculos entre los relámpagos?, ¿quién conduciendo el pincel de los santos Profetas con su fuego criador animó sus pinturas? Su hijo, la viva imagen y el esplendor del Padre, bajo los velos obscuros de la humana miseria vino él mismo a encadenar el Demonio del error y el hombre en su Dios vio a su Libertador. ¡Qué pura es su moral y qué sublimes sus dogmas! El quiso expirar víctima de nuestros crímenes, y remitió a Cephas sus leyes y su poder. Adoremos y creamos. Veis ahí vuestro deber.

De un absurdo sistema apologistas atrevidos, moralistas perversos y puntillo-sos sofistas, ¿qué bienes han procurado vuestros dogmas insensatos? ¿Vuestros ardientes celadores se han empeñado más en huir la fatigosa embriaguez de los vanos placeres para vivir bajo las leyes de la austera prudencia? Este Midas hecho sensible y temeroso, ¿cesa él de engordar tantos pomposos lacayos, de mantener a grandes gastos su ociosa existencia y da algún pan a la indigencia triste? Lee, lee en tus negaciones, corazón de mármol, tu decreto que te entristece sobre tu calavera. ¿Pone el esposo un freno a su capricho infame para amar los dulces nudos de una honesta llama? ¿Se ve acaso un menor enjambre de deshonestas Lais infestar con malignos vapores a todo París y en coches ligeros, brillantes con oro y cristales, bajo el peso de los rubíes manifestar su audacia? ¿La sutil trampa de infernal voz no brama ella más en el templo de las leyes? ¿Nuestros Héroes, despertando, hacen por su brío revivir la dichosa edad de Crillon y de Bayard? ¡Ah! Yo veo en estos guerreros perdidos por su glotonería, beberse a grandes tragos el veneno de Venus. ¿Hemos embotado nosotros la espada de la guerra? ¿No es ya el ídolo de la tierra el interés? En una palabra: ¿ve la luz a los mortales honrar sus altares con incienso más puro? Todo resuena con el nombre de Filosofía. El vulgar y el grande por todas partes nos deifican, y en todas partes un vano lujo y el vicio sin vergüenza extienden sus destrozos imprudentemente. El mal gusto domina en nuestros brillantes escritos y ellos apresuran la ruina de las artes, que vacilan. ¡Ay! Todo se corrompe. ¡Bellos días del Universo, oh dicha general prometida con vuestros versos tanto, edad de oro tan elevada, sólo sóis un sueño producido por el delirio y seguido por la mentira!

¡Amados amigos! Que la confesión de todos mis errores ilumine vuestros espíritus y corrija vuestros errores.

Demasiado se sabe: mi musa frenética sobre el Pindo afectó el imperio despótico. Vosotros la vísteis siempre sobre débiles gradetes distribuir los puestos en el templo del gusto. Ella se atrevió a penetrar hasta el santuario y a profanar con mano temeraria del pintor de Burrhus los laureles inmortales. Del padre del teatro balancear los altares. Contestar el genio al maestro de la lira. Al Esopo francés el arte de inventar y de escribir. Rehusar, en una palabra, al autor del *Lutrin* el título glorioso de poeta divino.

¡Desgraciado corazón roído de las serpientes de la envidia! ¿Pudo él jamás abrirse a las dulzuras de la vida? Todos sus días se han señalado por tormentos nuevos. El esplendor de los talentos, el suceso de los rivales era un peso que lo oprimía y un hierro que lo despedazaba; él hacía su alimento de la hiel de la sátira. ¡Ay! Este monstruo ético, con la tez pálida, los ojos hundidos, cuya boca vomita un fuego ponzoñoso, arrojó sus tiros por mi mano extraviada sobre el autor de *Dido*, sobre el padre de *Atreo*, aquél que por resortes de un oscuro terror, ayudado de un pincel varonil y vigoroso, tuvo la gloria de abrir una ruta enteramente nueva. Pompignan, que escogió por modelo a Racine, se mostró entre nosotros su más digno rival; y acaso hubiera sido su igual un día si su Musa hubiera seguido la carrera trágica, pero él dirigió su vuelo al Parnaso lírico: sentado cerca de los altares de la noble Erato él punteó su Lira algunas veces con Rousseau. Yo quería usurpar el cetro de la escena y desfiguré los rasgos de Melpomene. La traza, el interés, la verdad y el sentimiento, todo fue eclipsado bajo de un fasto que preocupa de marchas, combates, relámpagos espantosos, hogueras, cadalsos y sombras lamentables. En fin, los coloridos engañaron a los ojos; desapareció el buen gusto y yo obtuve los sufragios; se me embriagó de incienso. A tí Le Kain debo estos laureles y estos homenajes, es preciso confesarlo; mis hijos sin vigor van a morir contigo. Sí: yo siento redoblarse mi viva inquietud... Pero ¿qué, se me aplaude aún?... Este es un mal habitual. Público indulgente, vos sanaréis de él; el encanto va a cesar, y el Juez me espera. ¿La posteridad, a quien yo temo y a quien imploro querrá ella perdonar al amante de Zamora? ¿Y tú, caro Mahomet, en esta común desgracia puedes alimentar la esperanza de sobrevivir a tu hermana? ¡Ah! Que a lo menos un hijo del cantor de Enrique IV en los fastos del teatro eterniza mi nombre.

¿La relación alabada de los hechos de este gran Rey está señalada con el sello de la inmortalidad? No; el más dulce pincel y la más tierna armonía no pueden suplir a los repentes del genio. Es forzoso estar animado de transportes más nobles y del campo de las ficciones manifestar los tesoros, variar los colores, echar ardientes llamas, encantar, enternecer y dominar las almas; y yo por vanas expresiones, lejos de herir el corazón, fatigué los oídos y adormecí al lector.

Cansado de correr inútilmente en la carrera épica marché a tu templo, agradable Física. Tú no recibiste jamás un espíritu fogoso, enemigo declarado del juicio. Yo quería en ella, esforzándome a llevar la luz en el seno tenebroso de la naturaleza, tomar algunas flores del túmulo de Newton. Corrí sin antorcha lejos de estas regiones cual un caballo sin freno arrojándose en el llano sigue rutas inciertas con saltos y rebotes.

Musa, cuyo lápiz graba en el fasto de los años las apreciables virtudes, las acciones brillantes y las pomposas maravillas de los hijos de Apolo, yo me atreví a consagrarte mis trabajos y vigilias pero te veo pisar (ardiendo de furor los ojos) aquellos escritos en que mostrando con un estilo encantador el frívolo talento de agradar y de engañar fui traidor a mi deber de ilustrar y de instruir, o en que a una luz obscura se ofrece la verdad, o en que con más frecuencia la mentira desvergonzada, cortejada de muchos, parece sin temor, o en que mi pincel poco serio se agradaba siempre de pintar [con] pálidos colores la virtud aprisionada y el vicio triunfante a vista del universo. En fin, aquellos gruesos compendios llenos de objetos fantásticos en que celoso de balancear tus monumentos antiguos, quise levantar cerca de la ficción el trono del error y de la ilusión.

¡Ay, qué dichoso fuera yo si mi musa ligera no hubiera jamás desmentido su aire y su carácter! Ella borró con eclipses la Musa de Chaulieux, pero su tez está más roja y su frente más graciosa; ella es libre, dulce, ingenua, viva y brillante; alguna vez desaliñada y siempre seduciente; se le ve voltejar sobre las flores de su albedrío y siembra en todo los más frescos colores; la naturaleza y el espíritu se anuncian por su boca y su mano hermosea los objetos que toca. ¿Qué no ha expresado ella siempre en sus inocentes ojos los acentos del honesto pudor? La gloria, que sobre mí lució desde mi aurora, ahora reposará sobre mis cabellos encanecidos; pero a pesar del gusto, de las costumbres y de la razón, esta Musa formó sus líneas con veneno; hizo jugar sus resortes en la espesura de la sombra, y del fondo pestilente de la caverna sombría, sin respetar las leyes de la tierra y el Cielo, vomitó sobre la virtud grandes torrentes de hiel; se atrevió a preconizar en su loca arrogancia el amor solo del placer y de la independencia, y para poner el colmo a todos sus borrones, ultrajó el mérito y deslució los autores. Pereced para siempre, frutos de un mal genio; pereced en el oprobio y en la ignominia. ¿Nuestros sobrinos enemigos de los verdaderamente bello y del buen sentido podrán admirar aquellas pinturas indecentes y leer aquella colección de inventivas espantosas, archivos tenebrosos de la malicia humana? No; el insecto arrastrando en las llanuras del aire sufocará antes al ave de Júpiter. Juzguemos mejor de la razón futura. La imagen siempre pura de lo honesto y de lo verdadero podrá solamente encantar los ojos de la posteridad. Musa, tus monumentos van todos a aniquilarse; aquellos apoyos groseros, aquel lenguaje de las lonjas, aquellos libelos dictados por odios rivales, aquellos versos licenciosos antes que acabe el día van a abismarse para siempre en la noche de los tiempos.

¡Oh, manes preciosos de los héroes del Parnaso! Vosotros, a quienes no perdonó mi criminal audacia, sufrid que en estos momentos para reparar la afrenta llevando el remordimiento en el corazón y la vergüenza en el rostro, yo penetre temblando esas bóvedas luminosas, y que cubra de flores vuestras gloriosas tumbas. Rousseau, a quien la impostura llenó de veneno; sublime Maupertuis, inmortal Crébillon, tú a quien se vio hasta el término de tu noble carrera poner a Cottin una barrera fuerte, intrépido vengador de las leyes de la razón, Fréron, crítico hábil y terrible censor; vos todos a quienes yo ultrajé, sabios verdaderos y verdaderos prudentes, recibid mis pesares y mis homenajes.

Y vos, que les ofrecísteis un legítimo incienso, observadores constantes de las reglas del buen gusto, que sobre las orillas floridas, cultivadas por las gracias os atrevéis a seguir los vestigios de estos ilustres muertos y rechazáis sin cesar un grupo atrevido de escritores embozados en una jerigonza preciosa; vos todos, que combatís ese desgraciado sistema que desespera al hombre y que es digno de Dios, proseguid, acabad una obra tan bella y de las artes casi extinguidas volved a encender la llama, vos me habéis quitado la máscara, lo habéis debido hacer; y yo debo sin duda aplaudirlo y callar. Pero ¡qué! ¿Perdonaré yo a vista del mundo entero al rigoroso Clément y al atrevido Sabatier, aquellos que sin algún respeto han marchitado mi corazón? ¿Temeré yo imprimir una mancha en mi nombre por haber escuchado la voz de la razón? Ellos no han dicho sino la verdad. ¿Cuál será pues su crimen? Amor propio, calla tú, yo les debo mi estimación.

Firme apoyo de los altares, venerable Pastor, justamente llamado el azote del error, ¡ay!, alejándome de las verdades sagradas he seguido demasiado extraviadas sendas. En este día abro los ojos a los rayos de la fe, yo me someto al fuego de la ley divina y bañado en lágrimas de un arrepentimiento sincero quiero morir en el seno de nuestra augusta Madre.

Adiós, pueblo admirable, ¡qué dichoso seré yo si os dignáis de colmar el más amado de mis votos! Desgarrad la venda, recoged vuestros sufragios, derribad mi estatua y quemad mis obras.

Appendice K: 'Al arribo de Volter a los infiernos'

Biblioteca de Catalunya (Barcelona), ms.62, f.192-93

Soneto Italiano

Giunto Volter alla maggion del pianto,
Col serto in fronte di ferar cipresso,
A Tispite volea sedersi appresso
O starne almeno al gran Soffocle accanto.
No, gridaron Minosso e Radamanto,
A te cotal onor non è concesso:
Va fra la ciurma, ed al decreto intanto
Arise tutto l'infernal congresso.
Il torto futre (disse elli) non andrà impunito,
Scrivirò con stile acutto
Satiri, dove più d'un resti ferito.
Che satiri, cuglion, rispose Plutto,
Il tempo delle satire è ormai finito.
Va, taci, e pena così baron fututto.

Se da la misma traducida al español

Puesto Volter en la casa del llanto,
de ciprés coronado, el inhumano,
sentarse quiere, mas lo intenta en vano,
entre Téspite y Sófocles por su canto.
No, gritaron Minos y el gran Radamanto:
no quieras tal honor, hombre profano,
ves con la chusma, y al decreto en tanto
la Junta infernal ríe de plano.
¡Ah! futre, un tal decreto no quedará sin pena,
dijo, yo escribiré mordaz, y disoluto,
aunque me vea acá puesto en cadena.
¡Qué sátira, collón, respondió Pluto,
tu sátira de embustes está llena!
Calla y paga tu mal, hombre el más puto.

Appendice L: Cándido María Trigueros, Préface de 'Don Amador'

Biblioteca colombina (Sevilla), ms.84-4-35, f.90r-92r

Carta del autor a mi S.D.G.O. (que sirve de Prólogo)

Muy Sra. mía: Si la Comedia tiene por objeto principal reprehender, retratar y hacer ridícula aquella clase de vicios que sólo pueden arrancarse de en medio de la Sociedad, haciendo con sus pintura y sátiras, que muevan la risa, que los que tienen aquel defecto sean mofados y escarnecidos por el resto de los hombres, el cual por medio de aquellas aprende a conocerlos y mostrarlos con el dedo; no habrá sin duda vicio alguno más digno de ser asunto de una Comedia que aquel que fuere acreedor a que su ridiculez sea expuesta a la vista de todos para ser dignamente burlada y satirizada.

¿Y cuál vicio más digno de este castigo que aquel que no teniendo otro fundamento que el amor propio, la vanidad y falta de talento y reflexión, no merece ni puede ser disculpado por camino alguno? Tal es la indiscreción que se representa y ridiculiza en esta Comedia en la persona de D. Amador.

El Carácter de este vano y presuntuoso indiscreto, tan pagado de sus méritos, que sueña felicidades y esperanzas quiméricas, que cuenta a todos cuanto le sucede y no le sucede, especialmente con personas de otro sexo, que no reflexiona cosa alguna, y de cuya lengua ninguno puede escapar; es un carácter real y certísimo.

Sería feliz la sociedad si no hubiese en nuestra Nación tan gran número de estos ridículos perniciosos. Entre ellos pudiera señalar muchos con el dedo, verdaderos originales de D. Amador, que lejos de haber ponderado en él, le exceden y llevan muchas ventajas.

Yo mismo he oído muchas veces a más de un indiscreto muchas de las más ridículas expresiones del mío y con ellas otras que, por propasarse a ser indignas y abominables, aunque tan propias al carácter que pintaba, no me ha parecido decente copiarlas.

No puedo dejar de advertir que el Autor de *Zaida* y de *Alcira* me dio la primera idea de esta Comedia. La suya *L'Indiscret* y mi *D. Amador* son una misma. Como este célebre escritor es uno de los más libres de preocupaciones nacionales y de quien más propiamente se puede decir que escribe para el género humano, tuve poquísimo qué hacer para españolizar este Drama. Su comedia era en un acto solo; para disponerla yo en tres y que su representación tuviese más tiempo era preciso o complicar más la fábula o entretejerla algo más y alargarla. Lo primero no convenía a mi genio, porque soy naturalmente Amigo de la sencillez y no me gustan más los Dramas más complicados: escogí pues lo segundo.

Añadí escenas, aunque pocas, alargué algunos razonamientos, y entretejí lo que me pareció conveniente, para que dejase de ser tan corta, sin llegar por esto a ser larga. No soy capaz de alabar ni gustar la mejor comedia, si no es sencilla, clara, fácil y corta: lo mismo creo que pedirán los demás a las mías y procuro satisfacer de antemano.

Pero una Comedia en la cual se ponen estas circunstancias; una comedia que en parte es imitación, en parte paráfrasis del Autor de *Zaida*; una comedia en que se ridiculiza la indiscreción, ¿en qué manos estará mejor puesta para que la corrijan, cotejen y enmienden que en las de V.S., que no sólo detesta tales indiscretos, mas que con su trato, modo y discreciones pudiera corregirlos a todos?

Así es que la justicia me está mandando que suplique a V.S. que la coteje con sus originales y que la corrija como pudiera enmendarlos a ellos.

Vea V.S. si el carácter de Dª Rosa y el de D. Feliz son verdaderos y bien españolizados y si el de Dª María está bien proseguido, y si Martín y Dª Francisca desdicen de los demás.

Después de suplicar esto a V.S. y rogarla que se sirva mandarme como al mayor admirador de sus gracias, sólo me resta pedir a Nuestro Señor, etc. Sevilla, a 22 de mayo de 1768.

Appendice M: José de Viera y Clavijo, Préface de la 'Enriada'

Biblioteca municipal (Santa Cruz de Tenerife), ms.103-50, f.43r-44r

Advertencia

Este poema épico, el único de que los franceses se gloríian, que ha hecho un eco tan ruidoso en las demás naciones, que los humanistas prendados de sus bellezas filosóficas han celebrado tanto, que por su argumento y por su héroe ha merecido la común atención, y que siempre ha de andar junto con la *Iliada*, la *Eneida*, el *Paraíso perdido* y la *Jerusalén libertada*, ha tenido hasta ahora cortado el paso de los Pirineos, no sin justa razón. La gente española debía encontrar en él muchos pensamientos atrevidos, capaces de ofender su honor y su piedad. El nombre demasiado famoso del autor no le era nada grato, y temía que, bajo la dulzura de unos versos pomposos, se bebiese el sutil veneno de algunas sentencias enérgicas, pero duras y por consiguiente disonantes a nuestros oídos delicados.

Mas cuando, después de todo, se considera que en esta composición poética exceden los rasgos de religiosidad y catolicismo a algunas proposiciones menos ortodoxas y exactas, dimanadas de un extremado horror a aquel fanatismo y falso celo, que en el desgraciado reino de Francia causaron tan crueles desastres con pretexto de religión, se apodera de un ánimo amante de las producciones originales y que dan lecciones de escarmiento a todos los hombres un vivo desconsuelo de que por unos cuantos indiscretos pasajes se carezca en España del conocimiento de una obra de la cual ninguna otra nación culta ha estado absolutamente privada. Casi todas la han traducido en sus idiomas, y aun en la misma Roma un sabio benedictino, cual fue el célebre cardenal Quirini, obispo de Brescia, emprendió en versos latinos su traducción.

Yo también he tenido la osadía de emprenderla en los castellanos, pero usando de la necesaria libertad en dos maneras. La una, modificando y haciendo dignos de la lectura española los pasajes que pudieran vulnerar el crédito de su gobierno y de sus armas, no menos que el respeto debido a Roma, a la religión y a sus ministros; y la otra, suprimiendo la redundancia de muchos versos y conceptos a que la versificación francesa naturalmente obliga.

Por lo demás, he procurado conservar del modo posible la debida fidelidad o su equivalente en los pensamientos del autor, sin pretender por eso desentenderme de la suma inferioridad de mi débil copia, comparada al original de uno de los más insignes poetas de este siglo.

Pero para la mejor inteligencia del argumento parece indispensable que el lector procure enterarse, si no lo está, de los memorables sucesos de la historia de Francia a últimos del siglo decimosexto, a fin de adquirir el preciso conocimiento de los personajes que llaman y ocupan la acción.

Bibliographie

Abellán, José Luis, *Historia crítica del pensamiento español*. Madrid 1981, vol.iii

Aguilar Piñal, Francisco, *Bibliografía de autores españoles del siglo XVIII*. Madrid 1981-

– *La biblioteca de Jovellanos (1778)*. Madrid 1984

– *Cartelera prerromántica sevillana: años 1800-1836*. Madrid 1968

– 'Manuscritos de Trigueros conservados en la Biblioteca Menéndez Pelayo', *Boletín de la Biblioteca Menéndez Pelayo* 39 (1963), p.367-80

– 'La obra "ilustrada" de don Cándido María Trigueros', *Revista de literatura* 34 (1968), p.31-55

– *La prensa española en el siglo XVIII*. Madrid 1978

– 'Las representaciones teatrales y demás festejos públicos en la Sevilla del rey José', *Archivo hispalense* 41 (1964), p.251-304

– *Sevilla y el teatro en el siglo XVIII*. Oviedo 1974

– '*Solaya* en su contexto dramático', dans *Coloquio internacional sobre José Cadalso*. Abano Terme 1985, p.9-23

– 'Trigueros, apologista de España', *Boletín de la Biblioteca Menéndez Pelayo* 41 (1965), p.63-85

– 'Trigueros y su proyecto de *Gaceta literaria de Madrid*', *Anales del Instituto de estudios madrileños* 4 (1969), p.233-40

– *Un escritor ilustrado: Cándido María Trigueros*. Madrid 1987

Alarcos Llorach, Emilio, 'El abate Marchena en Salamanca', dans *Homenaje ofrecido a Menéndez Pidal*. Madrid 1925, ii.457-65

Alborg, Juan Luis, *Historia de la literatura española: siglo XVIII*. Madrid 1972

Alcalá Galiano, Antonio, *Historia de la literatura española, francesa, inglesa e italiana en el siglo XVIII*. Madrid 1845

– *Obras escogidas*, dans *Biblioteca de autores españoles*. Madrid 1860-, t.lxxxiii (1955)

Alcayde y Villar, Antonio, *D. Antonio Valladares de Sotomayor (autor dramático del siglo XVIII) y la comedia 'El vinatero de Madrid'*. Madrid 1915

Alcázar Molina, Cayetano, 'España en 1782: Floridablanca; su derrumbamiento del gobierno y sus procesos de responsabilidad política', *Revista de estudios políticos* 71 (1953), p.93-138

– *Los hombres del reinado de Carlos III: D. Pablo de Olavide (el colonizador de Sierra Morena)*. Madrid 1927

Almodóvar, duc d'. Voir Silva, Francisco María de

Alvarado, Francisco, *Cartas críticas que escribió el Rmo padre maestro Fr. Francisco Alvarado, del orden de Predicadores, o sea el filósofo rancio*. Madrid 1824-1825

Alvarez, Román, et Theodore Braun, 'Two eighteenth-century Spanish translations of Voltaire's *Alzire*: the "connaturalización" of a text', *Studies on Voltaire* 242 (1986), p.127-44

– '"Connaturalización" in two early-nineteenth-century versions of Voltaire's *Alzire*', *Studies on Voltaire* 242 (1986), p.145-58

'Análisis del Zadig', B.N., ms.18.579-5, 3 ff

Andioc, René, *Sur la querelle du théâtre au temps de Leandro Fernández de Moratín*. Tarbes 1970; traduction espagnole remaniée: *Teatro y sociedad en el Madrid del siglo XVIII*. Madrid 1976

Andrés, Juan, *Origen, progresos y estado actual de toda la literatura: obra escrita en italiano por el abate D. Juan Andrés, individuo de las Reales Academias florentina y *de las ciencias y buenas letras de Mantua; y traducida al castellano por D. Carlos Andrés, individuo de las Reales Academias florentina y del derecho español y público matritense.* Madrid 1784-1806

Anibaly, Buenaventura Antonio. Voir Baylina, Antonio

Apéndice al Indice general de los libros prohibidos que comprende los edictos de la Inquisición posteriores al de 25 de agosto de 1805 hasta 29 de mayo de 1819 (último que se publicó) y de los decretos de Su Santidad y de la sagrada Congregación del Indice hasta 3 de marzo de 1846. Madrid 1848

Aragonés, Francisco, *Cartas escritas en defensa de varias materias eclesiásticas y políticas, por el filósofo arrinconado.* Barcelona 1822-1823

Arana de Varflora, Fermín, *Hijos de Sevilla, ilustres en santidad, letras y armas.* Sevilla 1791

Arco, Angel del, 'El mejor ingenio granadino del siglo XVIII: don José Antonio Porcel y Salablanca', *Alhambra* 21 (1918), p.73-75, 97-99, 121-23, 145-47, 169-71

Arteaga, Esteban de, *La belleza ideal,* éd. M. Batllori. Madrid 1955; la première édition, parue en 1789, est intitulée *Investigaciones filosóficas sobre la belleza ideal considerada como objeto de todas las artes de imitación*

Arteaga, Joaquín de, 'Indice alfabético de comedias, tragedias y demás piezas del teatro español', B.N., ms.14.698, 559 ff

Artigas, Miguel, *Catálogo de los manuscritos de la Biblioteca Menéndez Pelayo.* Santander 1930

Artola, Miguel, *Los afrancesados.* Madrid 1953; nouvelle édition, Madrid 1976

– 'La difusión de la ideología revolucionaria en los albores del liberalismo español', *Arbor* 115-116 (1955), p.476-90

Asensio, J., 'La tragedia *Raquel* de Huerta fue estrenada en Orán', *Estudios* 18 (1962), p.507-11

Barr, Mary Margaret H., *Quarante années d'études voltairiennes: bibliographie analy-*

tique des livres et articles sur Voltaire, 1926-1965. Paris 1969

Barrera, Cayetano Alberto de la, *Catálogo bibliográfico y biográfico del teatro español desde su orígenes hasta mediados del siglo XVIII.* Madrid 1860; réimpression, Madrid 1969

Barruel, Augustin, *Compendio de las 'Memorias para servir a la historia del jacobinismo'; traducido por Simón de Rentería y Reyes.* Villafranca del Bierzo 1812

– *Conspiración de los sofistas de la impiedad contra la religión y el Estado, o memorias para servir a la historia del jacobinismo.* Madrid 1814

– *Las Helvianas, o cartas filosóficas; traducidas del francés al castellano por D. Claudio Joseph Vidal.* Madrid 1788

– *Historia de la persecución del clero de Francia en tiempo de la Revolución.* Madrid 1814

– *Memorias para servir a la historia del jacobinismo; traducidas al castellano y aumentadas con algunas notas relativas a la revolución de España del año 1808 por el Ilmo. y Rmo. Sr. D. Fr. Raymundo Strauch y Vidal, obispo que fue de Vich en el principado de Cataluña.* Perpignan 1827, la première édition est de Palma 1813-1814

Batllori, Miguel, 'La literatura hispanoitaliana del Setecientos', dans G. Díaz-Plaja (éd.), *Historia general de las literaturas hispánicas,* iv, 1.1-30

Batteux, Charles, *Principios filosóficos de la literatura, o curso razonado de bellas letras y de bellas artes: obra escrita en francés por el señor abate Batteux, traducida al castellano e ilustrada con algunas notas críticas y varios apéndices sobre la literatura española por Agustín García de Arrieta.* Madrid 1797-1805

[Baylina, Antonio,] 'El Cándido, o sean diálogos filosóficos que escribía en Barcelona el abate don Buenaventura Antonio Anibaly', Biblioteca universitaria de Barcelona, mss.198-205

Beccaria, Cesare, *De los delitos y de las penas; con el 'Comentario' de Voltaire.* Madrid 1968

Bergier, Nicolas-Sylvestre, *El deísmo refutado por sí mismo, o examen de los principios de incredulidad esparcidos en las diversas obras de M. Rouseau, en forma de cartas; su autor M. Bergier, doctor en teología, de la Academia de ciencias, bellas letras y artes de la ciudad de Besanzón, canónigo de París; traducido al castellano e ilustrado con curiosas notas. Por el P. M. F. Nicolás de Aquino, del orden de los Mínimos en el convento de Nª Sª de la Victoria de Granada.* Madrid 1777

– *Tratado histórico y dogmático de la verdadera religión, con la refutación de los errores con que ha sido impugnada en los diferentes siglos. Por el abate Bergier, doctor en teología, canónigo de París, de la Academia de ciencias, bellas letras y artes de Besanzón, de la Real Sociedad de Nancy y confesor de la real familia de Luis XV.* Madrid 1847

Bertrand, J. J. A., *Sur les vieilles routes d'Espagne (les voyageurs français).* Paris 1931

Bibliothèque de Voltaire: catalogue des livres. Moscou, Leningrad 1961

Blanco García, Francisco, *La literatura española en el siglo XIX.* Madrid 1909

Blanco White, José, *Cartas de España.* Madrid 1972

Bocanegra y Xivaga, Francisco Alejandro, *Declamación oportuna contra el libertinaje del tiempo, que en forma de carta pastoral dirigió a su rebaño el Ilustrísimo señor D. Francisco Alejandro Bocanegra y Xivaga, arzobispo y señor de Santiago.* Madrid 1779

– *Saludable medicina para las dolencias del siglo: carta pastoral que dirigió a su rebaño el Ilustrísimo señor D. Francisco Alejandro Bocanegra y Xivaga, arzobispo y señor de Santiago.* Madrid 1778

Bourgoing, baron de, 'Un paseo por España durante la Revolución francesa', dans J. García Mercadal (éd.), *Viajes de extranjeros por España y Portugal,* p.934-1075

Bouvy, Eugène, 'La *Mérope* de Maffei en France et la *Mérope* de Voltaire en Italie', *Bulletin italien* 2 (1902), p.198-200

Brown, Reginald F., 'The place of the novel in eighteenth-century Spain', *Hispania* 26 (1943), p.41-45

– *La novela española, 1700-1835.* Madrid 1953

Brunetière, Ferdinand, 'Voltaire', dans *Etudes critiques.* Paris 1891, iv.267-324

Brunot, Ferdinand, *Histoire de la langue française,* vol.viii: *Le Français hors de France au XVIIIe siècle.* Paris 1935

El buen vasallo: carta de un padre anciano, actualmente preso en una cárcel de las de París, a su hijo, emigrante en España, con motivo de los desórdenes actuales de la Francia. Cádiz s.d.

Bueno, Juan José, 'Apuntes biográficos del reverendo padre maestro fray Fernando de Cevallos', dans F. de Cevallos, *La Sidonia bética.* Sevilla 1864, p.i-xxv

Cabañas, Pablo, 'Moratín anotador de Voltaire', *Revista de filología española* 28 (1944), p.73-82

– 'Moratín y la reforma del teatro de su tiempo', *Revista de bibliografía nacional* 5 (1944), p.63-102

Cabarrús, Francisco, conde de, *Cartas sobre los obstáculos que la Naturaleza, la opinión y las leyes oponen a la felicidad pública.* Barcelona s.d.

– *Elogio del Excelentísimo señor conde de Gausa.* Madrid 1786

Cagigal, José María, *Corrección fraternal a los falsos filósofos.* Barcelona 1829

– *Federico y Voltaire en la quinta de Postdan, o lo que son los sofistas.* Zaragoza 1829

Calzada, Bernardo María de. Voir *Vida de Federico II*

Cambronero, Carlos, *Catálogo de la Biblioteca municipal de Madrid.* Madrid 1902-1903

Campos, Jorge, *Teatro y sociedad en España (1780-1820).* Madrid 1969

Capmany y Montpalau, Antonio de, *Centinela contra franceses.* Madrid 1808; il existe une édition moderne par Françoise Etienvre, Londres 1988

'Carácter hecho por el rey de Prusia y se ha insertado en los magazines de Londres, año de 1759, traducido del inglés', B.N., ms.18.579-5, 2 ff.; publié dans Lafarga, 'Acerca de las versiones', p.416-17

Carnero, Guillermo, 'Luzán ante el "prerromantismo" francés de mediados del siglo XVIII', dans *Romanticismo 2. Atti del III Congresso sul Romanticismo spagnolo*. Genoa 1984, p.107-12

'Carta irónica a Voltaire, criticando encomiásticamente su libro acerca del *Siglo de Luis XIV*', B.N., ms.18.574-43, 3 ff.; publiée dans Lafarga, 'Críticas españolas', p.419-21

Cartas de un español residente en París a su hermano residente en Madrid, sobre la 'Oración apologética por la España y su mérito literario' por don Juan Pablo Forner. Madrid 1788

Cartelera teatral madrileña: años 1830-1839. Madrid 1961

Castañeda y Alcover, Vicente, 'Relación del auto de fe en el que se condenó a don Pablo de Olavide, caballero del hábito de Santiago', *Revista de archivos, bibliotecas y museos* 35 (1916), p.93-111

Catálogo de la biblioteca del Excmo. Sr. D. Pedro Caro y Sureda, marqués de la Romana, capitán general del ejército y general en jefe, que fue, de las tropas españolas en Dinamarca el año de 1807. Madrid 1865

Catálogo de la Biblioteca municipal de Madrid. Voir Cambronero, Carlos

'Catálogo de los libros del conde de la Unión: índice de los libros en pasta y media pasta', B.N., ms.17.899, 52 ff

Cavanilles, Antonio José, *Observations de M. l'abbé Cavanilles sur l'article 'Espagne' de la 'Nouvelle encyclopédie'*. Paris 1784

Cazenave, Jean, 'Première représentation de *Raquel*', *Langues néo-latines* 118 (1951), p.53-70

Cejador y Frauca, Julio, *Historia de la lengua y literatura castellana*. Madrid 1917

El Censor. Madrid 1820-1823

Cevallos, Fernando de, *La falsa filosofía, o el ateísmo, deísmo, materialismo y demás nuevas sectas, convencidas de crimen de estado contra los soberanos y sus regalías, contra los magistrados y potestades legítimas; se combaten sus máximas sediciosas y subversivas de toda sociedad y aun de la humanidad*. Madrid 1774-1776

– *Juicio final de Voltaire, con su historia civil y literaria y el resultado de su filosofía; escrita por el viajero de Lemnos (el R. P. Fr. Fernando Cevallos) según la oyó y copió de los filósofos infernales en los abismos de Antíparos; la da a luz don León Carbonero y Sol, antiguo director de 'La Cruz'*. Sevilla 1856

[Chaudon, Louis-Mayeul,] *Diccionario anti-filosófico, o comentario y correctivo del 'Diccionario filosófico' de Voltaire y de otros libros que han salido a luz en estos últimos tiempos contra el cristianismo; por el abate Claudio Adriano Nonote, y traducido al español por D.A.O.D.Z.B.*. Madrid 1793

Cioranescu, Alejandro, *Estudios de literatura española y comparada*. La Laguna 1954

Cladera, Cristóbal, *Espíritu de los mejores diarios literarios que se publican en Europa*. Madrid 1787-1791

Clamores de un francés católico en la desolación de su patria, dirigidos a la Convención nacional. Cádiz s.d.

Clarke, Dorothy C., 'On Iriarte's versification', *Publications of the Modern Language Association of America* 68 (1952), p.411-19

Coe, Ada M., *Catálogo bibliográfico y crítico de las comedias anunciadas en los periódicos de Madrid desde 1661 hasta 1819*. Baltimore 1935

Coloquio internacional sobre Leandro Fernández de Moratín: Bolonia 1978. Abano Terme 1980

Cook, John A., *Neo-classic drama in Spain: theory and practice*. Dallas 1959

'Copia de una carta de Mr. Voltaire a un correspondiente en la corte', B.N., ms.3750, f.248v-252r

Corona Baratech, Carlos, 'La cuestión en-

tre el ministro Urquijo y el embajador francés Guillemardet', *Hispania* 7 (1947), p.635-62
– *Las ideas políticas en el reinado de Carlos IV*. Madrid 1954
– *Revolución y reacción en el reinado de Carlos IV*. Madrid 1957
El Correo de Madrid (ou *Correo de los ciegos de Madrid*). Madrid 1786-1791
Cotarelo y Mori, Emilio, *Don Ramón de la Cruz y sus obras: ensayo biográfico y bibliográfico*. Madrid 1899
– *Iriarte y su época*. Madrid 1897
– *Isidoro Máiquez y el teatro de su tiempo*. Madrid 1902
– *María del Rosario Fernández, 'la Tirana'*. Madrid 1897
– 'Proceso inquisitorial de Iriarte', *Revista de archivos, bibliotecas y museos* 4 (1900), p.682-83
– 'Quintana, censor de teatros', *Revista de archivos, bibliotecas y museos* 4 (1900), p.410-14
Couceiro, Antonio, *Diccionario bio-bibliográfico de escritores*. Santiago 1951
'Crítica de la obra de Mr Voltaire sobre el *Siglo de Luis XIV*', B.N., ms.18.565-5, 2 ff.; publiée dans Lafarga, 'Críticas españolas', p.422-24
'Crítica sobre el *Tartufle*', Biblioteca del Instituto del teatro (Barcelona), ms.31.540
'Críticas de las obras de Voltaire *El siglo de Luis XIV*, el *Zadig* y *La Henriada*', B.N., ms.18.579-5, 20 ff
Cueto, Leopoldo Augusto de (marquis de Valmar), 'Bosquejo histórico-crítico de la poesía castellana en el siglo XVIII', dans *Poetas líricos del siglo XVIII*, lxi.v-CCXXXVII
Curet, Francesc, *Teatres particulars a Barcelona en el segle XVIII*. Barcelona 1935
Dalrymple, Whiteford, 'Viaje por España y Portugal en el año de 1774', dans García Mercadal (éd.), *Viajes de extranjeros por España y Portugal*, p.645-718
Danvila y Collado, Manuel, *Reinado de Carlos III*. Madrid 1894

Defourneaux, Marcelin, 'Une adaptation inédite du *Tartuffe*: "El gazmoño, ou Juan de Buen Alma" de Cándido María Trigueros', *Bulletin hispanique* 64 (1962), p.43-60
– 'L'Espagne et l'opinion française au XVIIIe siècle: une lettre inédite d'un Espagnol à Voltaire', *Revue de littérature comparée* 34 (1960), p.273-81
– *Inquisición y censura de libros en la España del siglo XVIII*. Madrid 1973; traduction de *L'Inquisition espagnole et les livres français au XVIIIe siècle*. Paris 1963
– *Pablo de Olavide, ou l'afrancesado (1725-1803)*. Paris 1959
Del Monaco, Gabriella, 'Appunti su Antonio Valladares de Sotomayor', *Annali della Facoltà di lettere e filosofia dell'Università di Napoli* 22 (1979-1980), p.263-77
– *Introduzione alla bibliografia critica di Antonio Valladares de Sotomayor*. Bari 1979
Demerson, Georges, *Don Juan Meléndez Valdés*. Madrid 1971; traduction de *Juan Meléndez Valdés et son temps*. Paris 1961
– 'Un aspecto de las relaciones franco-españolas en tiempo de Fernando VI: las *Memorias literarias de París* de Ignacio de Luzán', dans *La época de Fernando VI*. Oviedo 1981, p.241-73
Demerson, Paula de, 'Un personaje prerromántico: para la biografía del conde de Teba', *Cuadernos hispanoamericanos* 285 (1974), p.527-43
Denina, Carlo, *Cartas críticas para servir de suplemento al discurso sobre la pregunta ¿Qué se debe a la España?'; por el señor abate Denina; traducidas por don Manuel de Urgullu*. Madrid 1788
– *Réponse à la question 'Que doit-on à l'Espagne?': discours lu à l'Académie de Berlin dans l'assemblée publique du 26 janvier de l'an 1786 pour le jour anniversaire du roi*. Madrid s.d.
Dérozier, Albert, *Manuel Josef Quintana et la naissance du libéralisme en Espagne*. Paris 1968
Desdevises Du Dézert, Georges, *L'Es-*

pagne de l'Ancien Régime: les institutions. Paris 1899; reproduit dans 'Les institutions de l'Espagne au XVIIIe siècle', *Revue hispanique* 70 (1927), p.1-556

– *L'Espagne de l'Ancien Régime: la richesse et la civilisation.* Paris 1904; reproduit dans 'La richesse et la civilisation espagnoles au XVIIIe siècle', *Revue hispanique* 73 (1928), p.1-488

– *L'Espagne de l'Ancien Régime: la société.* Paris 1897; reproduit dans 'La société espagnole au XVIIIe siècle', *Revue hispanique* 64 (1925), p.225-656

– 'Notes sur l'Inquisition au XVIIIe siècle', *Revue hispanique* 4 (1899), p.447-506

Desnoiresterres, Gustave, *Voltaire et la société française du XVIIIe siècle.* Paris 1867-1876; réimpression, Genève 1967

Díaz de Escovar, Narciso, 'Autores dramáticos de otros siglos: Dionisio Solís', *Boletín de la Real Academia de la historia* 94 (1929), p.441-48

– et Francisco Lasso de la Vega, *Historia del teatro español.* Barcelona 1924

Díaz-Plaja, Fernando, *El abate Marchena.* León 1986

Díaz-Plaja, Guillermo. Voir *Historia general de las literaturas hispánicas*

Dictionnaire de théologie catholique. Paris 1909-1950, i.1547-53: article 'Apologétique'

Díez González, Santos, *Instituciones poéticas.* Madrid 1793

Discurso confutativo a quello del signior Mariano Luis de Urquijo sopra lo stato attuale dei teatri spagnoli e necessità di loro riforme; annesso, critica de la traduzione del detto signior Urquijo de la tragedia denominata la 'Morte di Cesare'. Madrid 1792

Discurso pronunciado por N.S.P. el papa Pío Sexto en el Consistorio secreto del lunes 17 de junio de 1793 sobre el asesinato de S.M. Cristianísima Luis XVI, rey de Francia. Cádiz s.d.

Domergue, Lucienne, *Le Livre en Espagne au temps de la Révolution française.* Lyon 1984

– *Tres calas en la censura dieciochesca.* Toulouse 1982

– 'Un defensor del trono y del altar: fray Fernando de Cevallos', *Bulletin hispanique* 80 (1978), p.190-200

Domínguez Ortiz, Antonio, *Sociedad y Estado en el s. XVIII español.* Barcelona 1976

Dupuis, Lucien, 'Francia y lo francés en la prensa periódica española durante la Revolución francesa', dans *La literatura española del siglo XVIII y sus fuentes extranjeras.* Oviedo 1968, p.95-127

'Edictos de la Inquisición', B.N., ms.17.485, 60 ff

Eguía Ruiz, Constancio, 'Moratín, censor censurado de nuestra escena: nuevos datos biográficos', *Razón y fe* 85 (1928), p.119-35

– 'Moratín, pretenso censor de nuestro teatro', *Razón y fe* 84 (1928), p.275-88

Elías de Molins, Antonio, *Diccionario biográfico y bibliográfico de escritores y artistas catalanes del siglo XIX.* Barcelona 1889

Elorza, Antonio, *La ideología liberal de la Ilustración española.* Madrid 1970

Enciclopedia universal ilustrada europeo-americana. Bilbao [1930]

Enciso Ruiz, Luis, *Nifo y el periodismo español del siglo XVIII.* Valladolid 1956

'Epitaphio al sepulcro de Voltaire', B.N., ms.10.943, f.194-95

Espíritu de los mejores diarios. Voir Cladera, Critóbal

Estala, Pedro, 'Veintiuna cartas inéditas dirigidas a don J.P. Forner', *Boletín de la Real Academia de la historia* 58 (1911), p.5-36

Esteve Barba, Francisco, *Catálogo de la colección de manuscritos Borbón-Lorenzana (Biblioteca pública de Toledo).* Madrid 1942

Etat politique, historique et moral d'Espagne, l'an 1765, Revue hispanique 30 (1914), p.376-514

El éxito de la muerte correspondiente a la vida de los tres supuestos héroes del siglo XVIII Voltaire, D'Alembert y Diderot, demostrado con la imple y verdadera narración de su muerte; añadido de un exhorto del Ilmo Sr obispo de Amiens sobre la colección de las obras de Voltaire, y una descripción de Ferney; traducido del idioma francés al italiano, y de éste al castellano, por don Joseph Domenichini, quien lo dedica al Excmo Sr marqués de Branciforte. Madrid 1792

Farinelli, Arturo, *Viajes por España y Portugal desde la Edad Media hasta el siglo XX.* Madrid 1920; *Suplemento*, Madrid 1930

Feijoo, Benito Jerónimo, *Cartas eruditas y curiosas, en que por la mayor parte se continúa el designio del 'Teatro crítico universal'.* Madrid 1742-1751

Feller, Francisco Javier, *Catecismo filosófico, o sean observaciones en defensa de la religión católica contra sus enemigos.* Madrid 1827

Fernández de Moratín, Leandro, 'Apuntes sobre *Lettere di Metastasio* y errores y equivocaciones de Voltaire en su obra *Sur les mœurs et l'esprit des nations*', B.N., ms.18.668-1

– 'Catálogo de piezas dramáticas publicadas en España desde el principio del siglo XVIII hasta la época presente', dans *Biblioteca de autores españoles.* Madrid 1860-, vol.ii (1871): *Obras de Nicolás y Leandro Fernández de Moratín*, p.327-34

– *Diario (mayo 1780-marzo 1808)*, éd. René et Mireille Andioc. Madrid 1968

Fernández-Guerra, Aureliano, *Hartzenbusch.* Madrid s.d.

Fernández Herr, Elena, *Les Origines de l'Espagne romantique.* Paris 1973

Fernández Valcarce, Vicente, *Desengaños filosóficos que en obsequio de la religión y de la patria da al público.* Madrid 1787-1797

Ferrari, Angel, 'Las apuntaciones autobiográficas de José de Cadalso en un manuscrito de Varios', *Boletín de la Real Academia de la historia* 161 (1967), p.111-43

Ferrer del Río, Angel, *Galería de la literatura española.* Madrid 1846

Flecniakoska, Jean-Louis, 'Le fonds hispanique de la Bibliothèque de Voltaire

conservé à Leningrad', dans *Mélanges à la mémoire de Jean Sarrailh*, i.357-65

Fleuriot, Joseph-Marie (marquis de Langle), 'Viaje de Fígaro a España (1784)', dans J. García Mercadal (éd.), *Viajes de extranjeros por España y Portugal*, p.1316-51

[Flórez, Enrique,] *Delación de la doctrina de los intitulados jesuitas sobre el dogma y la moral, por el doctor don Fernando Huidobro y Velasco.* Madrid 1768

Forner, Juan Pablo, *Discurso sobre el modo de escribir y mejorar la historia de España.* Madrid 1816

– *Discursos filosóficos sobre el hombre.* Madrid 1787

– *Los gramáticos: historia chinesca*, éd. John H. Polt. Madrid 1970

– *Los gramáticos: historia chinesca*, éd. José Jurado. Madrid 1970

– *Oración apologética por la España y su mérito literario: para que sirva de exornación al discurso leído por el abate Denina en la Academia de ciencias de Berlín, respondiendo a la cuestión '¿Qué se debe a España?'.* Madrid 1786

Foulché-Delbosc, Raymond, *Bibliographie des voyages en Espagne et au Portugal.* Paris 1896

– et L. Barrau-Dihigo, *Manuel de l'hispanisant.* New York 1920

Fournier, Pierre, *Essai sur la 'Mérope' du marquis Scipione Maffei et de Marie Arouet de Voltaire.* Sassari 1905

Los frailes vindicados por Voltaire en una carta a un corresponsal en Madrid; y demostración de la utilidad política de la existencia de los regulares, en una conversación sobre la misma carta de Volter, dispuesta por Juan Cosme de Nergán. Madrid 1813

Gándara, Miguel Antonio de la, 'El lujo en su luz y Voltaire refutado', Archivo Campomanes (Fundación universitaria española), ms.51-1

García de la Huerta, Vicente, *La escena hespañola defendida en el prólogo del 'Theatro hespañol' y en su 'Lección crítica'.* Madrid 1786

– *Lección crítica a los lectores de la memoria de Cosme Damián sobre el 'Theatro hespañol'.* Madrid 1786

– *Lección crítica a los lectores del papel intitulado 'Continuación de las memorias críticas de Cosme Damián'.* Madrid 1785

– *Obras poéticas.* Madrid 1778-1779

García Mercadal, J. (éd.). Voir *Viajes de extranjeros por España y Portugal*

García Regueiro, Ovidio, *Ilustración e intereses estamentales: la versión castellana de la 'Historia' de Raynal.* Madrid 1982

Gatti, José Francisco, 'Sobre las fuentes de los sainetes de Ramón de la Cruz', dans *Studia hispanica in honorem R. Lapesa.* Madrid 1972, i.243-49

Gil Novales, Alberto, 'Ilustración y liberalismo en España', *Spicilegio moderno* 10 (1978), p.26-41

González del Castillo, Juan Ignacio, *Elegía. A la injusta como dolorosísima muerte de la constante heroína María Antonia de Lorena, reina de Francia, víctima inmolada en las aras de la impiedad, del fanatismo y de la anarquía.* Cádiz s.d.

– *La Galiada, o Francia revuelta: poema.* Málaga 1793

– *Obras completas.* Madrid 1914

– *Oración exortatoria en la cual, observada la conducta de los franceses en las actuales circunstancias, se anima a los españoles a tomar las armas en defensa del rey.* Málaga 1794

González Palencia, Angel, *Eruditos y libreros del siglo XVIII.* Madrid 1948

– *Estudio histórico sobre la censura gubernativa en España, 1800-1833.* Madrid 1934-1941

– 'Nota sobre la enseñanza del francés a finales del siglo XVIII y a principios del XIX', *Revista nacional de educación* 2 (1942), p.26-34

Grannis, Valleria Belt, *Dramatic parody in eighteenth-century France.* New York 1931

Gubler, Maximilian, *'Mérope': Maffei, Voltaire, Lessing; zu einem Literaturstreit des 18. Jahrhunderts.* Zürich 1955

Guénée, Antoine, *Cartas de algunos judíos portugueses, alemanes y polacos a Voltaire, con un pequeño comentario extractado de otro mayor; traducidas del francés por don Fernando María Segovia.* Madrid 1822-1824

– *Cartas de unos judíos alemanes y polacos a Mr de Voltaire; traducidas del francés por Francisco Pablo Vázquez.* Bruselas 1827

Guinard, Paul-Jacques, 'Le livre dans la péninsule ibérique au XVIIIe siècle: témoignage d'un libraire français', *Bulletin hispanique* 59 (1957), p.176-98

– *La Presse espagnole de 1773 à 1791: formation et signification d'un genre.* Paris 1973

– 'Une adaptation espagnole de *Zadig* au XVIIIe siècle', *Revue de littérature comparée* 32 (1958), p.481-95

– 'Une fausse lettre espagnole de Voltaire', *Revue de littérature comparée* 35 (1961), p.640-48

[Guyon, Claude-Marie,] *El oráculo de los nuevos filósofos M. Voltaire, impugnado y descubierto de sus errores por sus mesmas obras; en dos tomos, escritos en francés por un anónimo, y traducidos al español por el R.P. M[aest]ro Fr[ay] Pedro Rodríguez Morzo.* Madrid 1769-1770

Hamilton, Arthur, 'A study of Spanish manners (1750-1800) from the plays of Ramón de la Cruz', *University of Illinois studies* 11 (1926), p.363-426

Hartzenbusch, Eugenio, *Bibliografía de Hartzenbusch.* Madrid 1900

Hartzenbusch, Juan Eugenio, 'Don Dionisio Solís: noticias biográficas', dans *Poetas líricos del siglo XVIII*, lxvii.233-37

– *Ensayos poéticos y artículos en prosa, literarios y de costumbres.* Madrid 1843

– *Poesías*, éd. Aureliano Fernández-Guerra. Madrid 1887

Hazard, Paul, *La Crise de la conscience européenne (1680-1715).* Paris 1935; réimpression, Paris 1961

– *La Pensée européenne au XVIIIe siècle, de Montesquieu à Lessing.* Paris 1946; réimpression, Paris 1963

Helman, Edith F., 'Viajes de españoles por

la España del siglo XVIII', *Nueva revista de filología hispánica* 7 (1953), p.618-29

Herr, Richard, *España y la revolución del siglo XVIII*. Madrid 1964

Herrera, Jerónimo, 'Fuentes manuscritas e impresas de la obra literaria de D. Antonio Valladares de Sotomayor', *Cuadernos para la investigación de la literatura hispánica* 6 (1984), p.87-106

Herrero, Javier, *Los orígenes del pensamiento reaccionario español*. Madrid 1971

Hervás y Panduro, Lorenzo, *Causas de la revolución de Francia en el año de 1789 y medios de que se han valido para efectuarla los enemigos de la religión y del estado*. Madrid 1807

[Hickey, Margarita,] *Poesías varias sagradas, morales, y profanas o amorosas; con dos poemas épicos en elogio del capitán general D. Pedro Cevallos, el uno dispuesto en forma de diálogo entre la España y Neptuno; concluido éste y el otro no acabado por las razones que en su prólogo se expresan; con tres tragedias francesas traducidas al castellano, una de ellas la 'Andrómaca' de Racine, y varias piezas en prosa de otros autores, como son algunas cartas dedicatorias y discursos sobre el drama, muy curiosos e instructivos: obras todas de una dama de esta corte (H.M.)*. Madrid 1789

Hidalgo, Dionisio, *Diccionario general de bibliografía española*. Madrid 1862-1881

Historia general de las literaturas hispánicas, éd. Guillermo Díaz-Plaja. Barcelona 1949-1968

Index librorum prohibitorum ac expurgandorum novissimus: pro universis Hispaniarum regnis Serenissimi Ferdinandi VI, regis catholici, hac ultima editione. Madrid 1747

Indice de los libros prohibidos por el Santo Oficio de la Inquisición española hasta 1819 y por los reverendos obispos españoles desde esta fecha hasta 1872. Madrid 1873

Indice general de los libros prohibidos. Madrid 1844

Indice último de los libros prohibidos y mandados expurgar: para todos los reinos y señoríos

del católico rey de las Españas, el señor don Carlos IV. Madrid 1790

Iriarte, Bernardo de, 'Informe al conde de Aranda sobre el teatro', B.N., ms.9327, 11 ff

[Iriarte, Tomás de,] *Los literatos en cuaresma, por D. Amador de Vera y Santa Clara*. Madrid s.d.

– *Colección de obras en verso y prosa*. Madrid 1787; nouvelle édition, Madrid 1805

Isla, José Francisco de, *Obras escogidas*, dans *Biblioteca de autores españoles*. Madrid 1860-, t.xv (1876)

Jamin, Nicolás, *Pensamientos teológicos respectivos a los errores de este tiempo; traducidos al castellano por D. Remigio León*. Madrid 1778

– *Verdadero antídoto contra los malos libros de estos tiempos, o tratado de la lectura cristiana; traducido al castellano por D. Gabriel Quijano*. Madrid 1784

Jiménez Salas, María, *Vida y obra de don Juan Pablo Forner y Segarra*. Madrid 1944

Jovellanos, Gaspar Melchor, 'Representación a Carlos IV sobre lo que era el tribunal de la Inquisición', dans *Biblioteca de autores españoles*. Madrid 1860-, t.lxxxvii: *Obras de Jovellanos*, p.333-34

Juliá, Eduardo, *Aportaciones bibliográficas: comedias raras existentes en la Biblioteca provincial de Toledo*. Madrid 1932

Juretschke, Hans, *España ante Francia*. Madrid 1940

– *Vida, obra y pensamiento de Alberto Lista*. Madrid s.d.

Kany, Charles E., 'Plan de reforma de los teatros de Madrid, aprobado en 1799', *Revista de la biblioteca, archivo y museo* 6 (1929), p.245-84

– 'Theatrical jurisdiction of the "juez protector" in the XVIIIth century', *Revue hispanique* 81 (1933), p.382-93

Komorowski, Manfred, *Das Spanienbild Voltaires*. Frankfurt/Main 1976

Lafarga, Francisco, 'Acerca de las versiones españolas del retrato de Voltaire',

Annali dell'Istituto universitario orientale: sezione romanza 22 (1980), p.411-18

- 'Críticas españoles inéditas del *Siglo de Luis XIV* de Voltaire', *Anuario de filología* 2 (1976), p.415-24
- 'Essai de bibliographie critique de "Voltaire et l'Espagne"', *Studies on Voltaire* 219 (1983), p.119-31
- 'Primeras adiciones a la bibliografía de traducciones españolas de Voltaire', *Anuario de filología* 7 (1981), p.435-42
- 'Ramón de la Cruz, adaptador de Carmontelle', *Annali dell'Istituto universitario orientale: sezione romanza* 24 (1982), p.115-26
- 'Sobre la fuente desconocida de *Zara*, sainete de Ramón de la Cruz', *Anuario de filología* 3 (1977), p.361-71
- *Traducciones españolas del teatro francés (1700-1835). i: bibliografía de impresos.* Barcelona 1983; *ii: catálogo de manuscritos.* Barcelona 1988
- *Voltaire en España, 1734-1835.* Barcelona 1982
- 'Una réplica a la *Encyclopédie méthodique*: la *Defensa de Barcelona*', *Anales de literatura española* 2 (1983), p.329-39

La Harpe, Jean-François de, *Lycée, ou cours de littérature ancienne et moderne.* Paris 1799-1805

Lamarque, María del Pilar, 'Nota sobre Mariano Luis de Urquijo', *Revista de la biblioteca, archivo y museo* 6 (1929), p.470-77

Lamourette, Antoine-André, *Las delicias de la religión cristiana, o el poder del Evangelio para hacernos felices* (Madrid 1796; deuxième édition, Madrid 1802

Lanson, Gustave, *Voltaire.* Paris 1906; nouvelle édition, Paris 1960

Lantier, E. F., *Voyage en Espagne du chevalier Saint-Gervais, officier français, et les divers événements de son voyage.* Paris 1809

Lázaro Carreter, Fernando, *Las ideas lingüísticas en España durante el siglo XVIII.* Madrid 1949; nouvelle édition, Barcelona 1986

- 'La poesía lírica en España durante el siglo XVIII', dans G. Díaz-Plaja (éd.), *Historia general de las literaturas hispánicas*, iv, I.31-105

Lesmes Zafrilla, Felipe, *Centinela contra los errores del siglo, o sean cartas filosóficoteológico-dogmáticas en que se descubre el origen, progresos, arterías y enlace de los errores filosóficos con los religiosos, y se presentan armas para rebatir a los enemigos del altar y del trono.* Madrid 1829

Lion, Henri, *Les Tragédies et les théories dramatiques de Voltaire.* Paris 1896; réimpression, Genève 1970

Lista, Alberto, *Ensayos literarios y críticos.* Sevilla 1844

Llorens, Vicente, *Literatura, historia, política.* Madrid 1967

Llorente, Juan Antonio, *Historia crítica de la Inquisición de España.* Barcelona 1880. (La première édition, en français, est de 1818; la première édition espagnole est de 1822.)

Lopez, François, *Juan Pablo Forner et la crise de la conscience espagnole.* Bordeaux 1976

- 'Les premiers écrits de José Marchena', dans *Mélanges à la mémoire de Jean Sarrailh*, ii.55-67

Lorenz, Charlotte M., 'Translated plays in Madrid theaters, 1800-1818', *Hispanic review* 9 (1941), p.376-82

Luzán, Ignacio de, *Memorias literarias de París: actual estado y método de sus estudios.* Madrid 1751

- *La poética, o reglas de la poesía en general y de sus principales especies.* Zaragoza 1737

Luzán, Juan Ignacio, 'Memorias de la vida de D. Ignacio de Luzán, escritas por su hijo', dans *Poetas líricos del siglo XVIII*, lxi.95-105

Macanaz, Melchor de, 'Breve epítome del unico verdadero gobierno cristiano universal, que Federico, elector de Brandemburgo y rey de Prusia ha dado a sus vasallos por la pluma del francés Mr de Voltaire su consejero y de su Academia en 1751, y las reflexiones que al leerlo calamo currente por no ser mío, sí de un oficial de infantería, se me ha ofrecido a mí en este encierro y prisión de La Coruña en el presente año de 1757', B.N., ms.11.020, f.256-93

– 'Siglo de Luis XIV, por Mr de Franche Ville, consejero de la Academia real de Dresde, y realmente es Mr de Voltaire, francés que se pasó a la corte del rey de Prusia; con los reparos que al leerla deprisa, por ser de un oficial de tropas, me han ocurrido', B.N., ms.10.745, f.115-58

Mancini, Guido, 'Per una revisione critica di García de la Huerta', dans *Studi di letteratura spagnuola*. Roma 1964, p.267-74

McClelland, Ivy L., 'The eighteenth-century conception of the stage and histrionic technique', dans *Estudios hispánicos: homenaje a Archer M. Huntington*. Wellesley 1952, p.393-425

– *Spanish drama of pathos, 1750-1808*. Liverpool 1970

Marchena, José, *Obras literarias recogidas de manuscritos y raros impresos, con un estudio crítico-biográfico del Dr. D. Marcelino Menéndez Pelayo*. Sevilla 1892-1896

– *Lecciones de filosofía moral y elocuencia, o colección de los trozos más selectos de poesía, elocuencia, historia, religión y filosofía moral y política de los mejores autores castellanos; antecede un discurso preliminar acerca de la historia literaria de España y de la relación de sus vicisitudes con las vicisitudes políticas*. Bordeaux 1820

Márquez, Antonio, *Literatura e Inquisición en España*. Madrid 1980

Martínez de la Rosa, Francisco, *Obras dramáticas*, éd. Jean Sarrailh. Madrid 1933

Mélanges à la mémoire de Jean Sarrailh. Paris 1966

Memorial literario, instructivo y curioso de la corte de Madrid. Madrid 1782-1808

Memorias para servir a la historia eclesiástica durante el siglo XVIII; escritas en francés y traducidas al castellano por D. Vicente Ximénez. Madrid 1814-1815

Menéndez Pelayo, Marcelino, *Estudios y discursos de crítica histórica y literaria*. Madrid 1942

– *Historia de las ideas estéticas en España*. Madrid 1962

– *Historia de los heterodoxos españoles*. Madrid 1964

[Mérault de Bizy, Athanase-René,] *Los apologistas involuntarios, o la religión cristiana probada y defendida por los escritos de los filósofos; obra traducida del francés por José de la Canal, en la que se refutan victoriosamente los argumentos más comunes de los impíos, y se pone a la juventud y gente menos instruida en disposición de convencerse fácilmente de la verdad de la religión*. Madrid 1813

Merimée, Henri, 'Le vrai et le faux Figaro', dans *Homenaje ofrecido a Menéndez Pidal*. Madrid 1925, ii.285-98

Merimée, Paul, *L'Influence française en Espagne au XVIIIe siècle*. Paris [1936?]

Miguélez, Manuel F., *Jansenismo y regalismo en España*. Valladolid 1895

Millares Carlo, Agustín, *Ensayo de una bio-bibliografía de escritores naturales de la islas Canarias*. Madrid 1932

Miquel Rosell, Francisco, *Inventario general de manuscritos de la Biblioteca universitaria de Barcelona*. Madrid 1958-1969

Moldenhauer, Gerhard, 'Voltaire und die spanische Bühne im 18. Jahrhundert', *Berliner Beiträge zur romanischen Philologie* I (1929), p.115-31

– 'Voltaire y el teatro español del siglo XVIII', *Investigación y progreso* 4 (1930), p.27-29

Monod, Albert, *De Pascal à Chateaubriand: les défenseurs français du christianisme*. Paris 1916

Montero de la Puente, Lázaro, 'El teatro en Toledo en el siglo XVIII', *Revista de filología española* 26 (1942), p.411-68

Montesinos, José F., *Introducción a una historia de la novela en el siglo XIX; seguida del esbozo de una bibliografía española de traducciones de novelas (1800-1850)*. Madrid 1955

Montiano y Luyando, Agustín de, *Discursos*

sobre las tragedias españolas. Madrid 1750-1753

Moratín y la sociedad española de su tiempo, *Revista de la Universidad de Madrid* 9 (1960)

Morel-Fatio, Alfred, *Etudes sur l'Espagne*. Paris 1888-1925

– 'José Marchena et la propagande révolutionnaire en Espagne en 1792 et 1793', *Revue historique* 44 (1890), p.72-87

Mornet, Daniel, *Les Origines intellectuelles de la Révolution française, 1715-1787*, sixième édition. Paris 1967

Muratori, Ludovico Antonio, *Reflexiones sobre el buen gusto en las ciencias y en las artes; con un discurso sobre el gusto actual de los españoles en la literatura por Juan Sempere y Guarinos*. Madrid 1782

Muriel, Andrés, *Historia de Carlos IV*, dans *Biblioteca de autores españoles*. Madrid 1860- , t.cxiv-cxv (1956)

Naves, Raymond, *Le Goût de Voltaire*. Paris s.d.

– *Voltaire*. Paris 1966

Nergán, Juan Cosme de. Voir *Los frailes vindicados*

Nipho, Francisco Mariano, *Estafeta de Londres y extracto del correo general de Europa*. Madrid 1779

– *La nación española defendida de los insultos del Pensador y sus secuaces; en este escrito se manifiesta con testimonios franceses que las comedias de España, además de originales, son las mejores de Europa, y que los famosos poetas españoles saben ser celebrados pero no reprendidos*. Madrid 1764

Nonnotte, Claude-François, *Defensa de los puntos más interesantes a la religión acometidos por los incrédulos*. Madrid 1788

– *Los errores históricos y dogmáticos de Voltaire* [...] *traducidos al español por el P. Pedro Rodríguez Morzo*. Madrid 1771-1772

'Observación sobre el título *El siglo de Luis XIV*', B.N., ms.18.579-5, 2 ff.; publiée dans F. Lafarga, 'Críticas españolas', p.421-22

Olavide, Pablo de, *El Evangelio en triunfo, o historia de un filósofo desengañado de serlo*, sixième édition. Madrid 1800; la première édition est de 1797-1798

– *Obras dramáticas desconocidas*, éd. Estuardo Núñez. Lima 1971

Oliver, Miguel de los Santos, *Los españoles en la Revolución francesa*. Madrid 1914

'El oráculo de los nuevos filósofos', B.N., ms.18.574-28, 6 ff

Orozco, Emilio, *Porcel y el barroquismo literario del siglo XVIII*. Oviedo 1968

Ozanam, Didier, 'Le théâtre français de Cadix au XVIIIe siècle', *Mélanges de la Casa de Velázquez* 10 (1974), p.203-31

Pageaux, Daniel-Henri, 'Voltaire en Espagne', *Amitié franco-espagnole* 7 (1961), p.6-9

Palacio Atard, Vicente, *Los españoles de la Ilustración*. Madrid 1964

Palau Casamitjana, Francisca, *Ramón de la Cruz und der französischen Kultureinfluss im Spanien des XVIII. Jahrhunderts*. Bonn 1935

Palau Dulcet, Antonio, *Manual del librero hispano-americano*. Barcelona 1948-1977

Papell, Antonio, *Moratín y su época*. Palma 1958

– 'La prosa literaria del Neoclasicismo al Romanticismo', dans G. Díaz-Plaja (éd.), *Historia general de las literaturas hispánicas*, iv, II.1-152

Par, Alfonso, 'Representaciones teatrales en Barcelona durante el siglo XVIII', *Boletín de la Real Academia española* 16 (1929), p.326-46, 492-513, 594-614

Paz y Mélia, Antonio, *Catálogo de las piezas de teatro que se conservan en el Departamento de manuscritos de la Biblioteca nacional*. Madrid 1899

– *Papeles de Inquisición: catálogo y extractos*. Madrid 1947

Pellissier, Robert E., *The Neoclassic movement in Spain during the XVIIIth century*. Stanford 1918

Pinta Llorente, Miguel de la, *Aspectos históricos del sentimiento religioso en España: ortodoxia y heterodoxia*. Madrid 1961

– *La Inquisición española y los problemas de la cultura y la intolerancia*. Madrid 1953

– 'El sentido de la cultura española en el siglo XVIII e intelectuales de la época', *Revista de estudios políticos* 68 (1953), p.79-114

Piñeyro, Enrique, *El Romanticismo en España*. Paris s.d.

Pitollet, Camille, 'L'Espagne dans l'œuvre de M. de Voltaire', *Renaissance d'Occident* 13 (1925), p.861-68

Poetas líricos del siglo XVIII, dans *Biblioteca de autores españoles*. Madrid 1860- , t.lxi, lxiii, lxvii (1869, 1871, 1875

Pomeau, René, *La Religion de Voltaire*. Paris 1969

Porcel, José Antonio, 'Poesías', dans *Poetas líricos del siglo XVIII*, lxi.138-76

Praag, J. A. van, 'Une traduction espagnole inconnue du *Brutus* de Voltaire', *Revue de littérature comparée* 16 (1936), p.173-80

Prod'homme, J.-G., *Voltaire raconté par ceux qui l'ont vu*. Paris 1929

Pujol, Carlos, *Voltaire*. Barcelona 1973

Qualia, Charles B., 'The campaign to substitute French neo-classical tragedy for the *Comedia*, 1737-1800', *Publications of the Modern Language Association of America* 54 (1939), p.184-211

– 'Corneille in Spain in the eighteenth century', *Romanic review* 24 (1933), p.21-29

– 'Racine's tragic art in Spain in the eighteenth century', *Publications of the Modern Language Association of America* 54 (1939), p.1059-76

– 'The vogue of decadent French tragedies in Spain, 1762-1800', *Publications of the Modern Language Association of America* 58 (1943), p.149-62

– 'Voltaire's tragic art in Spain in the XVIIIth century', *Hispania* 22 (1939), p.273-84

Quintana, Manuel José, *Obras completas*, dans *Biblioteca de autores españoles*. Madrid 1860-, t.xix (1867)

Réau, Louis, *L'Europe française au siècle des Lumières*. Paris 1938

Retrato histórico de la horrible muerte de aquel monstruo de la iniquidad Mr Voltaire, cuyas perversas doctrinas pueden haber tenido mucha parte en los desórdenes que afligen la Francia y que tantas lágrimas cuestan a la Europa: sacado para desengaño de sus perversos sectarios. Cádiz s.d.

Revilla, José de la, *Juicio crítico de don Leandro Fernández de Moratín como autor cómico y comparación de su mérito con el del célebre Molière*. Sevilla 1833

Ríos, Juan Antonio, *Vicente García de la Huerta: vida y obra*. Badajoz 1987

Roca, Pedro, *Catálogo de los manuscritos que pertenecieron a D. Pascual de Gayangos, existentes hoy en la Biblioteca nacional*. Madrid 1904

Rocamora, J.M., *Catálogo abreviado de los manuscritos de la biblioteca del Excmo Sr duque de Osuna e Infantado*. Madrid 1882

Rodríguez Casado, Vicente, *La política y los políticos en el reinado de Carlos III*. Madrid 1962

– 'La nueva sociedad burguesa en la literatura de la época de Carlos III', *Estudios americanos* 19 (1960), p.1-22

Rossi, Giuseppe Carlo, *Estudios sobre las letras en el siglo XVIII*. Madrid 1969

– *Leandro Fernández de Moratín*. Madrid 1974

– 'La teorica del teatro in Juan Pablo Forner', *Filologia romanza* 5 (1958), p.49-62

Rubio, Antonio, *La crítica del galicismo en España (1726-1832)*. México 1937

Ruiz Alvarez, A., 'En torno a los Iriarte', *Revista bibliográfica y documental* 5 (1951), p.255-74

Ruiz Morcuende, Federico, *Vocabulario de don Leandro Fernández de Moratín*. Madrid 1945

Rumeau, Aristide, 'Le théâtre à Madrid à la veille du romantisme, 1831-1834', dans *Hommage à Ernest Martinenche*. Paris 1939, p.330-46

Rumeu de Armas, Antonio, *Historia de la censura literaria gubernativa en España*. Madrid 1940

Sabatier de Castres, Antoine, *Les Trois siècles de la littérature française, ou tableau de l'esprit de nos écrivains, depuis François Ier.* Paris 1772

Salvá, Vicente, *Catálogo de los libros modernos, la mayor parte españoles, y algunos otros artículos de la Librería Española de Salvá e hijo.* Paris 1836

Salvio, Alfonso de, 'Voltaire and Spain', *Hispania* 7 (1924), p.69-110, 157-64

Sánchez Agesta, Luis, *El pensamiento político del despotismo ilustrado.* Madrid 1953

Santander, Miguel de, *Cartas familiares y algunos otros opúsculos en prosa y verso.* Madrid 1805

Sarrailh, Jean, *L'Espagne éclairée de la seconde moitié du XVIIIe siècle.* Paris 1964; traduction espagnole: *La España ilustrada de la segunda mitad del siglo XVIII.* México 1974

– 'L'histoire et le drame romantique (à propos d'*Alfonso el Casto* d'Hartzenbusch)', *Bulletin hispanique* 38 (1936), p.19-40

– 'Note sur une traduction espagnole de *Jeannot et Colin* de Voltaire, trouvée dans la revue de Madrid *La Minerva* du 28 mars 1806', *Revue de littérature comparée* 2 (1922), p.611-12

– 'Voyageurs français au XVIIIe siècle, de l'abbé de Vayrac à l'abbé Delaporte', *Bulletin hispanique* 36 (1934), p.29-70

Schack, Adolf Friedrich, *Historia de la literatura y del arte dramático en España.* Madrid 1885-1887

Schevill, Rudolph, 'The abate Marchena and French thought of the eighteenth century', *Revue de littérature comparée* 16 (1936), p.180-94

Sebastián y Latre, Tomás, *Ensayo sobre el teatro español.* Zaragoza 1772

Sebold, Russell P., *El rapto de la mente.* Madrid 1970

Segura Covarsi, Enrique, 'La *Raquel* de García de la Huerta', *Revista de estudios extremeños* 6 (1951), p.197-234

Sempere y Guarinos, Juan, *Ensayo de una biblioteca española de los mejores escritores del reinado de Carlos III.* Madrid 1785-1789; réimpression, Madrid 1969

Serís, Homero, *Manual de bibliografía de la literatura española.* Syracuse 1948

Serrano Sanz, Manuel, *Apuntes para una biblioteca de escritoras españolas desde el año 1401 al 1833.* Madrid 1903-1905

– 'El Consejo de Castilla y la censura en el siglo XVIII', *Revista de archivos, bibliotecas y museos* 15 (1906), p.28-46, 243-59; 16 (1907), p.108-16, 206-18

Sierra, Luis, 'La caída del primer ministro Urquijo', *Hispania* 23 (1963), p.556-80

Sierra Corella, Antonio, *La censura de libros y papeles en España y los índices y catálogos españoles de los prohibidos y expurgados.* Madrid 1947

'El siglo ilustrado: vida de don Guindo Cerezo, nacido, educado, instruido y muerto según las luces del presente siglo; dada a luz por D. Justo Vera de la Ventosa, año 1777', B.N., ms.10.943

Silva, Francisco María de (duc d'Almodóvar), *Década epistolar sobre el estado de las letras en Francia; su fecha en París, año de 1780.* Madrid 1781

Simón Díaz, José, *Manual de bibliografía de la literatura española.* Madrid 1980

Solís, Dionisio, 'Poesías', dans *Poetas líricos del siglo XVIII*, lxvii.237-68

Sorrento, Luigi, *Francia e Spagna nel Settecento: battaglie e sorgenti di idee.* Milano 1928

Spell, Jefferson Rea, *Rousseau in the Spanish world before 1833: a study in Franco-Spanish literary relations.* Austin 1938

Steiger, Arnald, 'Voltaire und Spanien', dans *Überlieferung und Gestaltung: Festgabe für Theophil Spoerri zum sechzigsten Geburtstag, am 10. Juni 1950.* Zürich 1950, p.77-87

Stoudemire, Sterling A., 'Dionisio Solís's *refundiciones* of plays (1800-1834)', *Hispanic review* 8 (1940), p.305-10

Strong, Loïs, *Bibliography of Franco-Spanish literary relations (until the XIXth century).* New York 1930

Suárez Gómez, G., 'Avec quels livres les

Espagnols apprenaient le français (1520-1850)', *Revue de littérature comparée* 35 (1961), p.158-71, 330-46, 512-23

Subirá, José, 'Estudios sobre el teatro madrileño: los melólogos de Rousseau, Iriarte y otros autores', *Revista de la biblioteca, archivo y museo* 5 (1928), p.140-61

– 'El filármonico D. Tomás de Iriarte', *Anuario de estudios atlánticos* 9 (1963), p.441-64

Suplemento al Indice expurgatorio de 1790 que contiene los libros prohibidos y mandados expurgar en todos los reinos y señoríos del católico rey de España el Sr. D. Carlos IV, desde el edicto de 13 de diciembre del año de 1789 hasta el 25 de agosto de 1805. Madrid 1805

Teatro selecto antiguo y moderno, nacional y extranjero. Barcelona 1866-1868

Todd, Christopher, 'A provisional bibliography of published Spanish translations of Voltaire', *Studies on Voltaire* 161 (1976), p.43-136

Torres Amat, Félix, *Memorias para ayudar a formar un diccionario crítico de los escritores catalanes y dar alguna idea de la antigua y moderna literatura de Cataluña.* Barcelona 1836

– *Vida del Ilmo. Sr. don Félix Amat.* Madrid 1835

Truyol, Antonio, 'Nota sobre la versión castellana de la obre de Raynal', dans *Estudios de ciencia política y sociología.* Madrid 1972

Valbuena Prat, Angel, *Historia del teatro español.* Barcelona 1956

Vélez, Rafael de, *Apología del altar y del trono, o historia de las reformas hechas en España en tiempo de las llamadas Cortes, e impugnación de algunas doctrinas publicadas en la Constitución, diarios y otros escritos contra la religión y el Estado.* Madrid 1818

– *Preservativo contra la irreligión, o los planes de la filosofía contra la religión y el Estado, realizados por la Francia para subyugar la Europa y dados a luz por algunos de nuestros sabios en perjuicio de nuestra patria.* Palma 1813

Vercruysse, Jeroom, 'Bibliographie des écrits français relatifs à Voltaire, 1719-1830', *Studies on Voltaire* 60 (1968), p.7-71

Vézinet, F., 'Moratín et Molière: Molière en Espagne', *Revue d'histoire littéraire de la France* 14 (1907), p.193-230; 15 (1908), p.245-85

Viajes de extranjeros por España y Portugal, éd. J. García Mercadal. Madrid 1962

'Vida de Carlos Federico, rey de Prusia: idea de la persona, modo de vivir y de la corte del rey de Prusia; junio de 1752', B.N., ms.18.309, f.391-413

Vida de Federico II, rey de Prusia; enriquecida con un gran número de notas, piezas justificativas y memorias secretas, cuya mayor parte no se ha publicado todavía; traducida por Bernardo María de Calzada. Madrid 1788-1789

Vila Selma, José, *Ideario de Manuel José Quintana.* Madrid 1961

Vivanco, Luis Felipe, *Moratín y la Ilustración mágica.* Madrid 1972

Voltaire, *Œuvres complètes*, éd. L. Moland. Paris 1877-1882

Index